DALE CARNEGIE

BESSER SPRECHEN

ÜBERZEUGEND AUFTRETEN

DALE CARNEGIE

BESSER SPRECHEN ÜBERZEUGEND AUFTRETEN

Strategien für erfolgreiche Präsentationen

FBV

Bibliografische Information der Deutschen Nationalbibliothek
Die Deutsche Nationalbibliothek verzeichnet diese Publikation in der Deutschen Nationalbibliografie. Detaillierte bibliografische Daten sind im Internet über http://dnb.d-nb.de abrufbar.

Für Fragen und Anregungen
info@finanzbuchverlag.de

Wichtiger Hinweis
Ausschließlich zum Zweck der besseren Lesbarkeit wurde auf eine genderspezifische Schreibweise sowie eine Mehrfachbezeichnung verzichtet. Alle personenbezogenen Bezeichnungen sind somit geschlechtsneutral zu verstehen.

1. Auflage 2023

Übersetzung: Ina Juhasz; Friedrich Pflüger
Redaktion: Silke Panten
Korrektorat: Christine Rechberger
Umschlaggestaltung: Karina Braun, München
Umschlagabbildung: iStock/dinadesign
Satz: Röser MEDIA GmbH & Co. KG
Druck: CPI books GmbH, Leck
Printed in the EU

ISBN Print 978-3-95972-591-0
ISBN E-Book (PDF) 978-3-98609-115-6
ISBN E-Book (EPUB, Mobi) 978-3-98609-116-3

Inhalt

Einleitung 7

Kapitel 1
Entscheidende Faktoren für erfolgreiches Sprechen 9

Kapitel 2
Was Zuhörer wirklich wollen und Redner wissen sollten 25

Fallstudie
Winston Churchill 37

Kapitel 3
Wie man Lampenfieber überwindet: »Nichts fürchten als die Furcht selbst« 41

Kapitel 4
Wie man Humor wirkungsvoll einsetzt 59

Kapitel 5
Geschichten und Selbstoffenbarung: Wie man Aufmerksamkeit und Respekt erwirbt 75

Fallstudie
Eleanor Roosevelt 87

Kapitel 6
Wie man die Zuhörer zum Handeln motiviert 91

Kapitel 7
Die erste Minute: Wie man einen guten Eindruck macht 105

Kapitel 8
Die Macht der Überzeugung, Teil eins 119

Kapitel 9
Die Macht der Überzeugung, Teil zwei 135

Kapitel 10
WIE MAN KREATIV FORMULIERT UND
DIE MAGISCHE FORMEL EINSETZT 153

Fallstudie
FRANKLIN DELANO ROOSEVELT 169

Kapitel 11
WIE MAN MIT FRAGEN UMGEHT
UND GESCHICKT ANTWORTET 175

Kapitel 12
WIE MAN EINE PRÄSENTATION ABSCHLIESST 187

Fallstudie
SPORTLERSPRACHE 205

NACHWORT 211

ÜBER DEN AUTOR 215

Einleitung

Mit *Besser sprechen – überzeugend auftreten* halten Sie eines der umfassendsten und praxisorientiertesten Bücher über die Kunst und Wissenschaft des öffentlichen Sprechens in den Händen. Dale Carnegie Training®, der weltweit größte Anbieter von Schulungsprogrammen für freies Sprechen vor Publikum, und die Nightingale-Conant Corporation, Weltmarktführer bei der Herstellung von Audio-Lerntechnologien, vermitteln Ihnen in *Besser sprechen – überzeugend auftreten* alle notwendigen Techniken, um in kürzester Zeit herausragende Reden zu halten. Sie erfahren, wie Sie einen Vortrag vorbereiten und aufbauen, egal, ob Sie ihn nur fünf Minuten vor einer kleinen Gruppe halten oder eine halbe Stunde vor einem voll besetzten Saal. Sie lernen, Ihr Publikum nicht nur zu unterhalten, sondern es auch zu informieren, zu überzeugen und durch Ihre Botschaft zum Handeln zu *inspirieren*. Das vielleicht Entscheidendste ist jedoch, dass *Besser sprechen – überzeugend auftreten* Ihnen dabei helfen wird, Ihre Angst, vor Publikum zu sprechen, ein für alle Mal abzulegen.

Bevor wir jedoch beginnen, noch ein kurzer Überblick über den Aufbau des Buchs. *Besser sprechen – überzeugend auftreten* besteht aus insgesamt zwölf Kapiteln, die sich auf unterschiedliche Grundprinzipien des öffentlichen Redens konzentrieren. Ausnahmen bilden die Kapitel 8 und 9, die der Kunst des Überzeugens gewidmet sind.

Zwischen den einzelnen Kapiteln finden sich immer wieder Zitate über das Sprechen vor Publikum. Einige davon stammen aus der Antike, andere sind jüngeren Datums, aber alle passen zum Inhalt dieses Buchs und beleuchten grundlegende Fragen, die sich jede Rednerin und jeder Redner stellt.

Zudem befassen wir uns in mehreren Abschnitten mit renommierten Meistern der Redekunst. Wenn Sie die Kunst des Sprechens selbst meisterlich beherrschen wollen, finden Sie in diesen »Fallstudien«, die Auszüge der besten Vorträge dieser Redner, spannende Impulse. Sie werden feststellen, dass manche einen eher förmlichen und seriösen Stil haben, während andere eher locker und modern rüberkommen. Eines haben sie jedoch alle gemeinsam: Sie vermitteln Selbstsicherheit und Kontrolle, die wichtigsten Merkmale eines jeden herausragenden Redners. Viele Wege führen zu diesem Ziel, aber egal, welchen man einschlägt, entscheidend ist eine enge Verbindung zum Publikum. Dies erzeugt bei den Zuhörenden nicht nur Emotionen und regt sie zum Nachdenken an, es lässt sie auch handeln.

Dieses Buch zu schreiben, hat uns aber auch noch vor eine ganz besondere Herausforderung gestellt. Im 21. Jahrhundert haben wir in vielen Bereichen des Lebens gewaltige Fortschritte gemacht. Unsere Athleten sind besser, unsere Computer schneller, unsere Lebenserwartung höher. Aber seien wir mal ehrlich: Von wenigen Ausnahmen abgesehen sind brillante Rednerinnen und Redner – oder gar sachkundige – heute eher selten. Aus diesem Grund, aber auch um zu verhindern, dass *Besser sprechen* veraltet wirkt aufgrund von Beispielen und Rednerpersönlichkeiten, die modernen Ansprüchen nicht mehr genügen, nimmt das Buch auch immer wieder Bezug auf Ereignisse und Personen aus der jüngeren Vergangenheit. Natürlich sind Debatten wie der erste Schlagabtausch zwischen Kennedy und Nixon schon oft diskutiert worden, dennoch wäre es ein Fehler, eines der besten Beispiele für öffentliches Reden nur um der Aktualität willen wegzulassen.

Im Moment betrachten Sie das Sprechen vor Publikum vielleicht noch als eine Situation, die Ihnen Angst macht und die Sie daher lieber meiden. Oder Sie sehen es als eine Herausforderung, der Sie sich stellen müssen. Wenn Sie am Ende von *Besser sprechen* angelangt sind, werden Sie das Reden vor Publikum dagegen als eine Chance sehen. Sie werden jede Gelegenheit, öffentlich zu sprechen, mit Begeisterung nutzen, und Ihre Fähigkeit, offen und überzeugend Ihre Ansichten zu artikulieren, wird ein entscheidender Pluspunkt für Ihre Karriere sein.

KAPITEL 1

Entscheidende Faktoren für erfolgreiches Sprechen

Die Dale-Carnegie-Organisation ist weltweit eine der führenden Adressen für erfolgreiches öffentliches Sprechen, und das schon seit fast einhundert Jahren. Die Nightingale-Conant Corporation ist Spitzenreiter auf dem Gebiet der Audio-Lerntechnologie. Beide Unternehmen sind stolz, Ihnen dieses Buch zum Thema Sprechen vor Publikum vorlegen zu können. Denn ganz gleich, ob Sie noch ganz am Anfang stehen oder bereits erste Erfahrungen gesammelt haben, *Besser sprechen – überzeugend auftreten* wird Sie auf dem Weg zur Perfektion ein gutes Stück weiterbringen.

Seit den Anfängen der Kulturgeschichte stellt das eloquente Sprechen vor Publikum die Menschen permanent vor eine Herausforderung. Insbesondere in den antiken Kulturen der Griechen und Römer hatte es einen sehr hohen Stellenwert, aber auch in biblischen Zeiten, bei den amerikanischen Ureinwohnern oder in der indischen und chinesischen Kultur war das wortgewandte Sprechen vor Publikum eine angesehene Fähigkeit. Doch so faszinierend das Thema auch sein mag, in diesem Buch geht es nicht um die Geschichte der Redekunst. Vielmehr lernen Sie gleich zu Beginn drei entscheidende Techniken kennen, wie Sie eine erfolgreiche Präsentation gestalten. Es handelt sich dabei um zeitlose Prinzipien, die alle großen Redner der Geschichte angewandt haben – wenn auch jeder auf seine Weise. Diese allgemeingültigen Prinzipien in Kombination mit Ihrer einzigartigen Persönlichkeit werden Sie nahezu sofort zu einem erfolgreichen Redner machen. Aufmerksames Lesen lohnt sich also, denn das Gelernte wird nicht nur eine enorme Wirkung auf Ihr Kommunikationsverhalten haben, sondern auch auf Ihre Selbstwahrnehmung.

Menschen sind *sprechende* Wesen. Gleich morgens nach dem Aufwachen fangen wir an zu sprechen und hören erst wieder damit auf, wenn wir zu Bett gehen – und manche reden auch dann noch weiter. Gute Gespräche gehören zu den großen Freuden des menschlichen Miteinanders. Ein gutes Gespräch ist wie ein Tennismatch, in dem der Ball hin und her wechselt und jeder Spieler gleich oft in Ballbesitz ist. Das andere Extrem kann mit dem Golf verglichen werden: Golfer, die nur ihren eigenen Ball abschlagen, immer und immer wieder, sind im menschlichen Miteinander eher langweilig. Gute Gesprächspartner sind auch gute Redner, weil sie andere Menschen wahrnehmen. Ihre Antennen stehen stets auf Empfang. Wenn sie einen Vortrag halten, erkennen sie die Signale ihres Publikums und reagieren darauf. Ähnlich wie bei einer Unterhaltung in einem sozialen Kontext führen gute Redner ein Zwiegespräch mit den Zuhörenden.

Sowohl guten Rednern als auch guten Gesprächspartnern ist bewusst, dass ihr Gegenüber anerkannt werden will, mehr als alles andere. Stellen Sie daher häufig Fragen wie: »Sehen Sie das auch so?« Danach halten Sie kurz inne und warten auf die Reaktion. Das kann Schweigen sein oder gespannte Aufmerksamkeit, zustimmendes Nicken, Gelächter oder Betroffenheit. Wenn Zuhörende sich langweilen, zeigen sie das trotz aller höflichen Bemühungen, es zu verbergen, auf ganz unterschiedliche Art und Weise. Und wenn sie interessiert sind, zeigen sie das ebenfalls. Als Redner haben wir die Pflicht, interessant zu sein, ansonsten sollten wir gar nicht erst vor ein Publikum treten. Wir müssen Interesse wecken, ganz gleich, ob wir Vertriebsmanager eines Autohauses sind, bei einer Versicherungsagentur arbeiten, in einem Immobilienbüro oder für eine große internationale Organisation. Wenn das Interesse schwindet, können wir mit unserer Botschaft nicht mehr überzeugen.

Es geht aber nicht nur darum, eine glaubhafte Rede zu halten, aus der das Publikum am Ende das gewünschte Fazit zieht. Vielmehr müssen wir die Bausteine unserer Rede so faszinierend wie möglich gestalten, damit wir die Aufmerksamkeit des Publikums bis zur entscheidenden Schlussaussage aufrechterhalten. Zusätzlich können wir Methoden entwickeln, die den Zuhörern das Gefühl geben, mit uns im Dialog zu stehen. Auf diese Weise zeigen wir dem Publikum, dass uns seine Meinung wichtig ist, und schaffen eine Atmosphäre, in der es uns mit so viel Wohlwollen wie möglich begegnet.

Neben den Gemeinsamkeiten ist es aber auch wichtig, die wesentlichen Unterschiede zwischen einem Gespräch und einer Rede zu kennen. Um während einer Präsentation die *Illusion* eines persönlichen Dialogs entstehen zu lassen, müssen Sie bestimmte Schlüsselfähigkeiten beherrschen, denn diese Illusion entsteht nur, wenn Sie wie ein professioneller Redner auftreten. So kann David Letterman, ehemaliger Moderator der US-amerikanischen Fernsehsendung *Late Show*, sich mit praktisch jedem scheinbar völlig zwanglos unterhalten, während zehn Millionen Menschen ihm dabei zusehen. Er wirkt dabei so entspannt, als würde er in der Pause ein Schwätzchen am Wasserspender im Büro halten. David Letterman mag für Sie nicht das Paradebeispiel eines brillanten Rhetorikers sein, aber tatsächlich hält er sich an dieselben Prinzipien wie nahezu jeder erfolgreiche Redner seit der Antike.

Was sind nun diese Grundsätze? Der erste ist so offensichtlich, dass viele Redner ihn vernachlässigen: *Sie müssen wissen, wovon Sie sprechen.* Beschäftigen Sie sich mit Ihrem Thema, bis Sie absolut sattelfest sind. Spezifisches Fachwissen genügt nicht – Sie müssen Ihr Gebiet perfekt beherrschen. Sie sollten in der Lage sein, jeden Moment Ihres Vortrags mit fundiertem Inhalt zu füllen. Wenn Ihnen das gelingt, sind schon 90 Prozent geschafft, und das noch bevor Sie überhaupt vor Publikum stehen.

Dale Carnegie verdeutlichte diesen Punkt gerne am Beispiel von Luther Burbank, einem in jeglicher Hinsicht großartigen Wissenschaftler und dem vermutlich größten Botaniker aller Zeiten. Burbank sagte einmal: »Ich habe oft eine Million Pflanzen gezüchtet, um ein oder zwei wirklich gute Exemplare zu erhalten – und dann habe ich alle minderwertigen Exemplare vernichtet.« Mit derselben verschwenderischen und anspruchsvollen Einstellung sollten Sie auch einen Vortrag vorbereiten. Tragen Sie 100 Gedanken zusammen und verwerfen Sie 90 davon wieder – oder sogar 99. Sammeln Sie mehr Material und mehr Informationen, als Sie jemals verwenden können. Tun Sie es, um mehr Vertrauen und Sicherheit zu gewinnen. Tun Sie es für die positive Wirkung, die es auf Geist und Seele und auf Ihre Art zu sprechen hat. Das Faktensammeln ist ein wesentlicher Teil der Vorbereitung, auch wenn viele Menschen diese Tatsache regelmäßig ignorieren. Dale Carnegie glaubte sogar, dass man vierzigmal mehr über das Thema wissen sollte, als man in der Präsentation vorträgt.

Natürlich ist es immer sinnvoller, absolut sachkundig auf einem Gebiet zu sein, anstatt zu versuchen, eine Vielzahl von Themen parallel abzudecken. Professionelle Verkäufer, Marketingexperten und Werbeleute wissen, wie wichtig es ist, sich in einem Verkaufsgespräch auf nur ein Produkt zu konzentrieren. Eine Vielzahl von Artikeln kann nur in einem Katalog erfolgreich angeboten werden. Entscheidend ist, dass Sie sich in einer fünfminütigen oder auch in einer etwas längeren Rede nur einem einzigen Thema widmen. Zeigen Sie wie ein guter Verkäufer zunächst das Problem auf, und präsentieren Sie dann Ihre Lösung. Am Ende wird das Problem schließlich noch einmal aufgegriffen und die Lösung kurz zusammengefasst.

Ihr erster Satz muss die Aufmerksamkeit des Publikums wecken. Sagen Sie zum Beispiel: »Wissenschaftler auf der ganzen Welt sind sich einig, dass unsere Ozeane sterben.« Ein ernüchternder Gedanke. Jeder denkt sofort: Das wäre der Anfang vom Ende. Was unternehmen wir dagegen?

Berufen Sie sich dann auf eine international anerkannte Persönlichkeit, etwa den verstorbenen Jacques Cousteau –, um zu beweisen, dass Ihre einleitende Aussage richtig ist, bevor Sie mögliche Wege aufzeigen, die Katastrophe abzuwenden. Abschließend könnten Sie sagen: »Ja, die Weltmeere sind in Gefahr, aber wenn die Menschheit mit vereinten Kräften etwas dagegen unternimmt, wenn wir alle Länder dazu bringen, die Schiffe auf See auslaufen lassen, Gesetze gegen die Verschmutzung der Meere durch Öltanker zu erlassen ...« Auf diese Weise beenden Sie Ihre Rede mit einem Zeichen der Hoffnung und wecken bei Ihren Zuhörenden gleichzeitig Sympathie für Ihr Anliegen.

Natürlich geht es nicht in allen Reden um gesellschaftliche Probleme. Vielleicht wollen Sie auch ganz einfach über einen kürzlich unternommenen Angelausflug sprechen. In diesem Fall stellen Sie zum Einstieg eine interessante Behauptung auf: »Die Regenbogenforelle ist der mit Abstand schmackhafteste Fisch der Welt.« Damit erregen Sie sehr viel mehr Aufmerksamkeit und Interesse als mit einem Satz wie: »Ich möchte Ihnen etwas über meinen letzten Angelausflug erzählen.« Nachdem Sie ein paar Worte über die Fische gesagt haben, die Sie angeln wollten, können Sie direkt zur Geschichte übergehen. »Vor zwei Wochen beschlossen John Cooper und ich, unser Glück am White River in der Nähe von Carter im US-Bundesstaat Arkansas zu versuchen. Es ist eine der landschaftlich schönsten und naturbelassensten Gegenden des Landes ...« Bleiben Sie bei Ihrem Ausflug und der Regenbogenforelle, der Heldin Ihrer Geschichte. Schwärmen Sie davon, wie lecker sie geschmeckt hat, nachdem Sie sie am Flussufer über offenem Feuer zubereitet haben. Und zum Schluss können Sie die Zuhörenden für Ihr Thema begeistern, indem Sie sagen: »Falls Sie noch nie Forellenfischen waren, kann ich es Ihnen nur wärmstens empfehlen. Man vergisst seine Probleme, bekommt den Kopf frei und ist wieder offen für neue Perspektiven. Eine Regenbogenforelle am Haken zu haben, ist einer der aufregendsten Momente im Leben.«

Achten Sie auf Ihre Personalpronomen. Erwähnen Sie sich selbst so wenig wie möglich. Sprechen Sie, wenn es ums Angeln geht, beispielsweise über die Fische, die wunderschöne Landschaft, Ihre Begleiter oder Menschen, denen Sie begegnet sind. Vielleicht erzählen Sie auch ein oder zwei lustige Anekdoten, aber sagen Sie keinesfalls andauernd »Ich habe dies getan« und »Ich habe jenes getan«. Sinn und Zweck einer Rede ist nicht, über sich selbst zu sprechen, sondern über ein Thema.

Ein altes Sprichwort, das der amerikanischen Menschenrechtsaktivistin Eleanor Roosevelt zugeschrieben wird, besagt: Kluge Geister sprechen über Ideen, durchschnittliche Geister über Geschehnisse und Kleingeister über andere Leute. Mit Ihrem Vortrag wollen Sie in der Regel eine Idee verkaufen, auch dann, wenn es nur darum geht, das Haus zu streichen. In diesem Fall wäre die Idee, das Haus zu schützen oder ihm ein neues Aussehen zu verleihen. Bei der Geschichte über den Angelausflug geht es darum, einmal rauszukommen und interessante Fische zu fangen. Daher ist der Schlüssel zu jeder Rede eine gut durchdachte Idee.

Ein schönes Gemälde fügt sich aus Tausenden von Pinselstrichen zusammen, und jeder Strich leistet einen Beitrag zum Hauptmotiv oder Gesamtbild. Genauso verhält es sich mit einer guten Rede.

Wenn Redner – insbesondere unerfahrene – einen Vortrag vorbereiten, ist ihre größte Angst oft, dass sie für die vorgesehene Zeit nicht genügend zu sagen haben. Die meisten fürchten, es könnte ihnen mitten in ihrer Rede der Stoff ausgehen, und regieren auf ihre Angst mit den falschen Mitteln. Sie packen noch mehr Fakten in ihre Präsentation oder versuchen, in einer Viertelstunde ihre gesamte Lebensgeschichte zu erzählen. Die Präsentation wird dadurch umfangreicher, aber nicht besser, sie wird nur aufgebläht. Das ist ein besonders fataler Anfängerfehler, weil er normalerweise unbewusst passiert. Zu wissen, wovon man spricht, heißt nicht, alles über das Thema auszuführen. Sagen Sie nur so viel, wie nötig ist, um die Ihnen zur Verfügung stehende Zeit effektiv zu nutzen. Damit erzeugen Sie bei Ihrem Publikum den Wunsch nach mehr. Und wenn Sie Ihr Thema wirklich beherrschen, erkennen Ihre Zuhörer, dass es noch mehr darüber zu berichten gäbe. Sie vermitteln Einblicke, die über Ihre tatsächlichen Ausführungen hinausgehen.

Um diesen Grad der Perfektion zu erreichen, sollten Sie zehn bis vierzehn Tage vor der Veranstaltung mit Ihren Vorbereitungen beginnen. Schnappen Sie sich Bleistift und Papier, und schreiben Sie zwanzig Minuten lang – nicht länger, aber auch nicht kürzer– mindestens fünfzig Fragen zu Ihrem Thema auf. Fünfzig ist das Minimum, aber versuchen Sie unbedingt, so viele wie möglich niederzuschreiben. Bringen Sie Ihre Fragen so rasch wie möglich zu Papier. Sie sollen nicht zu lange nachdenken, deshalb ist ein Zeitlimit von zwanzig Minuten so wichtig. Diese Phase der Vorbereitung ist ein Sprint durch Ihre geistige Bibliothek, kein Spaziergang.

In den ersten zwanzig Minuten schaffen Sie den Rahmen für Ihre Rede – wobei es tatsächlich entscheidend ist, dass Sie Fragen formulieren. Untersuchungen haben gezeigt, dass Fragen das Gehirn sehr viel mehr stimulieren als gewöhnliche Notizen, und da Sie in diesem Stadium noch keine Antworten geben, geht es auch schneller. Die Antworten liefern Sie später, wenn Ihr Vortrag dann Gestalt annimmt.

Zusammenfassend kann an dieser Stelle gesagt werden: Nehmen Sie sich zunächst maximal zwanzig Minuten Zeit und arbeiten Sie auf die herkömmliche Art und Weise mit Bleistift und Papier.

Im zweiten Schritt beantworten Sie Ihre Fragen und untermauern Ihre Ideen mit Belegen. In dieser Phase ist der Computer ein wichtiges Arbeitsmittel. Legen Sie als Erstes eine Datei mit Ihren Fragen an – *mindestens* fünfzig –, und ergänzen Sie diese zügig mit den jeweiligen Antworten aus Ihrem Wissensschatz. Formulieren Sie so, als würden Sie Ihre Gedanken einem guten Freund bei einer Tasse Kaffee erklären. Im Unterschied zu Ihren ersten Notizen müssen Sie sich für diesen Schritt nicht auf zwanzig Minuten beschränken. Dennoch müssen Sie an dieser Stelle auch noch nicht alle Fragen beantworten. Arbeiten Sie daran, bis Sie spüren, dass Ihre Konzentration nachlässt, und widerstehen Sie der Versuchung, das Internet für Recherchen zu nutzen. Das folgt später. Zu diesem Zeitpunkt besteht Ihre Aufgabe ausschließlich darin, alles hervorzuholen, was Sie über Ihr Thema wissen – das ist vermutlich sehr viel mehr, als Sie *glauben*.

Möglicherweise brauchen Sie mehrere Anläufe, um alle Fragen, die Sie sich notiert haben, zu beantworten. Aber solange Sie mindestens zehn Tage im Voraus damit beginnen, ist das kein Problem. Achten Sie lediglich darauf, dass Sie all Ihre Fragen drei oder vier Tage vor Ihrem Vortrag beantwortet haben. In den letzten Arbeitsschritten können Sie im Internet Zahlen, Daten und Fakten recherchieren und das bereits Geschriebene damit anreichern. Aber denken Sie daran: Nicht alles, was zu diesem Thema bekannt ist, muss erwähnt werden. Idealerweise beherrschen Sie Ihr Thema perfekt, denn das kommt nicht nur Ihrem Publikum zugute, sondern auch Ihnen selbst. Als Autorität auf Ihrem Gebiet können Sie völlig selbstsicher auftreten, ohne Ihre Kompetenz mit dem, was Sie sagen, beweisen zu müssen. Entscheiden Sie sich also nur für relevante und schlagkräftige Informationen, die Sie ansprechen möchten. Stellen Sie sich Ihre Rede als ein Abendessen vor, das Sie bei sich zu Hause für ganz besondere Gäste geben – nicht als ein All-you-can-eat-Büfett in einem Restaurant.

Bei manchen Vorträgen hat man nur wenige oder gar keine Vorkenntnisse, bei anderen ist genau das Gegenteil der Fall. Wenn Sie beispielsweise über Ihr Leben oder Ihre Karriere sprechen, verfügen Sie über eine Fülle an Material. Die Schwierigkeit besteht dann im Auswählen und Strukturieren der Informationen. Versuchen Sie nicht, Ihrem Publikum alles zu erzählen. Das ist unmöglich. Ihr Vortrag wird dadurch schnell oberflächlich und lückenhaft. Sprechen Sie hingegen über ein Thema, das Ihnen weniger vertraut ist, sollten Sie nicht versuchen, dies durch übermäßige Recherche zu verbergen. Seien Sie, was den Zugang zu Ihrem Thema angeht, gegenüber sich selbst und Ihrem Publikum ehrlich. Natürlich müssen Sie nicht kundtun, dass Sie gar nichts darüber wissen, aber Sie müssen auch nicht vorgaukeln, dass Sie ein unangefochtener Experte auf diesem Gebiet sind. Vielleicht greifen Sie nur einen Aspekt des Themas auf und vertiefen diesen. Ihr Vortrag sollte nie abstrakt sein. Verwenden Sie reichlich Schaubilder und Beispiele, persönliche Beobachtungen oder Erfahrungen. Denken Sie an konkrete Situationen, die Sie erlebt haben, und zeigen Sie allgemeingültige Prinzipien anhand dieser Situationen auf. Ihr Ziel ist es, dem Publikum Ihre persönliche Sichtweise zu vermitteln. Das kann die Ansicht eines sehr interessierten Anfängers sein oder die eines erfahrenen, integren und einfühlsamen Lehrmeisters. Sobald Ihr Auftreten authentisch ist, wird Ihnen Ihr Publikum gewogen sein.

Sie haben jetzt einiges über die inhaltliche Vorbereitung eines Vortrags erfahren. Nun fragen Sie sich vielleicht, wie Sie den Inhalt Ihrer Rede am besten strukturieren, um Ihr Zeitfenster optimal zu füllen. Wie binden Sie Ihre Informationen in eine schlüssige Präsentation ein? Falls es Ihnen wie den meisten Menschen geht, ist Ihre größte Sorge wahrscheinlich, dass Sie plötzlich wie versteinert vor dem Mikrofon stehen und nicht mehr weiter wissen. Vielleicht fragen Sie sich daher: »Soll ich meinen Vortrag oder wenigstens einen Teil davon auswendig lernen? Oder ihn zumindest schriftlich ausformulieren?«

Nein, Sie müssen Ihre Rede definitiv nicht auswendig lernen, auch keine Teile davon. Und nein, Sie sollten sie auch nicht ausformulieren. Wenn Sie das tun, wird sich Ihre Präsentation vermutlich anhören, als würden Sie vorlesen und nicht frei sprechen. Weiter hinten im Buch finden Sie Vorlagen für die Strukturierung unterschiedlich langer Vorträge, die durchaus hilfreich sein können. Was wir uns nun genauer anschauen wollen, ist jedoch etwas ganz anderes: das *Proben*.

Sie sollten Ihre Präsentation auf zwei Wegen einstudieren. Zunächst ausschließlich in Gedanken. Während Sie Ihren Vortrag schriftlich vorbereiten, gehen Sie ihn immer wieder durch, überprüfen und überarbeiten ihn. Das heißt, Sie überdenken ihn mindestens zehn Tage lang immer wieder neu. Denken Sie früh morgens beim Aufwachen darüber nach und abends beim Schlafengehen noch einmal. Gehen Sie Ihren Vortrag gedanklich beim Frühstück durch, wiederholen Sie ihn auf dem Weg zur Arbeit. Welche neuen Ideen kommen Ihnen? Welche anfänglichen Ideen sind doch nicht so gut?

Denken Sie an Ihr Publikum und dessen Erwartungen, aber überlegen Sie auch, welche Erwartungen Sie an sich selbst haben. Was wollen Sie mit Ihrer Präsentation erreichen? Wollen Sie informieren, begeistern, unterhalten, überzeugen – oder alles gleichzeitig? Überlegen Sie sich, in welcher Umgebung Sie vortragen werden. Wie groß wird der Raum sein? Wie viele Personen haben darin Platz, und wie viele werden tatsächlich anwesend sein? In welchem Umfang können Sie diese Gegebenheiten beeinflussen? Vor einer kleinen Gruppe in einem großen Raum zu sprechen, ist beispielsweise eher ungünstig. Wenn Sie sich mit diesen Fragen im Voraus beschäftigen, stellen Sie sicher, dass Ihr Vortrag seinen Zweck erfüllen wird.

Formulieren Sie ganz klar Thema und Ziel Ihres Vortrags und gehen Sie dann zum kreativen Teil über. Beginnen Sie damit, Ihre Präsentation laut vorzutragen. Das Auto ist dafür der ideale Ort, aber Sie können auch zu Hause vor dem Spiegel proben. Entwickeln Sie ein Gefühl für Ihr Sprechtempo. Passen Sie Ihr Vokabular und Ihre Sätze an, sowohl inhaltlich als auch in der Länge. Unerfahrenen Rednern fällt es oft schwer, ihre Zeit richtig einzuschätzen. Aber trotz der allgemeinen Befürchtung, der Stoff könnte ihnen ausgehen, haben die meisten Menschen mehr Material, als erforderlich ist. Das ist zwar immer noch besser, als zu wenig zu haben, kann aber auch den Zeitplan durcheinanderbringen. Präsentationen dauern fast immer länger, als man glaubt.

Aber das alles ist nur eine Frage der Übung. Proben Sie Ihren Vortrag allein, aber auch mit Freunden. Bitten Sie eine Freundin oder einen Freund, sich Ihre Präsentation anzuhören, oder brainstormen Sie einfach gemeinsam zu Ihrem Thema. Machen Sie Ihre Präsentation so oft wie möglich zum Gesprächsthema und beobachten Sie genau, wie Menschen auf unterschiedliche Formulierungen und Ideen reagieren.

Sie werden feststellen, dass sich im Laufe Ihrer Proben eine Struktur herausbildet; idealerweise geschieht das ganz von selbst. Aber vielleicht wollen Sie Ihren Vortrag auch lieber anhand der Vorlagen strukturieren, die Sie später noch kennenlernen werden. Halten Sie sich in jedem Fall an die sogenannte Dreierregel. In einfacher Ausführung besagt diese Regel, dass Ihr Vortrag aus drei Hauptteilen besteht, von denen jeder in drei Abschnitte unterteilt ist. Jeder Abschnitt hat wiederum drei Unterabschnitte. Abhängig von Ihrem Zeitlimit kann jeder dieser Abschnitte wieder aus drei Unterabschnitten bestehen und so weiter. Die Dreierregel erzeugt einen natürlichen Redefluss, den Sie sich zunutze machen sollten.

Die Probenläufe zeigen Ihnen, wie wichtig ein gelungener Anfang und ein starker Schluss sind. Weiter hinten in diesem Buch finden Sie zahlreiche Möglichkeiten, wie Sie einen gelungenen Einstieg gestalten, ganz allgemein gilt jedoch: Teilen Sie den Zuhörenden mit, worüber Sie sprechen werden und was Sie mit Ihrem Vortrag erreichen wollen. Machen Sie deutlich, dass Ihnen wichtig ist, worüber Sie reden, und dass es auch für Ihr Publikum wichtig ist. Das ist Ihr Einstieg. Abschließend kommt ein bewegendes Zitat oder eine beeindruckende Statistik immer gut an. Geben Sie den Zuhörenden Denkanstöße oder Diskussionspunkte mit auf den Weg. Probieren Sie bei Ihren Probeläufen verschiedene Schlussvarianten aus, und fordern Sie ein ehrliches Feedback dazu ein.

Eine berühmte Erfolgsformel hierzu lautet: »Sagen Sie Ihren Zuhörern, was Sie ihnen gleich sagen werden. Dann sagen Sie es ihnen. Und dann sagen Sie ihnen, was Sie ihnen soeben gesagt haben.« Eine auf diese Weise strukturierte Präsentation enthält Einleitung, Hauptteil und Schluss. Aber damit ist es noch nicht getan. Bei Weitem nicht. Bis jetzt haben wir über das Generieren von Inhalten gesprochen und uns mit der Struktur einer Präsentation auseinandergesetzt. Nun wollen wir uns das Sprechen an sich anschauen. Inhalt und Struktur sind wichtig, aber wie Dale Carnegie gerne sagte: »Die Tiefgründigkeit der Überzeugung zählt mehr als die Erhabenheit der Logik, und Begeisterung zählt mehr als Wissen.« Wenn Sie schon einmal einen Debattierwettbewerb verfolgt haben oder den Streit zweier Teenager, ist Ihnen vermutlich aufgefallen, dass nicht die Person mit den meisten Zahlen und Fakten gewinnt, sondern die, die am besten spricht – die ihre Argumente so überzeugend vorträgt, dass sie richtig scheinen, auch wenn sie falsch sind.

Beschäftigen wir uns also etwas genauer mit dem Sprechen an sich. Wenn Sie noch nie vor Publikum gesprochen haben, empfinden Sie es vermutlich als eine extreme Herausforderung. Aber auch wenn Sie schon erfahren sind, helfen Ihnen die folgenden Ausführungen sicher, denn Sie werden erkennen, wie wahr sie sind. Um das erste Mal vor Publikum zu sprechen, benutzen Sie wahrscheinlich dieselbe Sprache, die Sie immer benutzen. Sie verwenden die gleichen Worte und Sätze – aber Sie *reden* einfach nur. Sie halten keine professionelle Rede. Sie übermitteln Informationen, aber sie *präsentieren* sie wahrscheinlich nicht auf überzeugende Weise.

Dale Carnegie verdeutlichte das einmal an einem Beispiel. Er übernachtete in einem Hotel in England, das wöchentlich Rednerinnen und Redner zur Unterhaltung und Weiterbildung der Gäste engagierte. Eine dieser Rednerinnen, eine bekannte britische Schriftstellerin, sprach zum Thema »Die Zukunft des Romans«. Obwohl sie eine ausgezeichnete Autorin war, wurde schnell klar: Sprechen war nicht ihre Stärke. Gleich zu Beginn erwähnte sie, dass sie das Thema nicht selbst gewählt habe, und räumte ein, nicht wirklich etwas dazu sagen zu können. Sie habe sich nur ein paar unstrukturierte Notizen gemacht. Mit dem Notizzettel in der Hand stand sie vor ihrem Publikum, ignorierte es aber. Sie schaute die Zuhörenden nicht einmal an, sah über ihre Köpfe hinweg, dann wieder auf ihre Notizen und gelegentlich auf den Boden. Mit unnahbarem Gesicht und einer Stimme, die aus weiter Ferne zu kommen schien, sprach sie ihre Worte ins Nichts.

Dale Carnegie erkannte sofort, dass sie keinen Vortrag, sondern einen Monolog hielt. Sie hatte keinen Kontakt zu ihren Zuhörern, aber gerade der ist bei öffentlichen Reden entscheidend. Das Publikum muss das Gefühl haben, dass die Botschaft der Person auf der Bühne tief aus ihrem Inneren kommt und sowohl den Verstand als auch das Herz erreicht. Aber wie genau funktioniert das?

Die sogenannte Kunst der Rhetorik ist für unsere heutigen Zwecke weitgehend nutzlos. Die althergebrachte Redekunst, mit der ein Redner seinem Publikum ein Feuerwerk der Sprache bietet, zündet in einem modernen Umfeld nicht mehr. Ein modernes Publikum – seien es fünfzehn Personen in einem Konferenzraum, Tausende in einem Stadion oder Millionen vor den Fernsehgeräten – will direkt und persönlich angesprochen werden. Die Menschen wünschen sich bei einem Vortrag die gleiche Vertrautheit wie bei einem persönlichen Gespräch. Aber nicht nur das. Paradoxerweise wird erwartet, dass dieser persönliche Austausch überzeugend und nachdrücklich ist – ein sehr hoher Anspruch. Man tut etwas, das eigentlich unnatürlich ist, und doch soll es so aussehen, als wäre es das Natürlichste der Welt.

In manchen Büchern ist zu lesen, man brauche nur auf seine innersten und stärksten Gefühle zu hören. Natürlich sollte einem das, worüber man redet, am Herzen liegen, aber das Geheimnis eines herausragenden Vortrags ist eher eine Sache des Verstands als des Herzens, und die Herstellung einer Verbindung zum Publikum ist eher ein rationaler als ein emotionaler Prozess. Das Ganze mag emotional erscheinen, aber genau darum geht es ja. Wie bei jeder Form von Kunst sieht das Publikum nur einen Bruchteil dessen, was wirklich dahintersteckt.

Das war schon immer so. Meisterwerke wie Leonardo da Vincis *Mona Lisa* oder Michelangelos *David* erscheinen lebendig, aber tatsächlich beruht diese Lebendigkeit auf einem mathematischen Verständnis der menschlichen Formen und Proportionen. Selbst Stand-up-Comedy folgt bestimmten Rhythmen, die so vorhersehbar sind wie ein Uhrenschlag. Aus diesem wissenschaftlich analytischen Blickwinkel betrachtet, kann man viel über effektives öffentliches Sprechen lernen. Und sobald Sie diese Perspektive verinnerlicht haben, kommen die Emotionen ganz von selbst.

Eine der wichtigsten Grundlagen für wirkungsvolles Sprechen ist die bewusste Entscheidung, welche Wörter Sie betonen wollen, denn die Bedeutung eines Satzes hängt viel mehr von der Betonung der Wörter ab als von deren Definition im Wörterbuch. Der Beweis liegt auf der Hand:

Wiederholen Sie einfach mehrmals ein und denselben Satz, aber betonen Sie dabei jedes Mal andere Wörter. Sie werden sehen, dass sich die Bedeutung des Satzes verändert. Hinzu kommt, dass manche Varianten viel überzeugender und interessanter klingen als andere.

Das können Sie sich bei einer Präsentation zunutze machen. Lesen Sie die nachfolgenden Sätze laut, ohne die Wörter besonders zu betonen: »In allem, was ich bisher getan habe, war ich erfolgreich, weil ich es so gewollt habe. Nie habe ich gezögert, was sich im Vergleich zu anderen Menschen vorteilhaft für mich ausgewirkt hat.«

Vielleicht haben Sie es bemerkt: Wenn keines der Wörter besonders hervorgehoben wird, transportieren diese Sätze weder Leidenschaft noch den Standpunkt der Rednerin oder des Redners.

Lesen Sie nun diese Sätze noch einmal und betonen Sie die Schlüsselwörter: »In allem, was ich bisher getan habe, war ich *erfolgreich*, weil ich es so *gewollt* habe. *Nie* habe ich gezögert, was sich im Vergleich zu anderen Menschen vorteilhaft für mich ausgewirkt hat.«

Haben Sie bemerkt, wie beispielsweise die Betonung des Wortes *nie* dem Satz Dramatik verleiht? Sie verweist darauf, dass der Sprecher gegen das Zögern angekämpft hat, oder es sogar immer noch tut. Warum sollte er sonst so viel Gewicht auf das Wort *nie* legen? Die Betonung bestimmter Wörter legt die Bedeutung eines Satzes fest. Betont man jedes Wort gleich, kann die Bedeutung geringer werden oder sogar völlig verloren gehen. Probieren Sie daher beim Üben Ihrer Präsentation verschiedene Betonungen aus, um den gewünschten Effekt zu erzielen.

Betonen Sie nicht nur unterschiedliche Wörter, sondern variieren Sie auch Ihre Tonlage. Die Betonung ist eine Frage von laut und leise, die Tonlage hingegen ist ein Merkmal des Klangs. In einem Gespräch wechselt Ihre Tonlage ganz automatisch von hoch zu tief und umgekehrt. Das ist vollkommen natürlich und hat zudem eine angenehme Wirkung. Aber warum klingt die Stimme von Menschen dann oft dumpf und monoton, sobald sie vor Publikum auftreten? Das hat tatsächlich mehrere Gründe. Zunächst einmal sind die Personen angespannt oder gar verängstigt, was zu ausdruckslosem Sprechen führt. Und dann kommt noch hinzu, dass sie sich dessen nicht bewusst sind oder keine Kontrolle darüber haben. Auch hier gilt: Ihr Tonfall sollte eine bewusste Entscheidung sein und nicht unbewusst entstehen.

Wenn Sie bei Ihrem Vortrag bemerken, dass Sie in einer monotonen Tonlage sprechen – oft in einer hohen Tonlage –, halten Sie kurz inne und sagen Sie sich: »Ich spreche gerade nicht, wie ich normalerweise spreche. Ich bin in den verkrampften Tonfall eines unerfahrenen Redners verfallen. Ich muss zu meiner natürlichen Sprechweise zurückfinden.«

Neben Betonung und Tonlage ist auch das Sprechtempo von großer Bedeutung. Dale Carnegie verdeutlicht das mit einer Passage aus der Biografie von Abraham Lincoln: »Lincoln sprach ziemlich schnell, kam er jedoch zu den Wörtern oder Passagen, die er betonen wollte, drosselte er das Tempo und verweilte an diesen Stellen. Und dann kam er blitzschnell zum Ende seines Satzes. Er widmete den wenigen Worten, die er hervorheben wollte, genauso viel Zeit, wie dem halben Dutzend unwichtiger Wörter, die darauf folgten.«

Durch das Variieren des Sprechtempos können unzählige Effekte erzielt werden. Sagen Sie »30 Millionen Dollar« beispielsweise sehr schnell, klingt es nach einer nicht nennenswerten Summe. Was sie in manchen Vorstands- oder Haushaltssitzungen womöglich auch sind. Einfach so hingeworfen klingen »30 Millionen Dollar«, als wäre es nichts. Aber sagen Sie »Drrrrreißig Milliooooonen Dollllarrr« und ziehen jede Silbe maximal in die Länge, hört sich das nach sehr viel Geld an. Nimmt man sich für das Aussprechen des Betrags Zeit, erhöht sich sein Wert, obwohl die tatsächlich ausgesprochenen Wörter dieselben sind.

Mittlerweile wird Ihnen klar geworden sein, dass wir wirklich alle eine gute Rede halten können, solange wir uns der Schwierigkeiten des öffentlichen Sprechens bewusst sind und wissen, mit welchen Methoden wir sie überwinden können. Ziel dieses ersten Kapitels war es, dieses Bewusstsein bei Ihnen zu wecken. Aber Sie haben auch schon einiges gelernt. Wir haben Ihnen die Grundlagen der Vorbereitung aufgezeigt und Ihnen die Stärken des Frage-Antwort-Schemas nahegebracht. Wir haben die Vorteile von Computern und Internetrecherche erwähnt, aber auch, wie wichtig es ist, losgelöst von diesen Technologien zu denken. Wir haben über das laute

Einüben einer Präsentation gesprochen, sowohl mit Freunden als auch allein, und wir haben Ihnen demonstriert, wie Sprechtechniken, Betonung, Tonlage und Sprechtempo die Aussagekraft und Bedeutung einer Präsentation deutlich verbessern können.

All das ist für einen guten Vortrag entscheidend. Sobald Sie diese Techniken beherrschen und anwenden, können Sie sich zu einer überzeugenden Rednerin oder einem überzeugenden Redner entwickeln, selbst wenn Sie an dieser Stelle nicht weiterlesen. Trotzdem haben wir bislang nur an der Oberfläche gekratzt. Es gibt noch sehr viel mehr über das Sprechen vor Publikum zu erfahren, weshalb Sie sobald wie möglich weiterlesen sollten. Sie werden davon in jedem Fall profitieren. Niemand wusste mehr über das öffentliche Sprechen als Dale Carnegie und nirgendwo sonst werden Sie mehr darüber finden als in diesem Buch.

In Kapitel 2 erfahren Sie, weshalb es bei einer erfolgreichen Rede in erster Linie darauf ankommt, man selbst zu sein.

Es gibt drei Arten von Reden. Die Rede, die Sie einüben, die, die Sie halten, und die, die Sie halten wollten.

Dale Carnegie

Um eine gut improvisierte Rede vorzubereiten, brauche ich mindestens drei Wochen.

Mark Twain

Sei aufrichtig, fasse dich kurz, setz dich.

Franklin D. Roosevelt

KAPITEL 2

Was Zuhörer wirklich wollen und Redner wissen sollten

Es sind überraschend wenige Prinzipien, die die Grundlage für überzeugendes Sprechen bilden, und eines dieser Prinzipien, das im Grunde für jede Form von persönlichem Erfolg maßgeblich ist, lässt sich in nur drei Worten zusammenfassen. Schon im antiken Griechenland prangten sie als Inschrift über dem Eingang der Schule für Philosophie und gelten seitdem als die Grundlage jeglichen Wissens. Es sind die magischen Worte: *Erkenne dich selbst.* Solange wir nicht begriffen haben, wer wir sind, können wir auch die Welt um uns herum nicht wirklich begreifen und definitiv nicht erfolgreich vor Publikum sprechen.

Verdeutlichen wir uns das anhand der beiden Männer, die dieses Buch überhaupt erst möglich gemacht haben: Dale Carnegie und Earl Nightingale. Beide waren ausgezeichnete Redner, haben sich diesen Ruf aber auf ganz unterschiedliche Art und Weise verdient. Der Vortragsstil von Dale Carnegie, der auf einer Farm im US-Bundesstaat Missouri aufwuchs, spiegelte die Bodenständigkeit des Mittleren Westens wider. Obwohl er intelligent und belesen war, sprach und wirkte er nie wie ein Professor oder Politiker, sondern eher wie der nette Nachbar von nebenan, und so klangen auch seine Reden.

Earl Nightingale hingegen sprach wie ein Prophet aus dem Alten Testament. Mehr als 30 Jahre lang zog er während seiner täglichen Radiosendungen mit seiner Stimme, bei der man einfach nicht weghören konnte, Millionen von Zuhörern in seinen Bann. Alles, was er sagte, klang wie eine unumstößliche Weisheit. Und obwohl Nightingales Art zu reden sich grundlegend von der Carnegies unterschied, war er ein ebenso erfolgreicher Redner – weil er authentisch war.

Dass es bei einem Vortrag von Vorteil ist, sich so natürlich wie möglich zu geben, wissen Sie wahrscheinlich. Aber was genau Ihrem Naturell eigentlich entspricht, ist Ihnen vielleicht nicht ganz so klar. Jede »Selbsterkenntnis« muss daher mit einer ehrlichen Selbsteinschätzung beginnen. Wie würden Sie beispielsweise Ihren Stil im Umgang mit anderen Menschen beschreiben? Sind Sie von Natur aus zurückhaltend und überlassen die Gesprächsführung gerne anderen? Oder sind Sie eher kontaktfreudig und aufgeschlossen? Sind Sie ein analytischer und logischer Mensch, oder erzählen Sie, um Ihre Ideen zu verdeutlichen, lieber Geschichten und kleine Anekdoten? Wie würden Sie Ihre äußere Erscheinung beschreiben? Sind Sie stattlich und schwer zu übersehen oder zu überhören? Oder eher jemand, der nicht auf Anhieb die Aufmerksamkeit aller auf sich zieht?

Eine gute Methode, diese Fragen für sich zu beantworten, ist, sich mehrere bekannte Redner zu suchen, deren Stil Sie bewundern. Dale Carnegie und Earl Nightingale waren großartige Rhetoriker, was teilweise auch daran lag, dass ihre Art zu sprechen perfekt in ihre Zeit passte. Und auch die Dale-Carnegie-Organisation ist nur deshalb so erfolgreich, weil sie, was Lern- und Trainingstechniken angeht, stets darauf achtet, auf dem aktuellsten Stand zu sein. Dasselbe sollten Sie tun, wenn Sie sich Ihre Vorbilder für öffentliches Sprechen suchen. In den nächsten Kapiteln werden wir uns mit Winston Churchill und Abraham Lincoln befassen, aber auch mit Bill Clinton und Jerry Seinfeld. Welche dieser Persönlichkeiten könnten Vorbilder für Ihre persönliche Art zu reden sein? Und an wem möchten Sie sich auf keinen Fall orientieren? Wie bringen Sie Aspekte unterschiedlicher Redner, die Sie bewundern, zusammen, und entwickeln daraus Ihren eigenen unverwechselbaren Stil?

Es gibt in diesen Fragen kein Richtig oder Falsch. Der einzige Fehler, den Sie machen können, ist, nicht ehrlich zu sich selbst zu sein. Das ist die gute Nachricht. Die schlechte Nachricht ist: Fast *jeder* macht diesen Fehler, weil die Selbstwahrnehmung von Menschen, die vor Publikum auftreten, häufig von zwei irreführenden Emotionen verzerrt wird – zum einen von Hoffnung, zum anderen von Angst. Sicher ist die Verzerrung durch Hoffnung bei Weitem nicht so häufig wie die durch Angst, aber schauen wir uns dennoch zunächst einmal an, warum *zu hohe Erwartungen* eine Rede genauso beeinträchtigen können wie Angst oder Nervosität.

Es gibt Menschen, die warten ihr ganzes Leben darauf, irgendwann vor Publikum beweisen zu können, wie interessant sie sind. Falls Sie zu diesen Menschen gehören, ist das großartig, denn Sie haben zweifellos etwas zu sagen und Ihre Zuhörer werden von Ihrem Vortrag profitieren. Dennoch ist es wichtig, dass Sie das Interesse des Publikums nicht als selbstverständlich ansehen. Natürlich will Ihr Publikum wissen, was Sie ihm zu sagen haben. Aber was noch viel wichtiger ist, es will Sie *mögen* – und dafür müssen Sie sich sein Interesse und seine Gunst verdienen. Ihre Zuhörer wollen von Ihnen überzeugt werden und sich selbst im *Mittelpunkt* wissen, auch dann, wenn sie Ihnen wie gebannt an den Lippen hängen. Falls Sie es also kaum erwarten können, ans Mikrofon zu treten und Ihre Rede zu halten – herzlichen Glückwunsch! Sie werden sich großartig dabei fühlen. Trotzdem sollten Sie sich eine entscheidende Erkenntnis des Dale-Carnegie-Trainings tief ins Gedächtnis rufen: *Das bevorzugte Thema eines jeden Zuhörers ist er selbst.* Ihre Aufgabe als Redner besteht daher darin, Ihr positives und gesundes Selbstbild mit dem Interesse des Publikums in Einklang zu bringen.

Sehen wir uns dazu ein Beispiel aus der Praxis an: Der ehemalige US-Präsident Bill Clinton ist ein exzellenter Redner und ein hervorragendes Beispiel dafür, wie man vor Publikum »ganz man selbst« ist. Insbesondere in Frage-Antwort-Reden beeindruckt er mit einer faszinierenden Kombination aus faktischem Wissen und persönlichem Kontakt zum Publikum. Aber das war keineswegs von Anfang an so. Im Jahr 1988 hielt Clinton, damals junger Gouverneur von Arkansas, eine Grundsatzrede vor dem Nationalkonvent der Demokraten, die nicht nur sehr enthusiastisch, sondern auch viel zu lang war. Clinton, der zum ersten Mal im nationalen Rampenlicht stand, war davon offensichtlich so angetan, dass er alles um sich herum vergaß. Nachdem er ungefähr 40 Minuten gesprochen hatte, sagte er etwas wie »Aber um zum Schluss zu kommen ...« – woraufhin das

Publikum anfing laut zu applaudieren. Nicht wenige hatten darauf spekuliert, dass Clinton 1988 vielleicht selbst ins Rennen um die Präsidentschaft gehen würde, aber seine Grundsatzrede hatte gezeigt, dass er noch nicht reif dafür war. Die Entschlossenheit, mit der er sich Gehör verschaffte, war gut, aber manchmal kann etwas auch zu viel des Guten sein.

Während Bill Clinton der Welt unbedingt zeigen wollte, wer er ist und wofür er steht, möchten sehr viele andere Redner demonstrieren, wer und was sie nicht sind. Sie definieren sich als Redner eher negativ als positiv, also darüber, was sie *nicht* sein wollen – nicht ausschweifend, nicht unklar, nicht langweilig. Und am Ende sind sie dann verkrampft und angespannt. Eines der grundlegenden Prinzipien für erfolgreiches öffentliches Reden ist, sich nicht zu entschuldigen. Und damit ist nicht nur gemeint, dass Sie es vermeiden sollten, eine Entschuldigung tatsächlich auszusprechen. Betreten Sie ein Podium nie mit der Einstellung, dass Sie es nicht verdienen, dort oben zu stehen. Versuchen Sie nie, Ihr Publikum für sich zu gewinnen, indem Sie darauf hinweisen, wie nervös Sie sind oder dass Sie kein guter Redner sind. Vielleicht glauben Sie, mit Ihrer offenen Bescheidenheit die Zuhörer auf Ihre Seite zu ziehen, aber diese Selbstabwertung könnte beim Publikum durchaus auch Zustimmung finden.

Wie in anderen Bereichen kann es auch beim öffentlichen Sprechen einige Zeit dauern, bis Sie Ihren persönlichen Stil gefunden haben. Mag sein, dass Ihre Vorträge anfangs mal übereifrig und dann wieder zu zögerlich sind, aber Sie dürfen nicht vergessen: Großartige Redner fallen nicht vom Himmel, sie entwickeln sich. Rhetorik ist ein kreativer Prozess, ähnlich dem der Malerei oder Bildhauerei. Der einzige Unterschied ist, dass Sie sowohl der Künstler als auch das Medium sind.

Damit jedoch nicht genug: Das Sprechen vor Publikum ist zudem eine Wissenschaft, in der sich im Laufe der Zeit bestimmte Maximen bewährt haben. Auch wenn es um die Kunst des Redens geht, kommen wir nicht umhin, aus Fehlern zu lernen; dennoch ist es möglich, sich sehr schnell zu einem professionellen Redner zu entwickeln. Um dieses Kapitel abzurunden, wollen wir uns daher noch einige Grundprinzipien ansehen, auf die sich praktisch alle großen Redner stützen.

Eine dieser Maxime ist denkbar einfach. Gestalten Sie Ihre Rede nicht nur interessant, sondern machen Sie daraus die interessanteste Rede, die Ihr Publikum je gehört hat. Das ist gar nicht so schwer. Sie müssen nur über das Thema sprechen, das Ihr Publikum mehr fasziniert als jedes andere.

Aber was ist dieses absolut unwiderstehliche Thema? Nun, einer der Redner, die Dale Carnegie sehr bewunderte, war Russell Conwell. Seine bekannteste Rede »Felder voller Diamanten« hielt er fast sechstausend Mal. Man könnte meinen, ein Redner, der eine Rede so oft hält, beherrscht diese aus dem Effeff – dass jedes Wort und jede Betonung exakt sitzen und alles immer gleich vorgetragen wird. Aber das war nicht der Fall. Russell Conwell wusste, kein Publikum ist wie das andere. Er wusste, dass er jeder neuen Gruppe von Zuhörern das Gefühl geben musste, seine Worte seien an sie, und nur an sie, gerichtet und niemand sonst habe diese Rede je gehört. Aber wie gelang das Conwell bei jedem seiner Auftritte aufs Neue? »Wenn ich in eine Stadt reise«, schrieb er, »versuche ich, frühzeitig dort zu sein, um dem Friseur, dem Hotelier, dem Schuldirektor und den Pfarrern einen Besuch abzustatten. Anschließend gehe ich in die Geschäfte und spreche einfach mit den Leuten. So erfahre ich etwas über ihr Leben und welche Möglichkeiten sie hatten. Wenn ich dann meinen Vortrag halte, weiß ich ganz genau, wie ich jeden einzelnen Satz vortragen muss. Selbst wenn die Botschaft die gleiche ist, wie in all meinen vorherigen Reden, wird die aktuelle Rede dadurch einzigartig.«

Eine erfolgreiche Kommunikation mit den Zuhörern hängt davon ab, wie gut ein Sprecher seine Rede dem Publikum anpassen kann – und wie gut er das Publikum in seine Rede miteinbezieht. Deshalb hatte »Felder voller Diamanten« nie einen endgültigen Text, obwohl es eine der bekanntesten Reden ist, die je gehalten wurde.

Haben Sie dieses Beispiel, wenn Sie eine Rede vorbereiten, immer im Hinterkopf. Vergewissern Sie sich, dass Sie die Besonderheiten Ihres Publikums klar im Blick haben. Beziehen Sie die Menschen vor Ort und lokale Themen in Ihren Vortrag mit ein. Sobald die Leute das Gefühl haben, in Ihrem Vortrag geht es um sie – um *ihre* Interessen, *ihre* Probleme, *ihre* Hoffnungen und Träume –, werden sie Ihnen interessiert zuhören. Machen Sie sich immer wieder bewusst, dass Ihre Zuhörer am meisten an sich selbst interessiert sind. Stellen Sie eine Verbindung zwischen diesem Interesse und Ihrem Thema her, und die gespannte Aufmerksamkeit Ihres Publikums ist Ihnen gewiss. Ihre erste Maxime muss also sein: Stellen Sie, ganz gleich worüber Sie sprechen, eine direkte Verbindung zwischen Ihrem Thema und den Interessen Ihrer Zuhörer her.

Eine zweite Maxime hat ebenfalls mit der Wertschätzung des Publikums zu tun, allerdings auf eine etwas subtilere und bestechendere Art. Solange Sie es ehrlich meinen, ist daran aber nichts Verwerfliches. Um es kurz zu machen: Bringen Sie stets Ihren aufrichtigen Dank zum Ausdruck für die Gelegenheit, vor Ihren Zuhörern sprechen zu dürfen.

Jedes Publikum setzt sich aus Individuen zusammen, die als Individuen reagieren. Wenn Sie Ihre Zuhörer offen kritisieren, werden sie Ihnen das verständlicherweise übel nehmen. Wenn Sie ihnen hingegen für etwas, das sie getan haben, Anerkennung zollen, gewinnen Sie ihre Herzen. Egal, wie viel oder wenig Sie von einer spezifischen Zuhörerschaft wissen, *eines ist sicher*: Sie wurden gebeten, diese Rede zu halten. Also zeigen Sie, dass Sie dankbar dafür sind. Finden Sie einen kreativen Weg, sowohl Ihre Freude als auch Ihre Aufrichtigkeit auszudrücken. Denn so naiv oder bildungsfern einzelne Personen in einem Publikum auch sein mögen, *in der Gruppe* sind sie äußerst scharfsinnig. Eine einzelne Person kann eine unaufrichtige Aussage vielleicht täuschen, aber eine große Gruppe wird sich von Ihnen nicht in die Irre führen lassen. Versuchen Sie also nicht, Dankbarkeit vorzutäuschen. Finden Sie einen Weg, diese Chance wirklich zu schätzen, und bringen Sie es unmissverständlich zum Ausdruck.

Ein guter Weg, dem Publikum seine Wertschätzung zu zeigen, ist, sich gleich zu Beginn mit ihm zu identifizieren. Überwinden Sie den Graben zwischen *sich* und *Ihrem Publikum*, indem Sie so früh wie möglich, vielleicht mit den ersten Worten, auf eine direkte Beziehung zwischen sich und Ihren Zuhörern hinweisen. Denn auch wenn Sie ihn vielleicht nicht sehen, irgendein Bezug existiert, und es ist an Ihnen, ihn zu finden und für sich zu nutzen. Als Harold Macmillan, ehemaliger britischer Premierminister, einmal eine Rede vor einer Abschlussklasse der DePauw University in Greencastle, Indiana, hielt, sahen die Zuhörer zunächst wahrscheinlich keine Verbindung zwischen sich und dem Redner. Aber Macmillan stellte diese Beziehung gleich in seinem ersten Satz her, indem er erwähnte, dass seine Mutter eine in Indiana gebürtige Amerikanerin war und sein Vater einer der ersten Absolventen der DePauw University. Ist die Welt nicht klein? Indem er die Verbindungen zwischen der Universität und seiner Familie aufzeigte, gewann Macmillan sofort Freunde.

Unsere nächste Maxime basiert auf der Tatsache, dass Sprechen nicht nur ein akustisches Medium ist. Jeder erfolgreiche Redner weiß, wie er visuelle Reize einsetzen muss, um das Gesagte noch zu unterstreichen. Achten Sie also darauf, dass Sie Ihre Zuhörer nicht nur über das Ohr erreichen. Auch der Blickkontakt ist eine extrem wichtige Art, mit dem Publikum in Verbindung zu treten. Wenn Sie sprechen, beziehen Sie die Zuhörer vor allem durch Ihre Blicke in den Vortrag mit ein. Der sicherste Weg, den Kontakt zum Publikum zu verlieren, ist, seine Zuhörer nicht anzusehen.

Ganz gleich, wie viele Menschen anwesend sind, jeder will, dass Sie sich nur auf ihn konzentrieren. Sie können Ihre Zuhörer jedoch nur dann davon überzeugen, dass Sie aufrichtig an ihnen interessiert sind und es Ihnen wichtig ist, dass Ihre Botschaft ankommt, wenn Sie sie als Individuen sehen. Der Blickkontakt mit dem Publikum hat aber auch noch andere Vorteile, denn über ihn versichern Sie sich der Aufmerksamkeit und Konzentration Ihres Publikums. Indem Sie einzelne Personen ansehen, können Sie feststellen, wie gut Ihre Botschaft ankommt. Erst wenn Sie die Reaktion Ihres Publikums einschätzen und Ihre Rede entsprechend anpassen können, sind Sie ein richtig guter Redner.

Obwohl er geschickt eingesetzt ein sehr wirksames Mittel ist, wird die Bedeutung des Blickkontakts oft unterschätzt. Versuchen Sie einmal Folgendes: Achten Sie, wenn Sie sich das nächste Mal einen Film anschauen, besonders darauf, wie oft Ihre Aufmerksamkeit zu den Augen der Schauspieler wandert – nicht zu den Händen, nicht zu den Kleidern, sondern zu ihren Augen. Sie werden feststellen, wie gekonnt erfahrene Schauspieler ihre Augen einsetzen, um Gedanken und Emotionen zu kommunizieren. Das zu erlernen, braucht Zeit, ist aber ein wesentliches Merkmal jedes guten Schauspielers, und natürlich auch jedes großen Redners.

Ein wahrer Meister dieser Kunst ist Johnny Depp. Insbesondere in der Rolle des Captain Jack Sparrow in der Filmreihe *Fluch der Karibik* sagt er oft das eine, während seine Augen dem Zuschauer verraten, dass er genau das Gegenteil denkt und fühlt. Johnny Depp hat sich diese Technik bei den großen Schauspielern der Stummfilmzeit – insbesondere bei Charlie Chaplin – abgeschaut. In Stummfilmen konnten die Schauspieler ihre Rollen nicht mithilfe der Sprache interpretieren, weshalb sie ganze Wörterbücher voll Emotionen nur mit den Augen kommunizierten. Wenn Sie also als Redner eine These formulieren oder unterstreichen, sollten Sie die Wirkung eines Blicks nicht unterschätzen. Seien Sie sich stets bewusst, dass die Augen der Zuhörer alle auf Sie – oder besser, auf Ihre Augen – gerichtet sind. Nutzen Sie das!

Wie in Kapitel 1 bereits erwähnt, ist es keine gute Idee, eine Rede Wort für Wort auswendig zu lernen. Es kann allerdings sinnvoll sein, sich Notizen mit auf das Podium zu nehmen, und das nicht nur als Gedächtnisstütze. Bei erfahrenen Rednern ist zu beobachten, wie sie mithilfe ihrer Notizen einen Rhythmus mit dem Publikum etablieren – und die Augen sind dabei ihr wichtigstes Werkzeug. Bringt der Redner ein besonders wichtiges Argument vor, schaut er dabei direkt ins Publikum, vielleicht sogar zu einer bestimmten Person. Danach sieht er für einen kurzen Augenblick in seine Notizen und ermöglicht dem Publikum, zu verarbeiten, was es gerade gehört hat. Hebt er den Blick dann wieder, entsteht der Eindruck, er würde mit frischem Elan eine neue Rede beginnen.

Ein weiterer wichtiger Aspekt für eine gute Rede ist Ihre äußere Erscheinung. Wenn Sie für längere Zeit vor einem Publikum stehen, haben die Leute genügend Zeit, Sie sich genau anzusehen, weshalb Sie jedes Detail Ihrer Kleidung gezielt auswählen sollten. Einige Zuhörer werden sich nach Ihrer Rede nicht mehr an das Gesagte erinnern, aber fast alle werden noch wissen, welche Schuhe Sie getragen haben oder ob Ihre Krawatte vielleicht nicht akkurat gebunden war. Achten Sie also auf saubere und gut sitzende Kleidung. Tragen Sie keinen Schmuck, der bei jeder Bewegung oder Geste glitzern oder klimpern könnte. Das Allerwichtigste ist jedoch, dass Sie in etwa den Dresscode Ihrer Zuhörer spiegeln. Auf einer Versammlung eines Motorsportverbands können Sie sich ein Cap vielleicht leisten, aber nicht, wenn Sie vor dem Elternausschuss der Schule Ihrer Kinder sprechen. Wie der Blickkontakt wird auch dieser entscheidende, taktische Grundsatz erstaunlich oft missachtet. Nehmen Sie sich, wenn Sie eine Rede vorbereiten, also ein paar Minuten Zeit und stellen Sie sich mit dem Outfit, das Sie tragen wollen, vor einen bodentiefen Spiegel. Vielleicht macht Sie dieser Blick in den Spiegel einfach nur stolz, wie gut Sie aussehen, vielleicht erspart er Ihnen aber auch einige Peinlichkeiten.

Ein letzter visueller Aspekt effektiven Sprechens ist, wie Sie sich vor Ihrem Publikum bewegen – und ob Sie sich überhaupt bewegen. Dies ist eine Entscheidung, die Sie ab dem Moment umsetzen müssen, in dem Sie angekündigt werden. Gehen Sie zügig, zielstrebig, selbstbewusst und ruhig zum Ort Ihres Vortrags. Lächeln Sie, oder bemühen Sie sich zumindest um ein freundliches Gesicht. Versuchen Sie, entspannt zu sein, auch wenn Sie sich vor Ihrem Auftritt fürchten. Schauen Sie am Anfang nicht ins Publikum. Sehen Sie stattdessen zu der Person, die Sie gerade vorgestellt hat, begrüßen Sie sie mit einem Händedruck und bedanken Sie sich mit wenigen Worten. Machen Sie eine kleine Pause, sortieren Sie Ihre Notizen, wenn Sie welche bei sich haben, und schauen Sie dann erst ins Publikum.

Kommt Ihnen das bekannt vor? In einem späteren Kapitel werden wir noch etwas genauer darauf eingehen, wie man ein Publikum gleich in den ersten Minuten für sich gewinnt. Doch nun schließen Sie die Augen und stellen sich nacheinander mehrere gute Redner bei ihrem Gang zur Bühne vor. Die souveränste Art, eine Bühne zu betreten, hat sich so gut bewährt, dass Sie es wahrscheinlich klar vor sich sehen. Denn auch wenn Sie selbst noch nicht hundert Mal vor ein Publikum getreten sind, haben Sie es wahrscheinlich schon hundert Mal beobachtet. Machen Sie es also einfach nur genauso.

Während Sie Ihren Vortrag halten, fühlen Sie sich dann vielleicht sicher genug, um sich vom Pult oder Podium zu entfernen. Falls Sie das vorhaben, müssen Sie wissen, wohin Sie sich bewegen möchten. Weder sollten Sie wahllos herumlaufen, noch einfach nur von einer Stelle an eine andere wechseln. Allzu oft kommen Redner hinter ihrem Pult hervor, bleiben dann einfach nur daneben stehen und rühren sich nicht mehr vom Fleck. Dabei ist die richtige Art, sich bei einem Vortrag zu bewegen, wie so vieles andere nicht nur gut dokumentiert, sondern auch recht einfach.

Sehen Sie Ihren Platz hinter dem Pult als Ihre Basisstation, legen Sie noch zwei weitere Orte als alternative Positionen fest und bewegen Sie sich während Ihres Vortrags zwischen diesen drei Orten – und *nur* zwischen diesen drei Orten. Ihre Bewegungen sollten dabei vom Inhalt Ihrer Rede geleitet werden, nicht vom Wunsch, durch den Raum zu schlendern. Denn wie mit einem Blick auf Ihre Notizen können Sie auch mit einem Ortswechsel dem Publikum die Möglichkeit geben, das Gesagte zu verinnerlichen – oder Ihrem nächsten Argument mehr Kraft verleihen.

Wie alles andere an Ihrer Rede sollten Sie auch das Hin- und Hergehen vorher einstudieren. Vergessen Sie nicht: Alles, was eine großartige Rede ausmacht, sieht nur so aus, als wäre es natürlich. Niemand wird als Redner geboren, und schon gar nicht als einer, der andere in seinen Bann zu ziehen weiß.

Egal, wie begeistert Ihr Vortrag aufgenommen wird, verlieren Sie nie die Zeit aus dem Blick. Reden können noch so informativ und spannend sein, die Leute wünschen sich nur selten, dass sie länger gewesen wären. Auch wenn Sie dem Publikum nicht ankündigen, wie lange Sie sprechen werden, wird es sich das mit Sicherheit fragen. Gehen Sie also lieber auf Nummer sicher. Sobald Sie das Gefühl haben, gut vorbereitet zu sein, können Sie Ihren Vortrag ein wenig kürzen. Das wird niemanden stören, aber indem Sie die Anzahl der Wörter verringern, sind Sie gezwungen, Dinge direkter und kraftvoller zu formulieren.

Wenn Sie als Redner eine Liste Ihrer Themen aufstellen, wird diese automatisch zu einer Art Uhr. Dem Publikum mitzuteilen, wie viele Punkte Sie ansprechen werden, kann zwar vermitteln, dass Sie gut organisiert sind; sobald es mehr als drei sind, sollten Sie diese Information aber dennoch besser für sich behalten. Haben Sie sich schon einmal einen Vortrag angehört, bei dem sieben Themen ankündigt wurden? Dann wissen Sie vielleicht, was hier gemeint ist. Als Zuhörer fällt es einem schwer, nicht an den Fingern abzuzählen, wie viele Punkte einem noch bevorstehen. Und als Redner verliert man leicht den Überblick, es sei denn, man schaut immer wieder auf seine Liste, was den anfangs aufgebauten, gut organisierten Eindruck wieder zunichtemacht. In einem der folgenden Kapitel werden Sie erfahren, warum die Zahl drei für öffentliches Sprechen eine so magische

Zahl ist. Alles, was darüber hinausgeht, ist keine Rede, sondern höhere Mathematik.

Da wir in diesem Kapitel die wichtigsten Grundlagen öffentlichen Sprechens behandelt haben, möchten Sie es sich vielleicht noch einmal durchlesen, bevor Sie mit Kapitel 3 fortfahren.

Aber lassen Sie sich nicht allzu lange Zeit, denn in Kapitel 3 widmen wir uns einem der häufigsten Probleme beim Sprechen vor Publikum. Man spricht hier gerne von Lampenfieber, aber Sie werden sehen, dass es im Grunde nicht das Rampenlicht ist, wovor wir uns fürchten müssen. Wie sagte einmal ein großer Redner: »Das Einzige, was wir zu fürchten haben, ist die Furcht selbst.«*

* Zitat von Franklin D. Roosevelt bei seiner Amtseinführung 1933 [Anm. d. Red.].

FALLSTUDIE:

Winston Churchill

Winston Churchill, der als einer der größten Redner der Geschichte gilt, hatte erstaunlicherweise einen schweren, angeborenen Sprachfehler, an dem er in seiner Jugend unermüdlich arbeitete. Hört man heute eine seiner kraftvollen und inspirierenden Reden, kann man sich kaum vorstellen, dass seine Aussprache jemals beeinträchtigt gewesen war. Seine beeindruckendsten Ansprachen hielt Churchill in Zeiten, in denen sein Land vor schwerwiegenden Problemen stand und die Menschen Mut und Inspiration bitter nötig hatten.

Einer dieser schicksalhaften Momente war nach dem Frankreichfeldzug im Zweiten Weltkrieg. Die Alliierten waren von den Deutschen eingekesselt und standen kurz vor der Vernichtung. Mit der Operation Dynamo wurde die Evakuierung der Truppen eingeleitet, wobei es der britischen Armee mit einem außergewöhnlichen Einsatz gelang, die deutsche Luftwaffe zurückzuschlagen. Mehr als 300 000 britische und französische Soldaten konnten mit Tausenden von Schiffen in Sicherheit gebracht werden – weitaus mehr, als man je für möglich gehalten hatte.

Am 4. Juni 1940 hielt Winston Churchill im britischen Unterhaus eine Rede, mit der er gleich mehrere Ziele verfolgte: Einerseits musste er den auf wundersame Weise geglückten Einsatz würdigen, gleichzeitig aber auch einen allzu großen Optimismus angesichts dessen dämpfen, was in Wirklichkeit ein militärisches Desaster war, und schließlich musste er ein Land dazu motivieren, weiterzukämpfen.

* * *

Während der ersten vier Jahre des letzten Krieges hatten die Alliierten nichts als Katastrophen und Niederlagen zu ertragen. Wir lebten in ständiger Angst: Ein Schlag folgte auf den anderen, wir erlitten furchtbare Verluste, waren schrecklichen Gefahren ausgesetzt. Alles missglückte. Und doch war am Ende dieser vier Jahre die Moral der Alliierten höher als die der Deutschen, die einen Sieg nach dem anderen verzeichneten und in den Ländern, in die sie einmarschiert waren, überall als triumphierende Eroberer dastanden. Im Verlauf dieses Krieges fragten wir uns immer wieder: »Wie können wir gewinnen?« Und niemand konnte diese Frage beantworten, bis dann zum Schluss, ganz plötzlich und unerwartet, unser schrecklicher Feind vor uns in die Knie ging und wir von unserem Sieg so erfüllt waren, dass wir ihn in unserer Torheit wegwarfen. ...

Wie auch immer sich die Lage in Frankreich oder die Beziehungen zur französischen Regierung oder anderen französischen Regierungen entwickeln mag – wir auf dieser Insel, und das gesamte Britische Empire, werden uns dem französischen Volk immer verbunden fühlen. Wenn uns nun auferlegt ist, zu ertragen, was die Franzosen ertragen mussten, werden wir es ihnen mit derselben Standhaftigkeit gleichtun, und sollten unsere Mühen am Ende mit einem Sieg belohnt werden, werden wir diesen mit ihnen teilen, und wir alle werden wieder in Freiheit leben. Wir werden keinen unserer gerechten Ansprüche aufgeben, nicht einen Millimeter zurückweichen. Tschechen, Polen, Norweger, Holländer und Belgier haben sich mit uns verbündet. Sie alle werden ihre Gebiete zurückerhalten.

Was General Weygand die »Schlacht um Frankreich« nannte, ist vorüber. Und ich gehe davon aus, dass nun die Schlacht um Großbritannien beginnt. Von ihrem Ausgang hängt das Schicksal der christlichen Zivilisation ab. Von ihr hängt unsere Existenz als Briten und der Fortbestand unserer staatlichen Einrichtungen und unseres Empires ab. Schon sehr bald wird sich die ganze Wut und Macht des Feindes gegen uns richten.

Hitler weiß, dass er uns auf dieser Insel brechen muss oder den Krieg verlieren wird. Wenn wir ihm die Stirn bieten, könnte ganz Europa frei sein, und das Leben auf der Welt wieder voranschreiten in sonnigeren Gefilden. Wenn wir jedoch versagen, wird die ganze Welt, auch die Vereinigten Staaten, und alles, was wir kannten und liebten, in einem neuen dunklen Zeitalter versinken, welches das Licht einer pervertierten Wissenschaft vielleicht noch finsterer und länger macht.

Winston Churchill

Wappnen wir uns also, unsere Pflicht zu erfüllen, und handeln wir so, dass man, wenn das Britische Empire und das Commonwealth noch tausend Jahre bestehen wird, immer noch sagt: »Dies war seine größte Stunde.«

Am Ende einer langen Predigt erheben sich die Menschen und preisen Gott, und genauso geht es ihnen auch nach vielen anderen Reden.

JOHN ANDREW HOLMES

Eine Rede ist ein Gedicht: Takt, Rhythmus, Bildhaftigkeit, Schwung! Eine Rede erinnert uns daran, dass Worte, wie Kinder, die Macht haben, selbst das trägste und stumpfsinnigste Herz zum Tanzen zu bringen.

PEGGY NOONAN

Schon immer zeigten Politiker und Geistliche die Tendenz, komplexe Sachverhalte zu stark zu vereinfachen. Von einer Kanzel oder einer Bühne fällt es selbst dem gewissenhaftesten Redner schwer, immer bei der ganzen Wahrheit zu bleiben.

ALDOUS HUXLEY*

---

* Entnommen aus Aldous Huxley: Die graue Eminenz. Ein Leben zwischen Religion und Politik. Piper, München 1982.

KAPITEL 3

Wie man Lampenfieber überwindet: »Nichts fürchten als die Furcht selbst«

Dies ist ein wichtiges Kapitel. Beginnen wir damit, was der große Earl Nightingale in einem Vortrag über die Angst zu bedenken gab.

Zwei kleine Jungen wurden von einem alkoholabhängigen Vater aufgezogen. Als sie groß waren, verließen sie das problematische Zuhause und jeder von ihnen ging seiner Wege. Etliche Jahre später wurden beide von einem Psychologen befragt, der die Auswirkungen der Trunksucht auf Kinder in zerrütteten Familien untersuchte. Erstaunlicherweise waren die beiden sehr verschieden. Der eine war eingeschworener Abstinenzler, der andere hoffnungsloser Alkoholiker wie sein Vater. Auf die Frage, weshalb sie sich so entwickelt hatten, gaben beide dieselbe Antwort: »Was soll man anderes erwarten, bei so einem Vater?«

Der weltweit angesehene kanadische Mediziner Dr. Hans Selye gilt als der »Vater der Angst«. Einen Großteil seiner Forschung widmete er den biologischen Grundlagen der Angst und schilderte die Geschichte der beiden Söhne des Trunkenboldes in einem in der Zeitschrift New Realities *erschienenen Aufsatz.*

Die Begebenheit illustriert eine für Angst, Stress, Gesundheit und menschliches Verhalten im Allgemeinen gültige Grundregel. Earl Nightingale formulierte sie so: »Es ist nicht entscheidend, was einem im Leben passiert. Das Resultat wird vielmehr dadurch bestimmt, wie man auf jeden einzelnen Umstand, der einem begegnet, reagiert. Jeder hat in einer bestimmten Situation die Wahl, wie er reagiert – entweder positiv oder negativ.«

Angst wird daher nicht in jedem Fall durch Stressfaktoren ausgelöst, sondern dadurch, wie diese Stressfaktoren in einem gegebenen Fall empfunden, eingeschätzt oder bewertet werden. Die Menschen werden durch unbekannte Situationen oder Menschen nicht in gleicher Weise verunsichert, denn jeder betrachtet und verarbeitet sie auf seine eigene Weise. Selbst wenn die Stressfaktoren identisch sind, werden die Menschen fast immer unterschiedlich darauf reagieren.

Die Angst vor dem Sprechen vor Publikum wird häufig als schlimmste Angst von allen bezeichnet. Viele Menschen fühlen sich nicht wohl, wenn sie vor anderen Menschen sprechen sollen. Wie wir aber nun lernen werden, lässt sich die Angst vor dem Reden in der Öffentlichkeit mit ein bisschen Einsatz und Informationen leicht unter Kontrolle bekommen. Deshalb lautet die Überschrift von Kapitel 3 »Nichts fürchten als die Furcht selbst«. Wenn dieser bekannte Grundsatz den Nagel auf den Kopf trifft, dann hier.

Wovor fürchten sich Menschen eigentlich genau, wenn sie sagen, sie hätten Angst davor, Reden zu halten? Wenn man nicht gerade in einer gefährlichen Weltregion vor einer feindseligen Menge spricht, braucht man sich wegen körperlicher Gewalt eigentlich keine Sorgen zu machen. Selbst wenn es einem, kaum dass man hinter dem Pult steht, völlig die Sprache verschlägt, ist es unwahrscheinlich, dass das Publikum einen auslacht oder Gegenstände wirft – ganz im Gegenteil: Jeder weiß, dass das Vortragen vor Publikum schwierig ist. Deshalb werden die Hörer wahrscheinlich eher mit Verständnis reagieren. Bevor wir uns also den Hilfsmitteln widmen, wie sich der Angst begegnen lässt, betrachten wir genau, wovor sich Redner wirklich fürchten:

Redner haben Angst vor sich selbst. Damit ist die normale Befangenheit gemeint, bei der man sich die Frage stellt: »Warum zum Teufel tue ich das? Wie habe ich mich nur in diese Lage gebracht?«

Sie fürchten frühere Erfahrungen. Die – möglicherweise unterschwellige – Erinnerung an hämische Reaktionen bei Versagenserfahrungen in der Schulzeit hält bis in die Gegenwart an.

Sie machen sich übermäßig große Sorgen darum, was andere denken. Diese Angst resultiert aus Zweifeln an unserer Befähigung, vor einer solchen Gruppe zu sprechen.

Sie befürchten, sie seien schlecht vorbereitet. Das panische Gefühl, dass der Vortrag verbessert, völlig überarbeitet oder verworfen werden sollte, begleitet sie wie ein Schatten.

Es mangelt ihnen an Mut, Neues zu wagen. Das beinhaltet die Angst, Ungewöhnliches zu tun.

Es umtreibt sie die Sorge, nicht von anderen ermutigt zu werden. Bemerkungen wie »Die Gruppe ist schon begierig darauf zu hören, was Sie zu sagen haben« sind für mich immer sehr hilfreich.

Wie können wir diesen Problemen begegnen?

- Erkennen, dass andere ähnliche Ängste haben.
- Die Art und Ursache der Ängste ergründen.
- Den Drang zum Reden entwickeln, indem wir erkennen, dass wir Wichtiges zu sagen haben und es auch sagen wollen.
- Gut vorbereitet sein.
- Einen Kurs belegen.
- Es wirklich tun; es ist unvergleichlich.
- Nur über Themen reden, die einem gut vertraut sind, und über Sachverhalte, bei denen man Experte ist und sich wohlfühlt.

Sie sehen, das mit der Angst ist kein Beinbruch. *Nicht alles muss perfekt sein.* Nervöse Redner haben keine Hemmungen, loszulegen. Sie fürchten aber, beim Grand Slam nicht gleich einen Homerun zu erzielen. Sie befürchten beispielsweise, dass man ihnen ihre Angst anmerkt – was diese natürlich verschlimmert. Aus unerfindlichen Gründen allerdings scheinen die Sehnsucht nach Perfektion und das Halten von Reden untrennbar miteinander verbunden zu sein; dabei ist Perfektionismus ziemlich genau das Gegenteil von dem, was ein guter Redner verspüren sollte. Das gilt nicht nur auf der Gefühlsebene, sondern auch körperlich.

Bestimmt haben Sie schon einmal von der Kampf-oder-Flucht-Reaktion gehört, bei der unser Gehirn in einer Stresssituation rasch zwischen zwei Möglichkeiten entscheiden muss. Wir tragen diese prähistorische Anlage auch im 21. Jahrhundert immer noch in uns. Stellen wir uns den Bedrohungen also wie ein tapferer Höhlenmensch? Oder verstecken wir uns im hintersten Winkel der Höhle? Dabei spielt es keine Rolle, dass wir nicht einem Mammut, sondern dem Elternausschuss der Schule unserer Kinder bei seiner wöchentlichen Sitzung gegenüberstehen. Unser Gehirn kann auf dieser grundlegenden Ebene nicht dazwischen unterscheiden. Wenn wir durch ungewöhnliche Umstände herausgefordert werden, denkt unser Gehirn, es geht ums Ganze.

Die Kampf-oder-Flucht-Reaktion geht einher mit einer Reihe gut dokumentierter Körperreaktionen, die teilweise unsere Redefähigkeit beeinträchtigen. Dass sich unsere Pupillen verengen und unsere Verdauung den Dienst einstellt, ist dabei weniger von Belang. Schwerer wiegt da schon eine deutliche Hemmung der Stimmbänder, denn ihre Ansteuerung wird neurologisch blockiert. Das kommt einer Lähmung unserer Sprachfähigkeit gleich. Als würde das nicht schon genügen, erstarrt möglicherweise auch noch unsere Gesichtsmuskulatur. Wir können also nicht nur nichts sagen, sondern die Situation nicht einmal mit einem Lächeln entkrampfen. Unsere Kampf-oder-Flucht-Reaktion hat die Macht, uns in ein steinernes Standbild zu verwandeln. Und genau davor haben wir Angst, nicht wahr? Und genau deshalb passiert es: weil wir Angst haben!

Viele gefeierte Redner werden ihr Lampenfieber nie richtig los, ganz egal, wie viele Vorträge sie schon gehalten haben. Sie nehmen das als Tatsache hin, denn sie wissen, dass sie die Angst nicht völlig auslöschen müssen, um sie unter Kontrolle zu halten. Sie sind da eher Pragmatiker als Perfektionisten. Das Lampenfieber kann immer wieder auftreten und wird normalerweise nie ganz verschwinden. Das Geheimnis ist, die Angst nüchtern zu betrachten und auf positive Weise für sich zu nutzen.

Dale Carnegie war zwar weder Arzt noch Neurologe, aber er war definitiv ein Pionier im effektiven Umgang mit Lampenfieber. Er erzählte häufig von einer Führungskraft aus einem seiner Kurse im Redenhalten in Philadelphia. Der Mann war im Leben immer aktiv gewesen, besaß einen Fabrikationsbetrieb und war auch in seiner Kirche und seiner Kommune engagiert. Doch gleich am ersten Kurstag bei Dale Carnegie gestand er: »Ich bin schon häufig gebeten worden, vor verschiedenen Gruppen Reden zu halten, konnte aber keine dieser Einladungen je annehmen. Schon beim bloßen Gedanken, auf dem Podium zu stehen, setzt mein Gehirn einfach aus. Und jetzt hat man mir die Aufnahme in den Verwaltungsrat meiner alten Universität angeboten. Das ist eine große Ehre, aber ich müsste dann bei Sitzungen den Vorsitz übernehmen und dabei natürlich auch reden. Denken Sie, dass ich so etwas in dieser Lebensphase noch lernen kann?«

Wie Dale Carnegie später schilderte, gab er eine einfache Antwort: »Es geht nicht darum, was ich *denke*. Ich *weiß*, dass Sie das können, und Sie werden es lernen, wenn Sie nur gut aufpassen und das Gelernte fleißig üben.«

Der Kursteilnehmer wollte nur zu gerne glauben, was er gerade gehört hatte, aber die Aussicht kam ihm einfach zu rosig vor, zu optimistisch. »Sie wollen nur nett zu mir sein«, antwortete er. »Sie versuchen, mir Mut zu machen.«

Nach dem Redeseminar verloren sich die beiden für mehrere Jahre aus den Augen. Als sie aber wieder zusammentrafen, wollte Carnegie wissen, ob er bei ihrem vorigen Zusammentreffen tatsächlich zu optimistisch gewesen war. Zur Antwort zog der Mann ein Notizbuch heraus und wies auf eine ganze Liste geplanter Vorträge und Besprechungen. Er hatte inzwischen nicht nur eine Menge verschiedenster Reden gehalten, sondern verfolgte sogar eine ganz neue Karriere als Redner. »Und dieser Mann«, schrieb Dale Carnegie, »hatte mich ernsthaft gefragt, ob ich dachte, dass er jemals vor Publikum sprechen könnte!«

Die meisten machen rasch Fortschritte, wenn sie das öffentliche Reden in strukturierter Weise angehen, und das gilt insbesondere im Hinblick auf das Überwinden von Ängsten. Die Dale-Carnegie-Organisation hat auf diesem Gebiet mit Tausenden von Menschen zusammengearbeitet und ist, was die Methodik betrifft, immer auf dem neuesten Stand. Wir haben eben nur von einem Kursteilnehmer gesprochen, aber da gibt es viele andere. Da war zum Beispiel ein Arzt aus New York City – nennen wir ihn Dr. Curtis –, der seinen Urlaub gern in Florida in der Nähe des Frühjahrstrainingslagers der Los Angeles Dodgers verbrachte. Er schaute ihnen oft beim Baseballtraining zu und freundete sich im Lauf der Zeit mit den Spielern und dem Trainer an. Eines Jahres wurde er zu einem am Ende des Frühjahrstrainings abgehaltenen Bankett eingeladen.

Nach dem Essen beim Kaffee wurden mehrere Gäste ermuntert, »ein paar Worte zu sagen«. Dr. Curtis, der den Abend bislang sehr genossen hatte, wurde nervös – und dann wurde mit einem Schlag seine schlimmste Befürchtung wahr, denn der Trainer sagte: »Zufällig haben wir heute einen Mann unter uns, der zugleich großer Baseballfan und ausgewiesener Mediziner ist. Dr. Curtis, ich würde mich freuen, wenn Sie uns kurz etwas über typische Gesundheitsprobleme bei professionellen Ballsportlern erzählen könnten.«

Der Arzt war fassungslos. Er hatte keine Ahnung gehabt, dass man ihn zum Reden auffordern würde. War er denn vorbereitet? Nun, in gewisser Hinsicht verfügte er über die beste Vorbereitung der Welt, denn er war seit 30 Jahren praktizierender Arzt. Mit seinem Tischnachbarn hätte er sich den ganzen Abend über beliebige Gesundheitsfragen unterhalten können. Aber aufstehen und dasselbe auch nur vor einem kleinen Publikum zu tun – das war etwas ganz anderes. Darauf war er völlig *un*vorbereitet. Sein Herz raste. Er bekam feuchte Hände. Seine Kehle war wie ausgedörrt. Er hatte im ganzen Leben noch nicht vor Publikum gesprochen, und alles, was er zum Thema wusste, war mit einem Mal wie weggeblasen.

Was sollte er tun? Die Gäste applaudierten. Alle blickten ihn an. Er zögerte, aber das verstärkte nur den Applaus und die Erwartungen. Schon wurde gerufen: »Dr. Curtis! Eine Rede! Eine Rede!«

Der Arzt war verzweifelt. Er wusste, wenn er aufstand, würde er kein Wort herausbringen, geschweige denn ein paar zusammenhängende

Sätze. Also stand er auf, kehrte seinen Freunden wortlos den Rücken und ging schweigend aus dem Saal. Es hätte nicht schlimmer sein können.

Dr. Curtis wollte nie wieder in eine solche Lage geraten. Kaum zurück in New York, meldete er sich zum Dale-Carnegie-Redeseminar an und ließ keinen einzigen Kurstermin aus. Rasch stellten sich Fortschritte ein, die seine kühnsten Erwartungen übertrafen. Schon nach wenigen Übungsstunden ließ seine Nervosität nach, und im Verlauf der folgenden Wochen gewann er an Sicherheit. Nach zwei Monaten war er der beste Redner seines Kurses, und bald nahm er anderweitig Einladungen zu Vorträgen an. Nach weniger als einem Jahr kam es ihm unbegreiflich vor, dass er aus Furcht vor einer kurzen Rede ein Bankett verlassen hatte.

Selbstvertrauen und Mut für das Reden vor Menschen sind längst nicht so schwer zu erlangen, wie man denkt. Es sind keine seltenen Gaben, die nur wenigen Glücklichen zuteilwerden. Wir haben sprechen gelernt, was für jeden von uns wahrscheinlich die größte geistige Errungenschaft des ganzen Lebens ist. Und wer das geschafft hat, kann auch lernen, vor anderen zu sprechen – ganz egal, wie furchterregend das augenblicklich erscheinen mag. Jeder, der es wirklich möchte, kann diese Fähigkeit erwerben.

Lampenfieber ist dabei leider keine besonders präzise Bezeichnung für die Furcht, die häufig mit dem Halten einer Rede einhergeht, denn die meisten Ängste zeigen sich schon, *bevor* man ins Rampenlicht tritt. Steht man erst einmal auf der Bühne, dann legt sich bei den meisten die Aufregung wieder. Eine gewisse Nervosität kann durchaus hilfreich sein: Unsere Reflexe sind dann schärfer, und wir verfügen über mehr Energie. Wer sich vor dem Reden fürchtet, macht sich möglicherweise Gedanken über seine Haltung und seinen Atem. Dabei wirken viele Menschen gerade durch ihre innere Anspannung auf andere gesünder und attraktiver.

Selbst erfahrene Redner verspüren vor Publikum ein gewisses Gefühl der Verantwortung. Dieses kann in seiner Auswirkung von kaum unterdrückter Panik bis zu einem ausgeprägten sichtbaren Hochgefühl reichen. Schon im alten Rom vor zweitausend Jahren bemerkte Cicero, jede Rede von Wert sei durch Nervosität geprägt; ein guter Redner sei vor einer Veranstaltung also immer aufgeregt wie ein Vollblutpferd, das mit den Hufen scharrt.

Selbst Abraham Lincoln war am Beginn einer Rede befangen. Sein Kanzleipartner William Herndon beschrieb einmal: »Lincoln begann immer sehr zaghaft, und es schien ihm schwerzufallen, sich auf seine Umgebung einzustellen. Ich habe das oft miterlebt und mit Mr. Lincoln in diesen Augenblicken mitgelitten. Zu Anfang klang seine Stimme schrill, heiser und unangenehm. Sein Auftreten, seine Haltung, seine seltsame Pose – alles schien unvorteilhaft. Das dauerte aber nur kurz. Nach wenigen Augenblicken fasste er sich, strahlte Wärme und Ernsthaftigkeit aus, und eigentlich begann seine Rede erst dann.«

Wer ähnliche Erfahrungen gemacht hat wie Lincoln, ist also in guter Gesellschaft. Um die Kunst der Rede so schnell wie möglich zu erlernen, sind vier Dinge absolut notwendig.

Erste Bedingung ist ein starker und beständiger Wunsch, sprechen und eine Verbindung zum Publikum herstellen zu können. Dies ist bedeutender, als es vielleicht scheint. Könnte Ihnen ein erfahrener Redner ins Herz schauen, dann würde diese Person Ihnen Ihren Erfolg mit ziemlicher Sicherheit voraussagen – einfach anhand der Stärke Ihres Wunsches. Wenn Sie dieses Thema beharrlich und mit Eifer verfolgen, wird Sie nichts und niemand davon abbringen.

Wecken Sie also Ihre Begeisterung für diese Gelegenheit. Denken Sie an die Vorteile. Stellen Sie sich vor, was überzeugendes Reden für Sie bedeuten könnte, persönlich ebenso wie in Euros und Cents. Denken Sie, was sich in gesellschaftlicher Hinsicht ändern könnte – neue Freunde, mehr Einfluss, mehr Führungsanspruch. Wer sich in der Öffentlichkeit gut ausdrücken kann, steigt rascher in Leitungspositionen auf als durch jede andere denkbare Vorgehensweise.

Das gilt heute, und es galt schon immer. Andrew Carnegie war vor gut 100 Jahren der wohlhabendste und einflussreichste Geschäftsmann Amerikas. Als er 1919 starb, fand man in seinen Unterlagen einen Lebensplan, den er mit 33 Jahren aufgestellt hatte. Er ging damals davon aus, dass er sich in zwei Jahren zur Ruhe setzen könne. Dann wollte er an der Universität Oxford ein klassisches Studium beginnen, mit, wie er es nannte, »besonderem Schwerpunkt auf dem Halten von Reden«. Carnegie ging zwar nicht wie geplant in den Ruhestand, bewahrte sich aber die Ehrfurcht vor der Fähigkeit, gut reden zu können. Diese beeindruckte ihn weit mehr als das Talent, Geld zu verdienen – vermutlich, weil er selbst einer der reichsten Männer der Welt war.

Auf jedem Gebiet gibt ein gewisser Prozentsatz der Menschen auf, bevor sie ihr Potenzial ausschöpfen und ihre Ziele erreichen. Ihr Erfolgswunsch ist einfach nicht ausgeprägt genug für den dazu nötigen Einsatz. Denken Sie beim Lesen dieses Buchs, insbesondere bei diesem Kapitel über das Überwinden von Angst, immer daran, was Ihnen der Erfolg bedeutet – so lange, bis der Wunsch sehnlich in Ihnen brennt. Steigen Sie ins Lernen ein mit einer Begeisterung, die Sie bis ans Ende tragen wird. Tun Sie alles, um diese Begeisterung zu verstärken. Erzählen Sie Ihren Freunden von Ihrem Beschluss, Ihre Redefähigkeit zu verbessern. Halten Sie jeden Tag zum Lesen dieses Buchs ein Zeitfenster frei und üben Sie, was Sie gelernt haben. Machen Sie sich das Vorankommen so leicht wie möglich und erschweren Sie Rückschritte nach Kräften.

Dale Carnegie sagte, vor Publikum zu stehen und diesem die eigenen Gedanken zu vermitteln, lasse sich mit kaum etwas vergleichen. Es liege eine gewisse Magie darin. »Zwei Minuten bevor ich anfange«, gab ein Redner zu, »würde ich mich lieber erschießen lassen, als die Sache durchzuziehen. Aber zwei Minuten vor dem Ende würde ich mich lieber erschießen lassen, als aufzuhören.«

Der übermächtige Wunsch ist der erste Schritt, die Angst zu besiegen – Wissen und genaue Kenntnisse sind der zweite. Bevor man eine Rede hält, muss man genau wissen, worüber man sprechen wird. Weiß man nicht genau, was man sagen möchte, wird man dem Publikum nicht ungezwungen begegnen können. Und wenn das der Fall ist, dann ist man völlig *zu Recht* befangen; es sollte einen *zu Recht* reuen und man sollte sich *zu Recht* seiner Nachlässigkeit schämen.

Sie haben eine Botschaft. Sehen Sie sich also als Botschafter, der sie übermitteln soll. Dem Botschafter schenken die Menschen wenig Aufmerksamkeit, denn es ist die Botschaft, die sie interessiert. Auf diese müssen Sie sich konzentrieren. Seien Sie mit ganzem Herzen dabei. Sie müssen sie in- und auswendig kennen, daran glauben und voller Entschlossenheit darüber sprechen. Wenn Ihnen das gelingt, dann werden Sie schon bald Ihr Publikum im Griff haben – und sich selbst.

»Als ich im Staat New York ins Abgeordnetenhaus gewählt wurde«, schrieb der ehemalige US-Präsident Theodore Roosevelt 1913 in seiner Autobiografie, »war ich von allen Männern dort der jüngste. Es fiel mir nicht leicht, mir das Reden beizubringen. Hilfreich war mir dabei der folgende gute Rat: ›Rede erst, wenn du sicher bist, dass du etwas zu sagen hast und genau weißt, worum es geht. Dann sage es. Und dann setze dich wieder hin.‹

Hier gleich ein weiterer Tipp, von dem Roosevelt wahrscheinlich profitiert hätte und der Ihnen ganz bestimmt nutzen wird: Ein Gegenstand, den Sie vor Ihrem Publikum verwenden, kann Ihre Nervosität deutlich lindern. Führen Sie etwas vor, schreiben Sie etwas an eine Tafel, zeigen Sie auf einen Punkt auf einer Karte, bewegen Sie einen Tisch oder öffnen Sie ein Fenster – mit jeder für den Vortrag sinnvollen Aktivität wird Ihre Sicherheit zunehmen.

Der Wunsch kommt also an erster Stelle, dann das Wissen – und dann folgt Selbstvertrauen. Der große amerikanische Psychologe William James schrieb: »Unser Handeln scheint unserem Gefühl zu folgen, aber in Wirklichkeit gehen Handeln und Fühlen Hand in Hand. Wenn wir unser Handeln, das ja unmittelbar von uns kontrolliert wird, steuern, können wir damit auch unsere Gefühle steuern, die wir nicht direkt kontrollieren.«

Um uns also couragiert zu fühlen, müssen wir William James' Rat befolgen und uns so verhalten, als wären wir couragiert. Mutiges Auftreten vor Publikum lässt sich also erzeugen, indem wir uns verhalten, als wären wir bereits mutig. Wenn wir allerdings nicht sorgfältig vorbereitet sind, ist alle Schauspielerei vergebens. Wissen wir aber, worüber wir reden werden, heißt es: tief durchatmen – und dann entschlossen ans Podium oder auf die Bühne! Im Grunde sollten Sie schon *vor* Ihrem Auftritt etwa 30 Sekunden lang tief atmen. Dann richten Sie sich auf, sehen Ihren Zuhörern in die Augen – und beginnen dann mit solcher Selbstsicherheit zu sprechen, als würde jeder Einzelne Ihnen Geld schulden. Stellen Sie sich vor, alle wären hier, um bei Ihnen Aufschub für einen Kredit zu erbitten.

Der nächste Punkt ist der Wichtigste. Selbst wenn Sie alles vergessen, was Sie bis jetzt gelesen haben, bedenken Sie: Die erste, einzige und unfehlbare Methode, Selbstsicherheit beim Sprechen zu gewinnen, ist ... zu sprechen. Alles läuft letztendlich auf eines hinaus: üben, üben, üben. Zum Reden vor Publikum braucht man im Grunde keinen Mut, sondern *Gelassenheit.* Und diese erwirbt man nur durch Erfahrung. Dies erfordert stetige Bemühung und Willensstärke.

Bleiben Sie also dran. Angst beruht auf mangelndem Selbstvertrauen. Mangelndes Selbstvertrauen hat seine Ursache in fehlender Übung. Üben wir also genug, dann wird sich auch die Angst legen. Das ist die gute Nachricht – aber nicht die einzige. Wir sollten nie vergessen, dass die Angst vor öffentlichem Sprechen niemals endet. Wir müssen sie während unserer gesamten Karriere als Redner im Auge behalten. Selbst erfahrene Redner können angesichts eines bevorstehenden Vortrags unerwarteterweise nervös werden. Es ist ein Rätsel, warum das geschieht, aber wie sich das vermeiden lässt, hat überhaupt nichts Rätselhaftes.

Der Weg, ein wirkungsvoller Redner zu werden, ist niemals ganz abgeschlossen. Es ist ein dynamischer Vorgang, bei dem ständig neue Gedanken und Gefühle auftauchen. Interessanterweise können aber auch alte Gefühle *wieder* auftauchen – wie beispielsweise Lampenfieber. Um in diesem Kapitel Ausgleich zu schaffen, betrachten wir, wie und warum dies geschieht, und wir werden sehen, wie Sie mit diesen Ängsten umgehen können, selbst wenn sich diese nie ganz eliminieren lassen.

Ein Anfall von Lampenfieber kann ganz unscheinbar beginnen. Vielleicht fällt Ihnen vom Podium aus in der ersten Reihe jemand mit einem gelangweilten Gesichtsausdruck auf. Sie fragen sich, ob der Energielevel Ihres Vortrags ausreicht. Dann sehen Sie, wie jemand seiner Sitznachbarin etwas zuflüstert und fragen sich, ob Ihre Haare abstehen oder Sie einen Fleck auf Ihrer Kleidung haben. Oder schlimmer noch – vielleicht fürchten Sie, Ihre Gedankengänge seien womöglich gar nicht schlüssig. Nicht lange, und Sie haben verschwitzte Hände, obwohl Sie dieses Problem eigentlich vor langer Zeit überwunden geglaubt hatten. Und vielleicht fürchten Sie, dieser Aufgabe eigentlich gar nicht gewachsen zu sein.

Früher oder später werden Sie so etwas als Redner höchstwahrscheinlich einmal erleben. Es passiert fast jedem, vom Anfänger bis zum ausgefuchsten Profi. Wir erzeugen diese negativen Gedanken während eines Vortrags fast, als wollten wir uns selbst aufs Kreuz legen.

Meist fängt es mit einem leichten Konzentrationsverlust an. Irgendeine kleine Ablenkung – und dann fällt es uns immer schwerer, uns auf unseren Vortrag zu besinnen. Dies kann zu Nervosität führen, Gedächtnisblockade, plötzlich aufkommender Angst und allgemeinem Unwohlsein. Und doch lässt sich das Ganze meist durch ein paar grundsätzliche Gedanken vermeiden, die wir uns ins Gedächtnis rufen, bevor wir ans Podium treten. Ganz egal, wie erfahren wir sind, sollten wir uns ein paar Minuten vor dem Auftritt einige Dinge vergegenwärtigen. Diese wenigen Augenblicke Vorbeugung ersparen uns viele Stunden Heilbehandlung, wie man sagt.

Rufen Sie sich anfangs in Erinnerung, dass Sie sich nach bestem Wissen vorbereitet haben. Wie in Kapitel 1 besprochen, haben Sie sich im Thema kundig gemacht und den Vortrag geübt. Vielleicht fragen Sie sich, ob Sie mehr hätten tun können, aber diese Art von Zweifeln sind in diesem Moment nicht hilfreich. Gehen Sie stattdessen auf »Autopilot«. Sagen Sie sich, dass das Schwierige bereits geschafft ist. Vertrauen Sie darauf, dass die gute Vorbereitung nun ihre Wirkung entfaltet. Zusätzliche Bemühungen und Sorgen sind nicht nötig. Alles, was Sie brauchen, ist bereit.

Als Nächstes geben Sie sich selbst das Versprechen, Ihren Vortrag nicht zu beurteilen, während Sie ihn halten. So etwas wäre geradezu selbstzerstörerisch, denn es führt einen von der Gegenwart weg in die Vergangenheit oder Zukunft und zerstört den natürlichen Sprachfluss. Sie sollten Ihren Vortrag also nicht bewerten, sondern ohne inneren Kommentar – aber voller innerer Motivation – beobachten. Kurz bevor Sie beispielsweise ein wichtiges Argument vorbringen, nehmen Sie sich das explizit vor und verfolgen Sie ganz bewusst, wie Sie es dann tun. In diesem Augenblick übersetzen Sie Ihr Vorhaben in eine Handlung.

Drittens sollten Sie sich durch Reaktionen aus dem Publikum in Ihrem Vortrag nicht beeinflussen lassen. Ganz egal, was Sie sehen oder hören – stellen Sie sich nicht infrage. Wenn Sie genügend geprobt haben, werden Sie ein gutes Gefühl dafür haben, wie die Hörer auf ihre Botschaft reagieren. Vorheriges Proben ist aber nicht die Lösung aller Probleme. Die Reaktionen Ihrer Freunde und Familienmitglieder spiegeln nur zum Teil wider, wie ein völlig neues Publikum reagieren wird. Wenn Sie sich Gedanken über den Typen in der ersten Reihe machen, dann sorgen Sie sich bald auch über die Dame in Reihe vier, und schon beginnt Ihre Selbstsicherheit zu bröckeln. Sich zu fragen, was jemand im Publikum gerade denkt, führt zu nichts und lenkt nur ab. Außerdem ist es Energieverschwendung. Während Sie sprechen, müssen Sie einzig sich selbst zufriedenstellen.

In anderen Worten, bleiben Sie mit den Gedanken bei sich, nicht beim Publikum. Seien Sie im Gebe- und nicht im Empfangsmodus. Seien Sie ganz im Augenblick und ganz in Ihrer Rede. Sie können nicht Redner und Zuhörer gleichzeitig sein – überlassen Sie die Reaktion den Zuhörern. Sie haben die Aufgabe, zu übermitteln, was Sie gedacht, gefühlt und geübt haben. Das ist alles, und das genügt.

Jetzt, unmittelbar vor dem Auftritt, konzentrieren Sie sich auf den Ihrer Meinung nach wichtigsten Gesichtspunkt Ihres Vortrags. Welchen Aspekt müssen Sie vor allem beherzigen? Während Sie reden, ist es für solche Überlegungen zu spät. Denken Sie *vorher* daran. Vielleicht möchten Sie ja eine gute Körperhaltung in den Vordergrund stellen. Rufen Sie sich also in Erinnerung, aufrecht dazustehen. Oder Sie denken noch einmal daran, deutlich zu sprechen und Ihren Sprechrhythmus zu variieren. Wahrscheinlich würden Sie am liebsten Dutzende Dinge gleichzeitig beherzigen, aber wenn Sie sich auf mehr als einen Aspekt konzentrieren, mindern Sie den Nutzen der Übung. Wählen Sie also nur einen, und wählen Sie ihn klug.

Lassen wir jedoch kurz einen anderen, unangenehmen Gedanken zu: Angenommen, einfach nur angenommen, Ihre ganze Rede geht in die Binsen. Jedem ist das schon einmal passiert, auch dem routiniertesten Redner, und es kann auch Ihnen passieren. Und wenn das geschehen sollte, dann brauchen Sie sich nur eine Frage zu stellen: *Na und?*

Kennen Sie die interessante kleine Geschichte vom Teufel und seinem Ausverkauf? Wie alle alten Fabeln verweist sie auf eine denkwürdige Moral. Der Teufel hielt einst einen Flohmarkt ab. Zu haben waren der Degen der Eifersucht, der Dolch der Angst und die Würgeschlinge des Hasses, ein jedes zu haben für einen hohen Preis. Doch glänzend im Licht, auf einem purpurroten Sockel, stand ein abgenutzter, ramponierter Keil – der wertvollste Besitz des Teufels. Er allein hielt ihn im Geschäft, und daher stand er auch nicht zum Verkauf. Dies war der Keil der Entmutigung.

Wegen seiner schwächenden, entmutigenden Wirkung gilt dieser Keil dem Teufel mehr als alles andere. Ein unreifer Mensch mag sich durch Hass, Furcht oder Eifersucht zu unklugem Handeln hinreißen lassen – kämpfen, davonlaufen oder stehlen –, aber immerhin handelt er. Entmutigung dagegen ist schädlicher als all das, denn sie bringt einen dazu, sich hinzusetzen, zu bemitleiden und *nichts zu tun*.

Das muss nicht passieren, aber unglücklicherweise ist es nur zu häufig so. Erst wenn wir Entmutigung als eine Form von Selbstmitleid begreifen, werden wir uns über uns selbst und das Dilemma, in dem wir stecken, klar und beschließen zu handeln, um uns aus der unangenehmen Lage zu befreien. Entmutigung und Selbstmitleid lassen sich nur durch kluges Handeln begegnen.

W. Clement Stone, der als Milliardär verstorbene Gründer der Combined Insurance Company, machte es sich zu Beginn seiner Karriere zur Gewohnheit, alles was geschah – Gutes wie Schlechtes – mit dem Ausruf »Ausgezeichnet!« zu kommentieren. Meistens war es ja auch etwas Gutes. Erfuhr er jedoch von Unglücken und schwierigen Situationen, bei denen ängstlichere Zeitgenossen sofort Deckung gesucht hätten, lächelte er nur und sagte: »Ausgezeichnet!« Aber während seine Mitarbeiter noch ungläubig die Köpfe darüber schüttelten, ging er bereits das Problem an und prüfte, ob der Vorgang nicht auch sein Gutes hatte. Und stets konnte irgendetwas an der Situation zu einem Vorteil umgemünzt werden. Diesen fand er, und, was noch wichtiger war, er handelte dementsprechend.

Wir alle kennen diese Tage, an denen nichts zu gelingen scheint. Manchmal passiert uns das sogar mehrere Tage hintereinander. Wenn wir jedoch erkennen, dass fast jede Situation auch irgendetwas Gutes hat, dann machen wir uns in aller Stille am entscheidenden Teil des Problems – jenem, der sich zum Vorteil wenden lässt – ans Werk: Selbstmitleid und Trägheit sind nicht hilfreich. Der einzig vernünftige Weg ist, die Lage neu einzuschätzen und weiter voranzukommen.

Selbst gefeierte Redner werden immer wieder dazu gezwungen, ihre Arbeitsweise und ihre Zeitplanung infrage zu stellen. Die Dinge laufen nicht immer wie von allein. Jeder kennt das. Keiner hat Spaß an einem solchen Durchhänger, aber häufig sind es gerade Extremsituationen, die es uns ermöglichen, einen neuen Blick auf uns zu werfen: Das ist die Chance, herauszufinden, was wir tun, warum wir es tun und was wir ändern müssen, um das bestmögliche Resultat zu erzielen. Der amerikanische Philosoph Ralph Waldo Emerson sagte dazu: »Wenn jemand bedrängt, gequält und besiegt wird ..., dann hat er die Möglichkeit, etwas zu lernen.« Emerson war zu seiner Zeit als Redner sehr bekannt.

Häufig folgt auf eine Krise Entmutigung. Krisen, heißt es, seien Durchgangsstraßen; man kann in beide Richtungen gehen. Es kann aufwärtsgehen, indem wir etwas Konstruktives tun, oder abwärts, indem wir uns in unseren Problemen suhlen und uns bemitleiden. Früher oder später wird jeder einmal in irgendeiner Form entmutigt sein; wir müssen dies als Prüfung begreifen. Und wer diese Prüfung besteht, wird die Zeit der Entmutigung bald hinter sich lassen, in ruhiges Fahrwasser kommen und gute Zeiten erleben. Der Sturm, der noch gestern die ganze Welt zu verdunkeln schien, ist bald vergessen.

Sollten Sie mit Entmutigung konfrontiert sein, dann behalten Sie drei wichtige Punkte im Auge. Erstens, Entmutigung ist häufig nichts anderes als eine Form von Selbstmitleid – ein kostspieliges Gefühl, das niemand braucht. Selbstmitleid bekämpft man am wirkungsvollsten durch kluges Handeln. Zweitens bringt eine entmutigende Situation meist eine Gelegenheit für Wachstum, Reifung und künftigen Erfolg mit sich. Sie hat also etwas Gutes. Und drittens und letztens sollte Entmutigung immer in einem vernünftigen Rahmen gesehen werden. Was einem augenblicklich als Weltuntergang erscheint, ist zehn Tage oder zehn Monate später längst nicht mehr so wichtig. Auf lange Sicht werden vorübergehende Rückschläge unsere Bemühungen nicht vereiteln.

Ein chinesisches Sprichwort besagt: Wenn man ein Unglück drei Jahre lang aushält, verwandelt es sich in einen Segen. In anderen Worten: Misserfolg ist lediglich Verzögerung. Es ist keine Niederlage. Es ist ein vorübergehender Umweg, keine Sackgasse. Misserfolge lassen sich nur vermeiden, indem wir nichts sagen, nichts tun und nichts sind.

Vielleicht motiviert Sie bei der Verfolgung Ihrer Ziele, dass auch berühmte Menschen auf ihrem Weg zum Erfolg ähnlich schwierige Hindernisse überwinden mussten. Dazu braucht es Durchhaltevermögen und den vollen Einsatz für die eigenen Ziele, aber es ist möglich.

Der Erfinder Thomas Edison wurde von seinem Vater einen »Dummkopf« geschimpft, und sein Schulrektor meinte, er würde es im Leben nie zu etwas bringen. Henry Ford schaffte kaum den Highschool-Abschluss. Die von Leonardo da Vinci, dem größten Erfinder aller Zeiten, entworfenen Maschinen wurden nie gebaut, und viele hätten auch gar nicht funktioniert.

Der Erfinder der Polaroidkamera Edwin Land scheiterte grandios an der Entwicklung von Sofortbildfilmen. Seine Bemühungen beschrieb er einmal als den Versuch, mit unmöglicher Chemie und nicht existierender Technik ein nicht herstellbares Produkt zu schaffen, für das keine erkennbare Nachfrage bestand. Solche Schwierigkeiten, scherzte er, schufen die idealen Arbeitsbedingungen für einen kreativen Geist.

Joe Paterno, der Cheftrainer der Football-Mannschaft der Penn State University, war schon weit über 80 Jahre alt, als er gefragt wurde, wie er sich nach einem verlorenen Spiel fühlte. Ohne zu zögern, meinte er, zu verlieren täte dem Team wahrscheinlich gut, denn so würden die Spieler lernen, was sie falsch machten.

Rückschläge und Misserfolge an sich haben wenig Bedeutung. Diese entfalten sie erst, je nachdem, wie wir darauf reagieren und was wir daraus machen.

Bei Erfolgsmenschen vermuten wir, sie hätten von einer Reihe von Glücksfällen profitiert oder hätten es ohne große Anstrengung geschafft. Meist ist das Gegenteil der Fall, und der vermeintliche Superstar hatte vor dem »Überraschungscoup« schwere Zeiten zu überstehen, bis sich nachhaltiger Erfolg einstellte.

Möglicherweise kennen Sie nicht die Vorgeschichte eines gewissen Wäschereiarbeiters, der 60 Dollar in der Woche verdiente, aber darauf brannte, Schriftsteller zu werden. Seine Frau arbeitete in der Nachtschicht, während er nachts und an den Wochenenden Manuskripte tippte, die er an Verlage und Literaturagenten sandte. Alle diese Texte erhielt er mit Standardbriefen zurück, ohne zu wissen, ob je auch nur eine seiner Zeilen gelesen worden war.

Schließlich bekam er doch einmal einen freundlichen und etwas persönlicher gehaltenen Ablehnungsbrief mit der Anmerkung, sein Manuskript sei zwar derzeit nicht gut genug für eine Veröffentlichung, aber er habe auf jeden Fall Potenzial als Autor und solle weiter schreiben.

In der Folge sandte er zwei weitere Manuskripte an denselben Verlag, doch auch diese Versuche blieben vergeblich. Finanziell wurde es für das junge Paar bald so schwierig, dass sie den Telefonanschluss abmeldeten, um nötige Medikamente für ihr Baby bezahlen zu können.

Völlig entmutigt warf der Wäschereiarbeiter sein jüngstes Manuskript in den Müll. Seine Frau jedoch, die an sein Talent und seine Lebensziele glaubte, zog es wieder heraus und schickte es bei Doubleday ein – den Verlag, von dem sie zuvor freundliche Ablehnungen erhalten hatten. Dieses Buch mit dem Titel *Carrie* sollte sich fünf Millionen Mal verkaufen und seine Verfilmung 1976 eines der besten Einspielergebnisse erbringen. Der Wäschereiarbeiter war natürlich kein anderer als Stephen King.

Gehen Sie in Gedanken zurück zu einem schwierigen Abschnitt Ihres Lebens. Überlegen Sie, wie Sie aus dieser Erfahrung profitiert haben, zu welcher Stärke Sie gerade in dieser problematischen Zeit gefunden haben – oder nun finden, wo die Phase überwunden ist. Vielleicht wird Ihnen das erst jetzt klar, wo Sie darüber nachdenken. Ein chinesisches Sprichwort besagt: »Iss Bitteres, um Süßes zu schmecken.« Das bedeutet, dass man an schlimmen Erfahrungen wachsen kann – vorausgesetzt, man ist dazu fähig, über den Schmerz hinauszuschauen und dort Positives zu entdecken.

Zuletzt – und das ist am allerwichtigsten – müssen wir uns darauf vorbereiten, den Vortrag zu *genießen*, den wir gleich halten werden. Nun können wir unseren Zuhörern endlich mitteilen, woran wir so hart gearbeitet haben. Dies ist also eine Zeit der Freude; für das Korrigieren wirklicher oder eingebildeter Fehler ist nun kein Platz. Das werden wir später erledigen. Jetzt dürfen die Gedanken und Gefühle unserer Rede das Ruder übernehmen. Lassen Sie nicht zu, dass Ihre Gefühle durch Kleinigkeiten verschleiert werden. Lassen Sie alle und jeden Ihre Begeisterung für diese Gelegenheit spüren. Und lassen Sie Ihre Leidenschaft als Redner aufscheinen – denn *in Wirklichkeit* haben Sie nichts zu fürchten als die Furcht selbst.

Fassen Sie sich immer kürzer, als alle zu hoffen gewagt hatten.

LORD READING

Die Beredsamkeit ist die Fähigkeit, Menschen ihre vernünftigen und naturgegebenen Meinungen auszureden.

JOSEPH CHATFIELD

Beredt ist nicht der Mann schöner Worte, sondern der innerlich und hoffnungslos an seinem eigenen Glauben Trunkene.

RALPH WALDO EMERSON

KAPITEL 4

Wie man Humor wirkungsvoll einsetzt

Oscar Wilde sagte einmal: »Das Schlimmste wird seltsamerweise immer mit den besten Absichten getan, und die Menschen sind nie lächerlicher, als wenn sie sich selbst sehr ernst nehmen.«

Das bedeutet natürlich nicht, dass wir niemals ernst sein sollten. Wenn jemand krank ist oder verletzt, kann eine Situation natürlich rasch ernst werden. Aber sich selbst ernst zu nehmen, ist etwas völlig anderes.

Für Redner kann folgende Faustregel hilfreich sein: Gegenüber Leuten, die sich selbst zu ernst nehmen, ist immer etwas Argwohn angebracht. Meist ist dann etwas faul, unnatürlich oder unredlich. Übertriebener Ernst ist die unerfreulichste Art von »Erwachsensein«. Für Kinder dagegen ist das Leben an sich noch ein großes Spiel. Sie geben bei jeder Aufgabe ihr Bestes und verlieren dabei nie ihren überschäumenden Sinn für Humor; immer funkelt der Schalk in ihren Augen. Wir lieben das bei Kindern, und bei Rednern lieben wir es ebenso.

Diktatoren sind für ihre Humorlosigkeit bekannt. Grausame Personen können in der ganzen weiten Welt häufig rein gar nichts Lustiges finden. Bei Mark Twain war es gerade sein Humor, der ihn auszeichnete, und er war zweifellos der beliebteste Redner seiner Zeit. Mochte das Thema noch so ernst sein – er konnte ihm doch eine heitere Seite abgewinnen. Viele gefeierte Redner besitzen die Fähigkeit, das Lustige auch in einer ernsten Situation zu erkennen. Sie können sich selbst auf die Schippe nehmen.

Manche sind davon überzeugt, nur der Sinn für Humor habe die Menschheit davor bewahrt, sich selbst auszulöschen.

Emotional stabile Menschen können die Dinge richtig einordnen und sind gut gelaunt. Sie sehen alles von der heiteren Seite, und in ihrem Alltag hat auch der Humor seinen Platz. Das macht sie aber nicht zu Narren – sie wissen, was sich in der Welt tut, und dass nicht alles lustig und eitel Sonnenschein ist. Sie lassen lediglich nicht zu, dass die dunkle Seite ihr Leben prägt. Der Schriftsteller Samuel Butler meinte dazu: »Ein Sinn für Humor, so ausgeprägt, dass er die eigenen Widersprüche ebenso deutlich aufzeigt wie die der anderen, wird einen Menschen vor dem Begehen aller Sünden bewahren – jedenfalls fast aller, mit Ausnahme jener, die es wert sind, begangen zu werden.«

Nur jemand mit einem Sinn für Humor kann so etwas schreiben, und nur Menschen, die dort, wo ihr Humor angesiedelt sein sollte, eine Leerstelle vorweisen, werden die Bemerkung anstößig finden. Lachen ist gesund, insbesondere das Lachen über sich selbst.

Natürlich vergeht uns allen bisweilen das Lachen, aber wir sollten alles unternehmen, damit diese Zeiten nicht zu lange andauern. Wenn wir unseren Humor verlieren, bleibt nicht mehr viel übrig. Wir werden dann lächerlich und müssen gegen die ganze Welt Krieg führen – einen Krieg, den wir nicht gewinnen können.

Humor kann daher ohne Frage ein wirkungsvolles Hilfsmittel für das Sprechen vor Publikum sein. Aber mit Lachen allein ist es nicht getan. Der Humor muss sorgsam eingesetzt werden, und manchmal muss man ganz darauf verzichten. Lässt sich unsere Botschaft auf lustige und unterhaltsame Weise übermitteln, dann ist das großartig. Wird Humor dagegen auf peinliche oder geschmacklose Weise eingesetzt, kann er unserer Sache ernsthaft schaden.

Es ist nicht immer leicht zu entscheiden, wann Humor passt und wann nicht, denn jeder hält sich bei diesem Thema für einen Experten. Selten wird man jemanden sagen hören: »Ich habe einfach keinen Sinn für Humor.« Es ist dann auch schwierig, das Gegenteil zu beweisen, da Humor von jedem anders empfunden wird. Wenn Sie behaupten, sie könnten den aktuellen Wimbledon-Champion in einem Tennismatch besiegen, dann lässt sich das objektiv überprüfen. Das Resultat steht dann auf der Anzeigetafel. Behaupten Sie aber, die amerikanische Sitcom *Seinfeld* sei kein bisschen lustig, dann ist das nichts als eine persönliche Ansicht. Selbst wenn sich bei der Sendung alle im Zimmer vor Lachen biegen, können Sie mit den Achseln zucken und sagen, die anderen würden sich irren. Sie hätten im Gegensatz zu Ihnen einfach keinen guten Geschmack.

Bei einer Rede spielt es allerdings kaum eine Rolle, ob *wir* etwas lustig finden. Es kommt vielmehr darauf an, was das Publikum davon hält. Theoretisch wird jeder Vortrag durch eine humoristische Note nur besser, doch in der Praxis hängt die Wirkung von einer Reihe von Variablen ab. Welche jedoch ist die wichtigste? Beantworten wir diese Frage mit neuen Fragen: Sind Sie lustig oder sind Sie es nicht? Können Sie Humor wirkungsvoll einsetzen oder nicht?

Einfache Antworten auf diese Fragen sind nicht leicht zu finden. Bestimmt kennen Sie Leute, die beim besten Willen keinen Witz erzählen können; sie können aber trotzdem sehr lustige Menschen sein, und zwar gerade *weil* ihnen das lustig sein so schwerfällt. Wenn sich über Humor beim Halten von Reden etwas Allgemeingültiges sagen lässt, dann vielleicht dies: Jeder kann Humor wirkungsvoll einsetzen, wenn er erst die zu seinem Charakter und Redestil passende Art von Humor gefunden hat. Dies führt uns zurück zu unserem am Beginn des Buches erwähnten Grundsatz *Erkenne dich selbst*. Während Sie also die in diesem Kapitel vorgestellten Gedanken und Konzepte durchgehen, sollten Sie sich fragen, welche Sie mit einem guten Gefühl in ihre Vorträge einbauen würden. Humor ist zu ernst, um ihn auf die leichte Schulter zu nehmen, aber er ist auch ein äußerst wirkungsvolles Mittel in unserem Werkzeugkasten. Gehen wir also ans Werk. Kennen Sie den: Fragt ein Schaf das andere: »Gehst du heute Abend auch zum Tanz?« – »Nein, ich hab keinen Bock!«

Kleiner Scherz am Rande. Aber haben Sie gelacht? Wenn nein, dann vielleicht, weil der Witz nicht lustig war. Es könnte aber auch sein, dass Sie einfach nicht erwartet hatten, in einem Buch über das Halten von Reden einen Witz zu lesen. Daraus können wir gleich etwas Wichtiges über den Humor lernen. Wenn Sie sich im Kino eine Komödie ansehen, ist Ihnen vielleicht schon einmal etwas Interessantes aufgefallen: Häufig lacht das

Publikum bereits, bevor überhaupt etwas Lustiges passiert ist. Der Film beginnt vielleicht ganz ohne komische Elemente, und trotzdem lachen die Leute. Warum? Nun, die Besucher haben Eintritt für eine Komödie bezahlt; deren Zweck es ist, die Leute zum Lachen zu bringen, und deshalb lachen sie – ganz egal, ob sie etwas Lustiges sehen oder nicht.

Daraus lassen sich einige durchaus nützliche Erkenntnisse über Humor gewinnen. Wir stellen beispielsweise fest, dass das Würzen einer Rede mit Humor mehr ist als die bloße Steigerung ihres Unterhaltungswerts. Wir erfüllen damit vielmehr ein Grundbedürfnis des Publikums. Die Leute lachen nicht, weil sie das wollen, sondern weil sie das *brauchen*. Und wenn wir das bieten können, dann ist es im Grunde, als würden wir Hungrigen zu essen geben. Dadurch machen wir ihnen nicht nur das Leben leichter, sondern wir helfen ihnen zu überleben. Und gleichzeitig machen wir sie empfänglich für unsere Botschaft.

Schon oft wurde darauf hingewiesen, dass wir Menschen die einzigen Lebewesen sind, die lachen. Aber worüber lachen wir eigentlich? Lässt sich ganz allgemein feststellen, was Menschen lustig finden? Oder – fangen wir lieber ganz klein an: Können Sie für sich selbst sagen, was Sie im Allgemeinen lustig finden?

Wenn Sie also das nächste Mal Menschen im Publikum lachen hören, dann fragen Sie sich: »Was ist so lustig?« Wie bereits erwähnt, lautet die Antwort häufig: »Nichts.« Das Lachen ist keine Reaktion auf etwas, das auf der Bühne oder der Leinwand geschieht. Es passiert nur, weil das Publikum *lachen muss*. Wenn Sie 100 Menschen in einem Restaurant beim Abendessen sehen, könnten alle gekommen sein, weil das Essen dort großartig ist, aber selbst wenn nicht, werden die Leute trotzdem weiter essen, einfach weil sie essen *müssen*. Mittags und abends erwarten das Menschen einfach, und deshalb tun sie es auch. Selbst wenn Sie nicht der beste Koch der Welt sind, können Sie die Leute trotzdem dazu bringen, in Ihrem Restaurant zu essen. Sie müssen nur das angeborene Bedürfnis nach Nahrung ansprechen und auf einem halbwegs erträglichen Niveau befriedigen.

Deshalb ist eine besondere humoristische Begabung gar nicht nötig, um bei einem Vortrag Humor wirkungsvoll einzusetzen. Nötig sind allerdings der *Wunsch*, lustig zu sein, und die Fähigkeit, dem Publikum diesen Wunsch zu vermitteln. Wenn Sie den Leuten zeigen können, dass Sie sie zum Lachen bringen wollen, dann werden sie auch mitspielen, weil Ihnen das Lachen – Sie erinnern sich – ein Bedürfnis ist. Mit dem Humor kann es nur schiefgehen, wenn sich die Leute nicht sicher sind, was Sie von ihnen wollen. Haben sie eine Eintrittskarte für eine Komödie gekauft, dann benehmen sie sich, wie man sich bei einer Komödie benimmt. Sind sie sich aber nicht sicher, was für eine Art von Vorstellung sie gerade sehen, dann sind sie auch nicht im »Lachmodus«. Wenn sie das nicht sind, dann werden sie auch nicht lachen, weil sie sich nicht sicher sind, ob das von ihnen erwartet wird.

Ist das Publikum im Lachmodus, dann wird es bei Ihren Witzen und Anspielungen mitgehen und sie genießen. Sind die Zuhörer aber im »ernsten Modus«, dann wird sie nichts zum Lachen bringen. Entweder wissen sie nicht, was von ihnen erwartet wird, oder sie sträuben sich dagegen, weil jemand sie zum Lachen auffordert, den sie gar nicht lustig finden.

Humor lässt sich weder erzwingen noch erstreben. Wer die natürliche Gabe dazu besitzt, dem fliegt er einfach zu, jedenfalls scheinbar. Wenn Sie also diese Gabe besitzen, herzlichen Glückwunsch. Verwenden Sie sie klug. Wenn Sie diese Gabe nicht haben, setzen Sie Humor sparsam ein und stellen Sie sicher, dass etwas wirklich lustig ist, bevor Sie es benutzen. Im vielleicht schwierigsten Berufsfeld von allen – dem eines Komikers – sollten Sie beim besten Willen nicht herumstümpern.

Bevor Sie einen Witz in Ihre Rede einbauen, müssen Sie sich fragen: »Warum erzähle ich ihn?« Es ist nicht *nötig*, eine Rede mit einem Witz zu beginnen. Dasselbe gilt für witzige Bemerkungen, denn auch diese müssen einen wie auch immer gearteten pfiffigen Bezug zum Thema haben, wenn das Publikum sie wirklich schätzen und genießen soll.

Viele erfolglose Redner starten nach der Einleitung mit der Bemerkung: »Das erinnert mich an folgende Geschichte ...«, und erzählen dann etwas ohne jeden Bezug zu irgendetwas von dem, das sie zur Einführung gesagt haben. Nichts hat diese Redner an etwas erinnert. Sie wollten einfach einen Witz loswerden, und das ganze Publikum weiß das, scharrt mit den Füßen, hüstelt betreten und blickt sich nach dem Ausgang um.

Es lohnt sich, folgende Regel zu beherzigen: Wenn Sie irgendwelche Zweifel haben, oder wenn Ihnen bei einer Geschichte nicht ganz wohl ist, erzählen Sie sie nicht. Mit diesen Bedenken möchte Ihnen Ihr klügeres Unterbewusstsein mitteilen, es besser sein zu lassen. Heben Sie sich die Geschichte für den Umkleideraum im Fitnessstudio auf, wenn Sie sie unbedingt erzählen müssen.

Wenn Sie auf Nummer sicher gehen wollen, folgen Sie der Methode, die Leute von Jack Benny und Steve Martin bis zu Conan O'Brien benutzen: Machen Sie sich selbst zum Witz. Jack Benny ist für das am längsten andauernde, ohnmächtige Lachen der Geschichte des Showbusiness bekannt. Dazu kam es, als er sich in seinem alten Radioprogramm mit einem Räuber konfrontiert sah und dieser sagte: »Geld oder Leben!« Es folgte kurzes Schweigen, eine tödliche, fast zwanghaft lustige Stille, wie sie nur Jack Benny zustande brachte. Das dauerte einige Sekunden, bis er zu lachen begann. Das Lachen steigerte sich immer weiter und dauerte für eine Rekordspanne von etwa 15 Minuten an. Als es schließlich doch verebbte, wiederholte der Räuber seine Forderung: »Ich sagte, Geld oder Leben!« Und Jack Benny erwiderte: »Ich denke nach, ich denke darüber nach.«

Wieder setzte sich das Lachen fest, und die Sendezeit war schon fast vorbei, als Benny auch nur einen Versuch starten konnte, es zu Ende zu bringen. Das gelang mit einem kurzen Augenblick der Stille, während er sich verzweifelt zu entscheiden versuchte, was ihm mehr wert war, sein Geld oder sein Leben. Benny scheiterte immer an seinen ausgeklügelten Plänen, genau wie der Kojote aus den alten Zeichentrickfilmen bei seiner Jagd auf den Roadrunner. Die Leute lieben es, wenn uns unsere eigenen Schwächen ein Bein stellen.

Wenn Humor Ihre Stärke ist, dann brauchen Sie an dieser Stelle keinen weiteren Rat. Ist er das aber nicht, setzen Sie ihn sparsam und geschmackvoll ein. Er ist wunderbar, wenn er passt. Tut er das nicht, dann ist er genau das Gegenteil.

Erfahrene Redner behelfen sich in dieser Frage bisweilen mit einer einfachen Probe. Bevor sie vors Publikum treten, bitten sie den Moderator der Veranstaltung, einen kleinen Witz in ihre Einleitung einzubauen. Aus der Reaktion lässt sich dann leicht ablesen, wie die Zuhörer auf einen heiteren

Ansatz ansprechen. Sind die Leute nicht zum Lachen bereit, weil sie so etwas nicht erwarten, dann könnte die Verwendung von Humor ins Auge gehen. Es ist wichtig, das Publikum richtig zu deuten. Im Zweifelsfall ist es besser, einen Lacher gar nicht anzustreben, als bei dem Versuch zu scheitern.

Sind die Leute aber erst einmal auf Humor eingestimmt, ändert sich ihre Weltsicht grundlegend. Angenehmes sehen sie immer noch in einem positiven Licht, aber nun können sie selbst unangenehme Dinge zum Lachen bringen. Damit kommen wir zu einem wichtigen Punkt. Schmerzhafte Dinge besitzen unerhörtes komisches Potenzial, wenn sie – mit aller Vorsicht – spielerisch vorgetragen werden. So ist es durchaus möglich, sich über andere Menschen lustig zu machen. Es darf aber keinesfalls gehässig klingen. Hier gilt die einfache Regel, keine Eigenschaften ins Lächerliche zu ziehen, über die die Betroffenen keine Kontrolle haben oder an denen sie nichts ändern können. Man kann einen Witz machen über jemanden, der sein Auto nicht einparken kann, aber nicht über jemanden, der von einem Auto angefahren wurde.

So etwas geht nur in einem Fall: Wenn Sie *selbst* die Person sind, die angefahren wurde. Man selbst ist für die eigenen Späße immer eine legitime Zielscheibe. Will man also das Eis brechen und die Sympathie des Publikums gewinnen, dann gibt es dafür kaum eine bessere Methode, als sich selbst ein bisschen auf die Schippe zu nehmen. Humor auf eigene Kosten ist daher immer der sichere Weg, denn er lässt einen in den Augen des Publikums menschlich wirken, ohne dass man riskiert, jemanden in irgendeiner Weise zu verletzen. Andererseits gilt: Je mehr man sich über sich selbst lustig macht, desto mehr darf man auch gegen andere Dinge oder Menschen austeilen. Wenn Sie als Faustregel beherzigen, sich zuerst mindestens einmal selbst durch den Kakao zu ziehen, bevor Sie versuchen, dass über etwas anderes gelacht wird, dann sind Sie auf jeden Fall auf der sicheren Seite. Im weiteren Verlauf flechten Sie bei humoristischen Betrachtungen in Ihrem Vortrag dann weitere selbstironische Bemerkungen ein.

Dies sind natürlich allgemeine Regeln, und die Art von Humor, die Sie einsetzen sollten, hängt stark von Ihrem Redestil ab. Fühlen Sie sich eher wohl mit feiner Ironie, oder sind Sie auf die großen Lacher aus? Vielleicht geht es Ihnen aber auch wie vielen anderen und Sie sind sich nicht sicher, welche Art von Humor am besten zu Ihnen passt. Werfen wir also einen kurzen Blick auf seine verschiedenen Spielarten – Sie werden sehen, es sind einige. Manches finden Sie bestimmt sehr lustig, anderes dagegen überhaupt nicht. Beim Lesen werden Sie erkennen, welche Humorkategorien am besten zu Ihrer Persönlichkeit passen. Sie dürfen dabei ruhig lachen; Ihre eigene Reaktion ist dazu wahrscheinlich der am besten geeignete Gradmesser.

Zu den wirkungsvollsten humoristischen Stilmitteln zählt die Anekdote. Um diese näher zu definieren, grenzen wir sie zunächst einmal gegen ihren nächsten Verwandten ab, den Witz. Ein Witz ist eine kurze Erzählung mit einer humoristischen Wendung am Ende, der Pointe. Eine Anekdote ist ebenfalls eine Erzählung, aber sie ist meist nicht so kurz wie ein Witz. Auch wird der humoristische Gehalt der Anekdote normalerweise nicht bis zum Ende aufgespart. Eine Anekdote kann in ihrem Ganzen lustig sein, oder sie ist es überhaupt nicht, je nachdem, wie es der Redner wünscht. Bei einem Witz beruht die Wirkung darauf, dass wir nichts Lustiges wahrnehmen, bis die Pointe fällt. Viele finden schon die Vorstellung von einem Schaf beim Tanz lustig, aber wir verschieben unsere Reaktion und lassen dem Humor erst bei der Pointe seinen Lauf.

Was die Anekdote gegenüber dem Witz auszeichnet, ist ihre größere Flexibilität. Gegen Ende seines Lebens zwangen finanzielle Probleme Mark Twain zu ausgedehnten Vortragsreisen in der ganzen Welt. Bei seinen Auftritten erzählte er immer wieder dieselben Anekdoten – und das erstaunlicherweise immer mit demselben Resultat. Das Publikum bog sich vor Lachen. Augenzeugen berichteten, manche der Zuhörer schienen vor heftigem Lachen sogar an Schmerzen zu leiden. Die Wirkung der Geschichten beruhte zum Teil darauf, dass sie einfach lustig waren. Wichtiger aber war, dass Twain in der Lage war, seine Anekdoten je nach Reaktion des Publikums auszudehnen, abzukürzen oder anderweitig anzupassen. Bei einem Witz mit fest definierter Einleitung, Mitte und Pointe ist so etwas kaum möglich. Redner sind also gut beraten, jederzeit eine Anzahl lustiger Anekdoten, interessanter Geschichten und inspirierender Erzählungen bereitzuhalten. Und sie sollten wissen, wie sie diese zum Erzielen einer größtmöglichen Wirkung einzusetzen haben. Gute Redner erspüren aus der Reaktion auf eine Anekdote, was in den Gedanken ihrer Hörer vorgeht, und sie passen ihre Schilderung an diese Reaktion an.

Es stehen dabei verschiedene Kategorien von Anekdoten zur Wahl. Pflegt man beispielsweise einen zwanglosen Stil, dann könnte eine sogenannte Nebenbemerkung passen. Diese scheinbar beiläufige Abschweifung vom Argumentationsstrang wirkt dadurch, dass sie spontan und ungeplant erscheint. Abraham Lincoln war dem Vernehmen nach ein Meister der Nebenbemerkung. Immer wieder hielt er bei seinen Vorträgen gerade bei wichtigen Sachverhalten inne und wechselte dann die Richtung – häufig mit der Bemerkung: »Das erinnert mich an eine Geschichte.« Mit einer Nebenbemerkung lässt sich hervorragend Aufmerksamkeit erregen. Sie wirkt am besten, wenn man das Gefühl hat, dass die Konzentration im Publikum nachlässt. Wenn die Zuhörer Mühe haben, den Gedankengängen des Vortragenden zu folgen, dann wirkt eine lustige Abschweifung bei ihnen wie ein Schluck Wasser bei einem Marathonläufer – sie werden erfrischt, bevor man wieder zum eigentlichen Thema zurückkehrt. Und wenn es gut gemacht wird, fügt sich die Nebenbemerkung nahtlos in den Vortrag ein. Man kann sogar so tun, als wäre man über diese Wirkung überrascht, insbesondere wenn man das Einflechten der Nebenbemerkung im Hotelzimmer stundenlang heimlich geübt hat.

Eine besonders nützliche Kategorie sind Anekdoten, bei denen jemand in ein Fettnäpfchen getreten ist. Und wenn man auch noch von einem eigenen Missgeschick erzählt, gewinnt man nicht nur Zuneigung und Mitgefühl des Publikums, sondern auch seine Bewunderung. Die Leute mögen Sie, weil Sie ein Mensch sind, der Fehler macht. Man bedauert Sie dafür und schenkt Ihnen gleichzeitig Anerkennung, weil Sie das auch zugeben können.

Betrachten wir Fettnäpfchengeschichten noch etwas näher, denn ihre Wirkung lässt sich durch wenige kleine Anpassungen verstärken. Es gab Zeiten, da haben Leute am meisten über riesige Patzer gelacht. Schmerz und vielleicht sogar ein bisschen Grausamkeit galten bei Humor als unerlässlich. Wenn durch das geschilderte Versehen ein Haus abbrannte oder ein

Schiff sank, warfen sich die Leute vor Lachen auf den Boden. Heutzutage funktionieren solche Geschichten anders. Wie Ihnen jeder Zuschauer von *Seinfeld* bestätigen wird, wirkt ein Missgeschick umso stärker, je *kleiner* sein Ansatzpunkt ist. Wir finden es viel lustiger, den Deckel einer Zahnpastatube zu verlieren, als vor der Königin von England auf einer Bananenschale auszurutschen. Geschichten mit kleinem Ansatzpunkt lassen sich in unserem täglichen Leben auch viel leichter finden. Denken Sie also über kleine Dinge nach, die in Ihrem Leben schiefgegangen sind, und überlegen Sie, wie sich diese nach *Seinfeld*-Art in kleine Anekdoten ummünzen lassen. Jerry Seinfeld sagte selbst einmal, es sollte eine Show sein, in der nichts passiert. Genau genommen war es aber eine Show, bei der das, was passierte, so nahe am Nichts wie möglich war, und genau das machte es so lustig. Wenn Sie dieses Prinzip beachten, werden Sie in Ihrem Alltag jede Menge lustiges Material finden.

Hoffentlich hört sich das gut an für Sie – und vielleicht sogar lustig. Aber wir müssen auch eine unangenehme Möglichkeit ins Auge fassen. Angenommen, Sie stehen vor Publikum, haben Anekdoten eingeflochten, sind abgeschweift und haben erzählt, wie Sie den Deckel ihrer Zahnpastatube verloren haben – und nichts von alldem hat funktioniert. Es ist einfach nicht lustig. Sie wissen es, und Ihre Zuhörer wissen es auch. Wenn das passiert, herzlichen Glückwunsch, denn Sie sind in einen der fruchtbarsten Bereiche des gegenwärtigen Humors vorgedrungen. Lassen Sie uns hierfür einen Blick auf das Format der Late-Night-Shows werfen, eines der originellsten Erzeugnisse der amerikanischen Populärkultur. In den USA kamen Late-Night-Shows bereits mit der Einführung des Fernsehens auf; das Format entwickelt und wandelt sich bis heute. Seit ihren Anfängen jedoch wurde eine Art von Witz praktisch von jedem Talk-Moderator bemüht und immer wieder neu aufgelegt, bis zu Jay Leno und David Letterman. Dabei geht es darum, dass die Witze nicht lustig sind. Von Steve Allen in den 1950er-Jahren bis zu Conan O'Brien im 21. Jahrhundert haben Komiker ganze Karrieren darauf aufgebaut, dass sie auf das *ausbleibende* Lachen des Publikums reagieren. Man muss dazu lediglich bei jeder Pointe, die nicht zündet, immer aufs Neue das Gesicht verziehen. Diese Art von Witz nennt man im Englischen *recovery*, der Komiker rappelt sich also wieder auf. Wenn man es richtig anstellt, ist es sehr lustig. Es lohnt sich, die eigene

Verletzlichkeit als Humorist zu verwerten, anstatt sich davor zu verstecken. Dazu müssen wir lernen, das Nichtlustige unseres Materials ins Lustige zu verkehren. Jeder Redner sollte versuchen, sich dieses Grundprinzip des modernen Humors zunutze zu machen.

Der Werkzeugkasten des Humors enthält viele Hilfsmittel. Wahrscheinlich haben Sie sich bislang wenig darum gekümmert, diese zu analysieren, und haben einfach gelacht, wenn Sie etwas lustig fanden. Wenn wir aber die spezifischen Kategorien des Humors erkennen und herausfinden, welche unserem persönlichen Stil am nächsten kommen, dann können wir unser Publikum sehr viel effektiver zum Lachen bringen.

Dies ist allerdings ein typischer Fall von guten Nachrichten/schlechten Nachrichten, und wir alle wissen, wie lustig so etwas sein kann. Die gute Nachricht ist, dass man das Erkennen von Humorkategorien auf jeden Fall lernen und ein Arsenal an lustigem Material ansammeln kann. Die schlechte Nachricht ist, selbst wenn man über das lustigste Material der Welt verfügt, muss man es immer noch wirkungsvoll vortragen.

Natürlich wollen wir unser lustiges Material bestmöglich vortragen. Haben wir nicht alle schon erlebt, wie jemand eine lange, komplizierte Anekdote erzählt, am Schluss aber die Pointe verschluckt und alles verdirbt? Dasselbe kann natürlich auch bei einem Witz, ja, sogar bei einem Einzeiler passieren. Witze und Anekdoten sind nur das Rohmaterial. Sie müssen noch bearbeitet werden, um sich nahtlos in unseren Vortrag einzufügen. Wichtiger noch ist, dass sie zur Zielrichtung unserer Präsentation passen. Lustige Einschübe dürfen niemals nur Selbstzweck sein. Sie sollten vielmehr untermauern, weshalb wir überhaupt vor diesem Publikum stehen, und das müssen wir durch die Art unseres Vortrags unterstreichen.

Gute Redner jagen nicht einfach den Lachern hinterher, sondern nutzen Humor gezielt, um ihre Botschaft zu verdeutlichen. Das Gleiche sollte für Sie gelten: In aller Regel hat man Sie eingeladen, um Ihre Gäste zu bilden und zu informieren. Wollen Sie Ihr Publikum darüber hinaus auch unterhalten, dann deshalb, weil Sie Ihre ursprüngliche Aufgabe so besser und wirkungsvoller erfüllen können. Durch besonnen eingesetzten Humor behalten Sie die Leute auf Ihrer Seite. Aber wie viel Lustiges kann das Publikum bei einem Vortrag verarbeiten? Wie viele Witze und Anekdoten kann man Leuten zumuten, bevor der Humor kontraproduktiv wirkt? Darauf gibt es keine einfache Antwort, denn letztlich hängt dabei alles von unserem Vortrag ab.

Um Lustiges ordentlich zu präsentieren, muss viel geübt und am Material gefeilt werden. Sind wir erst einmal auf vielversprechendes Material gestoßen, müssen wir uns Gedanken darüber machen. Dazu brauchen wir es nicht gleich wissenschaftlich zu analysieren – das wäre wahrscheinlich die beste Methode, um ihm sofort jeglichen komischen Gehalt auszutreiben. Stattdessen sollten wir unsere Gedanken damit vertraut machen. Wie bei den anderen Teilen unseres Materials müssen wir als Nächstes üben, es laut vorzutragen, sowohl für uns selbst als auch vor Freunden. Und mit jedem Aufsagen werden wir etwas Neues lernen.

Mark Twain sagte: »Eine lustige Geschichte kann manchmal ein feinsinniges und kunstvolles Werk sein – wenn ein Künstler sie erzählt. Es ist aber keine Kunst erforderlich, um eine lustige Geschichte zu erzählen, ganz im Gegenteil: Jeder kann das tun.« Das ist sicherlich richtig, aber selbst um einen einfachen Witz zu erzählen, ist eine gewisse Fertigkeit vonnöten. Tempo, Betonung und Pausen sind entscheidend dafür, ob der Humor zündet oder nicht – und um das bei einer bestimmten Anekdote richtig hinzubekommen, hilft nur Ausprobieren. Vors Publikum sollten Sie damit erst treten, wenn Sie bei vielen Proben die Gewissheit erlangt haben, dass Sie das Material beherrschen. Hat es aber gut funktioniert, dann benutzen Sie es so oft wie möglich. Variieren Sie dabei Ihren Vortrag und die Betonung einzelner Teile.

Machen Sie sich die wichtige Beziehung zwischen Timing und komischer Wirkung bewusst. Das Timing betrifft im Wesentlichen den zeitlichen Abstand zwischen den verschiedenen Teilen einer Geschichte oder eines Witzes, zwischen dem Aufbau und der Pointe. Es ist hilfreich, Profis dabei zu beobachten, wie sie zwischen Einleitung, Mitte und Schluss einer Geschichte den passenden Rhythmus erzeugen. Und beachten Sie auch, wie das Timing durch die Reaktion des Publikums beeinflusst werden kann. Junge, dynamische Zuhörer wünschen einen rascheren Takt als ein gelassenes, älteres Publikum – vor Studenten braucht es also ein anderes Timing als vor einem Saal voll Ruheständlern.

Wer mehr über sein Publikum weiß, kann seinen Humor auch genauer darauf abstimmen. Finden Sie also alles über Ihre Zuhörer heraus, was Sie können: Demografie, Interessen, politische Neigungen, die beliebtesten Sportmannschaften – je mehr, desto besser. Jede Organisation, jede Gruppe hat ihre Geschichte, und diese kann man recherchieren. Ihre Abläufe, Rituale und bestimmte herausgehobene Einzelpersonen, alles kann fruchtbarer Boden für humoristische Verwertung sein. Sprechen Sie mit den Organisatoren Ihres Vortrags und langjährigen Mitgliedern der Gruppe. Bei einem Festakt zur Ehrung verdienter Mitglieder ist ein Vortrag mit lustigem Unterton möglicherweise gar nicht angebracht. Auch bei einer technischen oder wissenschaftlichen Präsentation könnten Lacher stören – oder sie sind zur Auflockerung der trockenen Materie eben gerade erforderlich. Die nötige Erfahrung zur Einschätzung solcher Situationen wird Ihnen durch fleißiges Üben zuwachsen und Ihren Ruf als Redner stärken.

Manche Leute sagen: »Ich kann in einen Vortrag nichts Komisches einbauen; ich fühle mich einfach nicht wohl damit.« Dabei kann jeder Humor verwenden und lernen, dieses wirkungsvolle Instrument zu nutzen. Deshalb wollen wir zum Schluss noch einmal die wichtigsten Grundsätze durchgehen.

Erstens müssen wir sicherstellen, dass die komischen Elemente zur Situation passen und wir selbst sie lustig finden. Ist das nicht der Fall, dann können wir das auch von unseren Zuhörern nicht erwarten. Eigentlich ist das so offensichtlich, dass es keiner Erwähnung bedarf; dennoch missachten verblüffend viele Redner diese Grundregel. Sie greifen zurück auf abgedroschenes, konventionelles Material, über das sie selbst niemals lachen würden; aber sie verwenden es, weil sie kein Risiko eingehen wollen. Das ist ein großer Fehler. Genau wie ein Verkäufer oder eine Verkäuferin niemals etwas anpreisen sollte, das er oder sie selbst nicht verwenden würde, sollte man nie einen Witz erzählen, den man nicht lustig findet.

Zweitens müssen wir die lustigen Elemente an Freunden oder einer kleinen Gruppe von Menschen erproben, bevor wir sie im Vortrag einsetzen. Doch selbst wenn die Gruppe zunächst nicht wie gewünscht reagiert, sollte man nicht vorschnell aufgeben, denn vielleicht war ja die Art unseres Vortrags das Problem. Es kann etwas dauern, bis man eine lustige Geschichte richtig im Griff hat. Sie sollten den Humor aber erst nach mehrfachen Tests in einer Rede einsetzen, und nur, wenn Sie sich beim Erzählen wohlfühlen.

Drittens müssen wir darauf achten, dass lustige Einschübe auch zum Inhalt unseres Vortrags passen. Noch einmal: Humor darf kein Selbstzweck sein. Es ist gut, das Publikum zum Lachen zu bringen, aber es ist nicht der Hauptzweck, weshalb wir da sind. Wenn der Humor nicht ins Thema eingebunden ist, werden die Leute die Witze vielleicht genießen, sich aber fragen, welches Ziel wir damit verfolgen.

Zuletzt müssen wir aufpassen, dass der Humor nicht den Eindruck bestimmt, den die Leute von uns auf der Bühne haben. Wir wollen uns den Ruf eines packenden Redners erwerben, nicht den eines Komikers. Humor sollte nur eines der Elemente sein, die wir in unseren Vortrag einflechten. Wird unser Charakter als Redner von den lustigen Nebenbemerkungen überstrahlt, dann fällt es dem Publikum möglicherweise schwer, uns später bei einem ernsten Thema zu folgen.

Es ist viel daran geforscht worden, was es nun genau ist, das Menschen zum Lachen bringt. Sollte jemand tatsächlich die endgültige Antwort auf diese Frage finden, dann wird er ein Vermögen damit verdienen. Man muss aber kein Gelehrter in Sachen Humor sein, um ihn in seinen Vorträgen zu verwenden; wenn wir ihn wirkungsvoll einsetzen, vermag er die Zuhörer auf unsere Seite zu ziehen wie kein anderes Instrument. Das Schwierige daran ist, dafür zu sorgen, dass den Leuten nicht nur die Witze im Gedächtnis bleiben, sondern auch die Botschaft unseres Vortrags.

Nur wenige Reden, die eine elektrisierende Wirkung auf ihr Publikum entfaltet haben, halten der Schwarzweißfotografie einer gedruckten Fassung stand.

ARCHIBALD PHILIP PRIMROSE

Freiheit funktioniert in der Praxis weit weniger gut als in der Rede.

WILL ROGERS

Bei einer Rede zum College-Abschluss muss man sich von allem fern halten, was auch nur entfernt nach Parteipolitik, politischen Ansichten, Sex, Religion und allzu festen Überzeugungen riecht. Trotzdem muss es eine Rede geben: Reden sind in unserer Kultur das Vakuum, das das Vakuum füllt.

JOHN KENNETH GALBRAITH

KAPITEL 5

Geschichten und Selbstoffenbarung: Wie man Aufmerksamkeit und Respekt erwirbt

Gute Nachrichten! Die Informationen aus diesem Kapitel werden Sie praktisch im Handumdrehen von einem kompletten Neuling in einen sachkundigen Redner verwandeln. Lesen Sie also aufmerksam, üben Sie fleißig und wenden Sie das Gelernte an. Die Werkzeuge und Techniken, die wir Ihnen hier in Kapitel 5 an die Hand geben, werden Sie sofort zu einem besseren Redner machen, als es 99 Prozent der übrigen Menschen dort draußen sind.

Stellen wir uns zu Beginn eine Abendgesellschaft anlässlich eines Renteneinstiegs vor, bei der zwei Gäste jeweils einen Toast auf den Ehrengast ausbringen. Zuerst ist der Finanzvorstand der Firma an der Reihe. Er sagt: »Ich habe immer den Geschäftssinn bewundert, mit dem er seine private Altersvorsorge verwaltet hat. Er hat seine Steuervorteile maximal ausgeschöpft und den Wert der Einlage Steuerjahr für Steuerjahr stetig gesteigert.« Es ertönt höflicher Applaus und der Finanzvorstand setzt sich wieder.

Dann ergreift ein anderer Kollege das Wort. Er kennt den aus der Firma Ausscheidenden schon seit vielen Jahren und schildert das Spiel, bei dem sein Freund die einzigen beiden Punkte seiner eher ereignisarmen Karriere als Basketballer erzielte: »Es waren nur noch Sekunden zu spielen;

er hatte den Ball und der Weg zum Korb war frei. Dann passierte etwas sehr Seltsames. Er geriet ins Straucheln, was merkwürdig war, denn es war überhaupt niemand in seiner Nähe. Es war, als wäre er über seine Schnürsenkel gestolpert oder so etwas. Jedenfalls musste er den Ball loswerden, bevor er auf das Hallenparkett krachte. Also schleuderte er ihn einfach weg – und so kam er zu seinem Spitznamen, unter dem ihr ihn alle kennt, nämlich Swish.«

Beide Männer sprachen über dasselbe: ihren Freund. Aber sie gingen es völlig anders an. Das Thema der ersten Tischrede lässt sich schwer verdeutlichen oder dramatisieren. In der zweiten wird eine ganz bestimmte Begebenheit geschildert, mit Humor und etwas Dramatik angereichert und dann als Ursprung des Spitznamens des Geehrten mit der Gegenwart verbunden. Wir erfahren etwas über den Menschen, der in den Ruhestand eintritt, bekommen aber auch eine anschauliche Geschichte zu hören. Es laufen also mehrere Dinge gleichzeitig ab. In diesem Kapitel grenzen wir die verschiedenen Bausteine einer wirkungsvollen Rede voneinander ab – sei es ein Toast anlässlich eines in kleiner Runde gefeierten Abschieds in den Ruhestand oder ein Vortrag bei einer großen Aktionärsversammlung.

Gewisse Bestandteile sind bei jedem wirkungsvollen Vortrag unerlässlich, vielleicht mit der Ausnahme von einfachen PowerPoint-Präsentationen oder kleinen Besprechungen im Büro oder Konferenzraum. Wann immer Sie sonst vor Publikum treten und 20 oder 30 Minuten lang reden, müssen diese Bestandteile vorhanden sein.

Erstens müssen Sie die Informationen oder die Botschaft Ihres Vortrags klar kommunizieren. Sie müssen Ihre Fakten und Zahlen vermitteln. Sie brauchen ein Thema oder eine These, und diese muss deutlich und überzeugend präsentiert werden. Deshalb stehen Sie ja überhaupt am Redepult, wenngleich dieser Teil die geringste Rolle für den Eindruck spielt, den Sie hinterlassen. An Ihre These werden sich die Hörer am Ende nur erinnern, wenn auch Ihre anderen Bestandteile auf Spitzenniveau liegen. Ihre Informationen sind wichtig, aber Informationen ohne Effekt geraten rasch in Vergessenheit. Gehen wir also weiter zum nächsten entscheidenden Bestandteil.

Vortragselement Nummer zwei sind Geschichten oder Anekdoten über *andere* Menschen. Im vorigen Kapitel haben wir erfahren, dass die Leute lachen müssen – nicht nur *wollen,* sondern wirklich *müssen* –, und außerdem *müssen* sie Geschichten hören. Wenn Sie ihnen also lediglich Informationen übermitteln, dann versagen Sie Ihren Zuhörern ein Grundbedürfnis und werden Ihrer Aufgabe als Redner nicht gerecht.

Was für Geschichten sollten Sie erzählen? Das hängt von Ihrem Selbstvertrauen und Ihren Fähigkeiten ab. Ein wirklich überzeugender Redner macht jeden Vortrag zu einer, Geist und Gefühl gleichermaßen ansprechenden, Erfahrung. Der Hörer ist also sowohl im Denken als auch im Fühlen gefordert – und was das Fühlen angeht, bringt ein solcher Redner sein Publikum zum *Lachen und Weinen.*

Denken Sie an die besten Redner, die Sie je gehört haben. Wie haben Sie sich am Ende ihrer Vorträge gefühlt? Ich vermute, es war, als hätten Sie eine ganze Bandbreite verschiedener Gefühle durchlebt, quasi vom Lachen bis zum Vergießen von Tränen. Ein guter Vortragender ist zu so etwas fähig, und es ist gerade der wirkungsvolle Einsatz von Geschichten, die bei den Zuhörern diese verschiedensten Gefühlsregungen hervorrufen. Im letzten Kapitel war die Rede von Abraham Lincolns Geschick, in eine lustige Nebenbemerkung abzuschweifen. Vermutlich gelang ihm dasselbe ebenso wirkungsvoll auch mit anders gearteten Schilderungen. Wahrscheinlich war er damit so erfolgreich, weil das Erzählen von Geschichten bei seinen Reden nie im Vordergrund stand. Das Publikum war gekommen, um eine politische Ansprache oder Debatte zu verfolgen und schätzte Lincolns Geschichten wohl gerade wegen der Abschweifung und der Entspannung, die sie boten.

In einem Vortrag lässt sich eine große Vielfalt an Material abhandeln, und man sollte das auch ausnutzen. Wenn Sie aber eine Aussage zu einem wichtigen Punkt machen, dann sollten Sie dies nach Möglichkeit mit einer Geschichte verbinden. Wenn Sie die Leute zum *Denken* bringen, setzen Sie sofort nach und lassen Sie die Leute auch etwas *fühlen.* Mit zunehmendem Selbstvertrauen werden Sie Ihren Zuhörern eine immer größere Bandbreite an Gefühlen entlocken können. Das wird von einem Redner erwartet, selbst wenn das den Wenigsten bewusst sein dürfte.

Bestimmte Arten von Geschichten kommen immer wieder gut an. Sie funktionieren, weil sich die Menschen mit der betreffenden Situation, den Gedanken und Gefühlen identifizieren können. Geschichten über Flugzeuge und Flughäfen sind immer gut. Die meisten von uns reisen gern und finden das Thema anregend. Die Schwierigkeiten, die heute mit Flugreisen einhergehen, bilden dabei einen willkommenen Kontrast zu dieser Begeisterung. Auch Geschichten über Familien und Kinder verfehlen selten ihre Wirkung. Die meisten werden sich an lange Autofahrten mit Kindern auf dem Rücksitz erinnern – das Umfeld für eine Geschichte ist also bekannt. Wollen Sie über eine Besteigung des Mount Everest sprechen, dann müssen Sie erst einmal den ganzen Rahmen schildern, damit man sich eine Vorstellung vom Thema machen kann. Für eine direkte Verbindung zum Publikum dagegen brauchen Sie nur Ihr Kind mit seinem quengeligen Ausspruch »Wann sind wir da?« zu zitieren.

Ganz unabhängig vom Thema oder der Situation erzählen gute Redner eine Geschichte niemals ihrer selbst willen. Sie muss schon einen Bezug zum Thema der Rede haben, eine Feststellung verdeutlichen. Dale Carnegie meinte dazu, Geschichten seien der Zuckerguss auf dem Kuchen, nie der Kuchen selbst. Um das Bild zu erweitern, können wir Geschichten als eine der beiden Schichten des Kuchens betrachten, den wir bis jetzt behandelt haben. Die erste Schicht – Sie erinnern sich – ist der Informationsgehalt unserer Präsentation; die zweite Schicht sind die Erzählungen, mit denen wir unsere These hervorheben. Auch haben wir gehört, dass diese Geschichten von jemand anderem als uns selbst handeln sollten. Das hat seinen Grund darin, dass wir uns als nächsten Bestandteil einer Rede mit der Selbstbetrachtung befassen wollen – und damit, wie wir unseren Vortrag mit ihrer Hilfe zu einer rundum zufriedenstellenden Erfahrung für die Zuhörer machen können.

Obwohl die meisten Geschichten als etwas Unterhaltsames wahrgenommen werden, können Sie das Publikum darüber hinaus auch zum Denken und Reflektieren bringen. Und genau das sollten Sie auch tun. Der Erfolg unserer Rede beruht auf der inneren Veränderung, die sie bei unseren Zuhörern bewirkt. Wie wir bereits wissen, kann das Erzählen von Geschichten in dieser Hinsicht sehr hilfreich sein. Von sich selbst zu erzählen – sich zu *offenbaren* und die Schwierigkeiten zu schildern, mit denen man zu kämpfen hatte –, ist aber wahrscheinlich noch wichtiger.

Dies muss aber mit aller Vorsicht geschehen. Wir erinnern uns dabei an die grundlegende Erkenntnis der Dale-Carnegie-Organisation: Das Lieblingsthema der Leute sind sie selbst. Höchstwahrscheinlich geht es Ihnen da nicht anders. Daraus können Sie hervorragend Energie schöpfen für Geschichten aus Ihrem eigenen Erfahrungsbereich, aber Sie müssen dabei immer wieder einen Bezug zu Ihrem Publikum herstellen.

Wenn es darum geht, was Menschen alles von sich preiszugeben bereit sind, liegt die Latte heutzutage ziemlich hoch. Wir sind spektakuläre Offenbarungen wie in den Talkshows von Oprah Winfrey, den Psychologieshows von Dr. Phil oder den Gerichtssendungen von Judge Judy gewohnt. Das Eingeständnis, dass man den Deckel seiner Zahnpastatube verloren hat, reicht nicht mehr aus, um eine gefühlsmäßige Verbindung zum Publikum zu knüpfen. Wir haben gesehen, dass genau diese Beichte in einer lustigen Anekdote wunderbar funktionieren kann, aber hier geht es um eine andere Schicht des Kuchens. Hier erwerben wir uns Zuneigung und Respekt des Publikums, und das je nachdem, welches Risiko wir dabei eingehen wollen. Vertrauen gewinnen wir, indem wir den Leuten etwas von uns selbst anvertrauen.

Wie weit dabei gehen, hängt einerseits davon ab, wie weit wir gehen wollen, und andererseits davon, in welcher Umgebung wir die Rede halten. Wenn Sie einen Workshop über persönliche Finanzplanung abhalten, könnten Sie verraten, dass auch Sie Ihre Kreditkarte schon einmal bis ans Limit ausgeschöpft haben – aber Sie sollten eher nicht über Gesundheitsprobleme und andere tragische Situationen in Ihrer eigenen Familie sprechen. Andererseits könnten solche Themen vor einem Publikum, das eine emotionale Verbindung erwartet, durchaus angebracht sein.

Im Finanzworkshop könnten Sie zum Beispiel sagen: »Da fragte ich mich, ob ich mich vielleicht nach einer Karte mit einem geringeren Zinssatz umsehen sollte.« Bei einem Wochenendseminar über Persönlichkeitsentwicklung möchte aber niemand etwas über Visa oder American Express hören. Hier berichten Sie vielleicht: »Da fragte ich mich, ob ich mein Leben mit unwichtigen Dingen verschwende.« Sie könnten sogar noch weitergehen und erzählen: »Ich musste die Verantwortung für das Scheitern meiner Ehe übernehmen.«

Wegen der enthaltenen Selbstenthüllung könnte eine solche Aussage manche Zuhörer verletzen oder verärgern, wenn sie als zu aufdringlich empfunden wird. Der genaue Blick, den Sie mit einer solchen Aussage auf sich selbst werfen, könnte die Leute dazu anhalten, bei sich dasselbe zu tun – aber was ist, wenn sie das nicht wollen? Dann schalten sie möglicherweise einfach ab. Deshalb ist es wichtig, jeder Selbstenthüllung am Ende eine positive Wendung zu geben. Sie können so tief in die Probleme Ihres Lebens vordringen, wie Sie wollen, solange Sie nur den Anschluss an die positiven Veränderungen herstellen, die sich daraus ergaben.

Selbstenthüllung ist der wirkungsvollste Weg in die Herzen Ihrer Zuhörer und unterscheidet sich vom Weg in ihre Köpfe. Durch das Teilen persönlicher Erfahrungen vermitteln Sie den Leuten, dass Sie einer von ihnen sind. Bei der Analyse einer wirklich gelungenen Rede werden Sie immer eine persönliche Geschichte darin eingebettet finden. Denken Sie nur an die zu Herzen gehende Trauerrede des Earl Charles Spencer für seine Schwester, Prinzessin Diana. Unter den Augen der ganzen Welt sagte er bei ihrem Begräbnis: »Ich sah sie das letzte Mal in London am 1. Juli, ihrem Geburtstag. Wie so oft nahm sie sich keine Zeit, diesen besonderen Tag mit Freunden zu feiern, sondern besuchte stattdessen eine Wohltätigkeitsveranstaltung. Sie war natürlich der gefeierte Ehrengast – mir sind dagegen die Tage im März in Erinnerung, als sie mich und meine Kinder bei uns zu Hause in Südafrika besuchen kam. Und ich bin stolz darauf, dass wir dafür sorgen konnten, dass die Fotografen, abgesehen von ihrem öffentlichen Treffen mit Präsident Mandela, kein einziges Bild von ihr bekamen. Das bedeutete Diana eine Menge, und mir auch.«

Sie sehen, wie der Redner das Gefühl für die Privatsphäre in der Familie anspricht, während er gleichzeitig eine der prominentesten Persönlichkeiten des öffentlichen Lebens beschreibt. So bekommen wir in wenigen Sätzen einen Einblick sowohl in Dianas Gefühlswelt als auch in die ihres Bruders. Dies ist nur eine kurze Passage aus einer sehr viel längeren Rede, aber ohne sie wäre die Wirkung bei Weitem nicht dieselbe.

Gute Redner haben sich schon immer dadurch ausgezeichnet, dass sie eine enge Beziehung zu ihrem Publikum herstellen können. Um diese Fähigkeit zu verstehen und für sich selbst nutzbar zu machen, muss man wissen, dass ein großer Redner immer nur mit einer Person spricht, so zahlreich das Publikum auch sein mag. Nehmen wir zum Beispiel Franklin D. Roosevelt, der kurz nach seiner ersten Wahl zum US-Präsidenten eine Reihe von Radioansprachen hielt. Man schrieb das Jahr 1933 und das Land befand sich mitten in einer schweren Wirtschaftskrise. Das Land brauchte damals Führung, aber diese Führung musste behutsam sein. Schon der Titel, den Roosevelt für seine Ansprachen wählte – »fireside chats«, also »Plaudereien am Kamin« –, verdeutlicht die Genialität, mit der der Präsident ein gewaltiges Unterfangen auf menschliche Maßstäbe reduzieren konnte.

Am wichtigsten war dabei, dass Roosevelt sein Publikum als Einzelpersonen betrachtete, niemals als Menschenmasse. Er wusste, dass jeder im Volk ihn als Individuum hörte, und deshalb sprach er jeden als Individuum an. Das ist absolut notwendig, wenn man eine persönliche Beziehung aufbauen will. Sie sollten sich daher immer einen einzelnen Menschen vorstellen, der das gesamte Publikum repräsentiert. Lassen Sie sich eine Geschichte über das Leben dieser Person einfallen. Welche Herausforderungen, welche Gelegenheiten bieten sich dieser Person? Was sind ihre Wünsche und Bedürfnisse? Je genauer Sie auf Ihren Hörer oder Ihre Hörerin eingehen, desto besser können Sie sich mit der Person verbinden. Kennen Sie ihre Augenfarbe? Was trägt sie? Wo wohnt sie? Welche Ausbildung hat sie erhalten? Wie ist ihre finanzielle Lage? Es gibt Dutzende solcher Fragen – und Sie sollten auf jede eine Antwort parat haben.

Stellen Sie sicher, dass Ihr imaginärer Hörer oder Ihre imaginäre Hörerin für Ihre Botschaft empfänglich ist. Es handelt sich um eine Person, die Ihre Meinung teilt und hergekommen ist, um sich von Ihnen helfen zu lassen. Selbst wenn Ihr Publikum noch so zahlreich sein sollte – mit digitalen Medien könnten es Tausende sein –, müssen Sie immer diesen einzelnen Menschen ansprechen. Mit etwas Übung werden Sie bald in der Lage sein, das Gesicht Ihres Prototypen auf jede beliebige Gruppe von Zuhörern zu übertragen.

Roosevelt stellte sich manchmal vor, dass diese Person neben ihm auf der Veranda saß, oder noch besser, bei ihm am Esstisch. Durch diese Vorstellung erzeugte er bei sich ein Gefühl der Vertrautheit. Obwohl er ein Radiomikrofon vor sich hatte, sprach da, dem Tonfall und Gesichtsausdruck nach, ein enger Freund. Das Gesicht des Präsidenten erhellte sich dabei immer wieder, als säße er tatsächlich mit seinem Hörer am Kamin. Die Leute spürten das und es entstand eine enge, herzliche Bindung.

Roosevelt machte beim Sprechen einfache, natürliche Handbewegungen. Die meisten Leute glauben, für gute Kommunikation käme es auf den Mund an, aber so einfach ist es nicht. Ein guter Redner setzt seinen ganzen Körper ein. Auf diese Weise schafft man eine Atmosphäre, bei der sich Gefühle elegant und auf natürliche Weise mitteilen lassen. Damit ist die Basis für eine Selbstenthüllung und damit einen äußerst wertvollen Bestandteil eines guten Vortrags geschaffen. Nachdem Sie Ihre Rede beendet haben, sollten Ihre Hörer glauben, Sie zu kennen. Dabei brauchen die Leute beileibe nicht alles über Sie zu wissen – meist ist es besser, ein bisschen an die Fantasie der Zuhörer zu appellieren –, aber die wichtigsten Fakten müssen schon mitgeteilt werden. Wo sind Sie aufgewachsen? Was für eine Art von Familie war das damals? Und was für eine heute? Sind Sie Single oder sind Sie verheiratet? Wenn Sie Kinder haben, dann können Sie mit einer Geschichte über diese leicht eine Brücke zu allen Eltern im Publikum schlagen.

Sie sehen, dass der wirkungsvolle Einsatz von Geschichten vielschichtig ist. Es braucht dazu Einfühlungsvermögen, Sie müssen aber auch rational entscheiden. Unser Gefühl muss abgewogen werden gegen die richtigen Entscheidungen, wie es einzusetzen ist. Sie müssen aufrichtig sein, aber eben auch schlau zugleich. Wenn Sie als Redner eigene Gefühle heraufbeschwören, dann können Sie dieselben Gefühle auch bei Ihren Hörern erwecken. Es gibt allerdings Regeln für diese Taktik. Diese wirken etwa so wie Netz und Linien auf einem Tennisplatz – sie sind die Grenzen, die dem emotionalen Gehalt unserer Rede Bedeutung verleihen. Ein Tennisaufschlag ohne Netz und Linien ist überhaupt kein Aufschlag – es ist nur ein hart gedroschener Ball. Entsprechend brauchen Geschichten mit emotionalem Gehalt in einer Rede einen rationalen Kontext und einen zugewiesenen Platz innerhalb der Struktur des Vortrags.

Betrachten wir einige wichtige Vorgehensweisen, die Sie unabhängig vom emotionalen Gehalt einer Rede immer anwenden sollten. Beim Reden in der Öffentlichkeit und gerade auch beim Erzählen von Geschichten müssen Sie ständig Entscheidungen treffen. Das sind emotionale Entscheidungen ebenso wie rationale, etwa, ob Sie ein bestimmtes Wort oder lieber ein anderes einsetzen. Diese Entscheidungen sind nicht immer leicht und viele Redner treffen die falschen.

Was die Wortwahl angeht, sind zwei Punkte zu beachten. Der erste ist Sparsamkeit. Machen Sie so wenig Wörter wie möglich, um zu sagen, was Sie wollen. Lässt sich ein Argument in zehn Wörtern formulieren, dann benutzen Sie nicht zwanzig. Auch nicht zwölf. Sie sollten eher versuchen, mit acht Wörtern auszukommen. Es darf nichts übrig bleiben, was den Sachverhalt verkompliziert und verschleiert. Es kann sehr schwierig sein, auf liebgewonnene Phrasen zu verzichten, aber wenn sie nicht zum Hauptgedanken beitragen, müssen sie weg.

Wahrscheinlich hat das auch schon Ihr Deutschlehrer in der dritten Klasse gesagt. Da ist aber etwas, das Sie wahrscheinlich nicht wissen, aber keinesfalls vergessen sollten, wenn Sie ein erfolgreicher Redner werden wollen. Die geringstmögliche Zahl an Wörtern im Satz streben wir deshalb an, weil wir diesen Satz – in Abwandlung – noch zwei-, wenn nicht gar dreimal wiederholen werden. Hier liegt ein grundlegender Unterschied zwischen der geschriebenen und der mündlichen Sprache. In einem Buch sind Ihre Worte Seite für Seite festgeschrieben. Wenn Leser nicht genau verstehen, was Sie meinen, können sie Ihre Worte jederzeit noch einmal nachlesen. Ein Live-Publikum kann das nicht. Ihre Worte sind nur für einen Augenblick präsent. Bei einem Vortrag gibt es keine Wiederholungstaste. Ob es sich nun um eine Beschreibung in einer Geschichte oder um eine wichtige Information handelt – Sie müssen auf jeden Fall eine Möglichkeit finden, dieselbe Botschaft mehr als einmal zu vermitteln. Und das muss kurz und prägnant geschehen. Deshalb ist es so wichtig, Sätze aus möglichst wenigen Wörtern zu bilden.

Aber das ist nur der Anfang. Sie sollten nicht nur *so wenig* Wörter wie möglich verwenden, sondern auch *möglichst einfache* Wörter. Den Wortschatz der Hörer zu überschätzen, ist ein schwerwiegender Fehler, denn der Redner riskiert, schlagartig die Aufmerksamkeit seines Publikums zu verlieren. Als Ronald Reagan, »großer Kommunikator« genannt, sich an Michail Gorbatschow wandte, sagte er nicht: »Kamerad Generalsekretär, ich fordere, dass Sie umgehend dieses geopolitische, metaphorische und zugleich mörtelbasierte Hindernis abbauen.« Er sagte: »Mr. Gorbatschow, reißen Sie diese Mauer ein.« Wenn Sie dieses Beispiel im Kopf behalten, wird Ihnen Ihr Wortschatz niemals Streiche spielen.

Wann immer Sie eine Geschichte erzählen oder Informationen über Sie persönlich teilen, muss eine deutliche Verbindung zum Gegenstand der Rede bestehen und es darf niemand im Publikum Anstoß daran nehmen können. Dafür gibt es mehrere Gründe. Es ist möglich, dass Ihre Geschichten die Zuhörer so sehr mitreißen, dass der Zweck der Rede zu sehr in den Hintergrund gerät. Aber auch wenn die Geschichten weniger packend sind, könnte das Publikum die Konzentration verlieren. Erneuern Sie also die Verbindung zu Ihrem Thema immer wieder, indem Sie diese immer zum passenden Zeitpunkt betonen und wiederholen. In seiner berühmten Rede vor dem Lincoln Memorial in Washington wiederholte Martin Luther King Jr. immer wieder den einen Satz: »I have a dream.« Selbst wenn wir uns nicht sicher sind, was er dazwischen gesagt hat, erinnern wir uns daran, dass er diesen Leitsatz immer aufs Neue wiederholte. Dies war sein Grundgedanke, und King sorgte dafür, dass dieser nicht in Vergessenheit geriet.

Wichtig ist außerdem, dass Sie Hilfsmittel verwenden, wann immer sich die Gelegenheit bietet. Halten Sie etwas in die Höhe, damit das Publikum es sehen kann. Spielen Sie eine kurze Tonaufnahme vor oder zeigen Sie ein Bild auf einem Bildschirm. Erinnern Sie sich noch an die Grundschule, als Sie etwas mitbringen und dann vor der Klasse darüber sprechen sollten? Das Sprechen war eigentlich immer der langweilige Teil. Im Grunde wollten wir alle nur die mitgebrachte Schildkröte sehen. Bieten Sie Ihrem Publikum also noch etwas zusätzlich zum Hören Ihrer Stimme. Wenn Sie keine Schildkröte zum Vorzeigen haben, können Sie Ihrem Vortrag auch über Gesten und Ihre Körpersprache eine zusätzliche optische und akustische Dimension verleihen. Dies macht den Unterschied aus zwischen dem Ablesen eines Textes und dem Reden vor Publikum.

Achten Sie auf ihre *Ähms* und *Ähs*. Die meisten wissen gar nicht, wie oft sich diese unnötigen Silben in ihrem mündlichen Vortrag breitmachen, insbesondere beim Sprechen vor Publikum. *Ähm* und *Äh* sind Ausdruck von Unsicherheit. Wir versuchen damit unbewusst, Zeit zu gewinnen, weil wir noch nicht wissen, was wir als Nächstes sagen wollen. Wenn wir wirklich gut vorbereitet sind, dann sind wir weniger nervös und haben weniger Grund zur Verzögerung. Sie sollten immer einen freundlichen Ton pflegen, Ihre Stimme sollte aber gleichzeitig Konzentration und Besonnenheit vermitteln. Die Talkmasterin Oprah Winfrey zählt auf diesem Gebiet zu den Besten der Welt. Sie wirkt stets interessiert, angeregt, aber auch konzentriert und kontrolliert. Dadurch fühlt sich ihr Publikum genauso.

Es gibt so viel darüber zu sagen, wie man das Publikum auf seine Seite zieht, dass dieses eine Kapitel eigentlich ein ganzes Buch verdient hätte. Wir haben darüber gesprochen, dass wir die Grundthesen und Informationen unseres Vortrags vermitteln müssen, und wir haben behandelt, wie wichtig es ist, eine Gefühlsbeziehung zu unserem Publikum aufzubauen. Wir haben erfahren, dass dies auf zweierlei Weise möglich ist: einerseits mit Geschichten über andere Menschen, andererseits mithilfe von Informationen über uns selbst. Dies sind unsere Werkzeuge, mit denen wir uns den Respekt und die Zuneigung des Publikums erwerben. Wir haben auch praktische Methoden zur Steigerung der Wirkung unseres Vortrags besprochen – die Verwendung des passenden Vokabulars und die Nutzung auffallender Hilfsmittel.

Aber letzten Endes sind das alles Werkzeuge. Ein guter Redner möchte mehr erreichen als die bloße Aufmerksamkeit und Zuneigung des Publikums. Ein guter Redner möchte zum *Handeln* anregen. Wie wird das schaffen, werden wir in Kapitel 6 untersuchen.

FALLSTUDIE:

Eleanor Roosevelt

Auszug aus Eleanor Roosevelts Rede »Kampf um die Menschenrechte« am 28. September 1948 in Paris:

> *Ich bin heute Abend gekommen, um mit Ihnen über eines der wichtigsten Themen unserer Zeit zu sprechen – und das ist die Bewahrung der Freiheit des Menschen. Ich habe beschlossen, das hier in Frankreich zu tun, an der Sorbonne, weil die Freiheit des Menschen hier schon vor langer Zeit tiefe Wurzeln geschlagen hat und seither reich genährt wurde. Hier wurde die Erklärung der Menschenrechte verkündet und hier haben die großen Schlagworte der Französischen Revolution – Freiheit, Gleichheit und Brüderlichkeit – die Fantasie der Menschen befeuert. Ich habe beschlossen, dieses Thema in Europa zu besprechen, weil hier die größten Schlachten zwischen Freiheit und Tyrannei der Geschichte stattgefunden haben. Ich habe beschlossen, dies in den Anfangstagen der Generalversammlung zu besprechen, denn die Frage der Freiheit des Menschen ist maßgeblich sowohl für die Beilegung bestehender politischer Differenzen als auch für die Zukunft der Vereinten Nationen.*

Präsident Franklin D. Roosevelt war ein wunderbarer Redner, aber als es durch seine Behinderung immer schwieriger wurde, durchs ganze Land zu reisen und politische Reden zu halten, überließ er es seiner Frau Eleanor, in seinem Namen zu sprechen. Eleanor war äußerst intelligent und redegewandt, hatte aber entsetzliche Angst, in der Öffentlichkeit zu sprechen. Wie wir bereits wissen, hatte ihr Mann in einer berühmten Rede einmal gesagt: »Das Einzige, was wir zu fürchten haben, ist die Furcht selbst«, und Eleanor nahm sich das zu Herzen, blickte der Angst ins Auge, besiegte sie und wurde zur berühmtesten Rednerin ihrer Zeit.

In ihrem Buch *You Learn By Living* mahnte Eleanor Roosevelt ihre Leser, sich vor den Gefahren der Welt nicht wegzuducken, sondern sich ihnen entgegenzustellen – genauso wie sie es mit ihrer Angst vor dem Sprechen in der Öffentlichkeit getan hatte: »Man gewinnt Stärke, Mut und Selbstvertrauen durch jede Erfahrung, bei der man der Angst ins Auge sehen muss. ... Man muss das tun, wovon man glaubt, dass man es nicht tun kann.«

Das, wovon Eleanor Roosevelt dachte, dass sie es nicht könnte – Reden halten –, wurde zu einer ihrer größten Stärken. Sie hielt Reden auf der ganzen Welt, über eine Vielfalt von Themen.

Über den Tag der Kapitulation Japans im Zweiten Weltkrieg

Der Tag, für den die Menschen auf der ganzen Welt gebetet haben, ist endlich gekommen. Unsere Herzen sind voller Dankbarkeit. Der Frieden ist aber nicht gekommen aufgrund einer Macht, die wir aus der Vergangenheit kennen, sondern aufgrund einer neuen Entdeckung, die noch nicht völlig verstanden, ja nicht einmal völlig entwickelt ist.

Über Bürgerrechte

Wir in den Vereinigten Staaten tragen eine große Verantwortung, weil wir heute über das vielleicht beste Beispiel der ganzen Welt für die Tatsache verfügen, dass verschiedene Rassen friedlich zusammen leben können, wenn sie einander kennen.

Über den Angriff auf Pearl Harbor

Guten Abend, sehr verehrte Damen und Herren, ich spreche zu Ihnen heute Abend in einem sehr ernsten Augenblick unserer Geschichte. Das Kabinett kommt gerade zusammen und die Führer im Kongress treffen sich mit dem Präsidenten. Das Außenministerium und Vertreter von Armee und Marine sind schon den ganzen Nachmittag mit dem Präsidenten zusammen. Der japanische Botschafter hat tatsächlich noch genau zu der Zeit mit dem Präsidenten gesprochen, als japanische Kampfflugzeuge bereits unsere Bürger in Hawaii und auf den Philippinen bombardierten und einen unserer mit Bauholz beladenen Frachter auf dem Weg nach Hawaii versenkten.

Über die Künste

Ich glaube, wir sind uns inzwischen alle der Tatsache bewusst, dass es für uns lebensnotwendig ist, Schönes zu schätzen; aber ebenso ist uns bewusst, dass wir noch ein junges Land sind, das nicht immer Zutrauen in seinen eigenen Geschmack hatte.

Über die Altersrente

Ich glaube nicht, dass ich die Vorzüge der Altersrente mit meinem Publikum erörtern muss. Schon vor vielen Jahren haben wir, wie ich glaube, fast im gesamten Land die Tatsache akzeptiert, dass alte Menschen, die ihr ganzes Leben hart gearbeitet haben und ohne eigenes Verschulden nicht für ihr Alter vorsorgen konnten, das Recht haben, während ihrer letzten Lebensjahre unterstützt zu werden.

Fallstudie:

Die Personen des öffentlichen Lebens sind heute nicht mehr in der Lage, ihre Reden und Bücher selbst zu schreiben, und einiges deutet darauf hin, dass sie diese auch nicht lesen können.

GORE VIDAL

Reden zum College-Abschluss wurden vornehmlich aus der Überzeugung eingerichtet, dass man die Absolventen nur in die Welt entlassen kann, wenn sie sachgemäß betäubt sind.

G. B. TRUDEAU

Wenn man klingen möchte, als würde man wissen, wovon man redet, ist es am besten, zu wissen, wovon man redet.

UNBEKANNTER AUTOR

KAPITEL 6

Wie man die Zuhörer zum Handeln motiviert

Ein guter Redner ist wie ein Schiffskapitän. Ein Schiff hat einen Kurs und ein Ziel. Der Kapitän hat dieses Ziel immer im Kopf und weiß in jedem Augenblick, wo sich sein Schiff relativ zu diesem Ziel befindet. Fragt man den Kommandanten eines Handelsschiffes, wohin die Reise geht, bekommt man sofort eine Antwort – und das in einem Satz.

Wie viele Redner bringen das fertig? Die meisten wollen viele verschiedene Dinge gleichzeitig erreichen, oder glauben das zumindest. In der Folge können sie ihre Bemühungen, ihre Gedanken und ihr Herz nicht auf irgendetwas Bestimmtes fokussieren. Das Resultat sind Zweifel und Verwirrung, zunächst beim Vortragenden selbst und dann beim Publikum. Diesen Rednern ist nicht klar, wie entscheidend es ist, dass sie einen wichtigen Zielhafen auswählen und diesen ansteuern. Das lässt sich aber erlernen; wir können uns für jede unserer Präsentationen Ziele setzen und diese erreichen, eines nach dem andern, bis wir als Redner so viel erreicht haben, dass wir stolz darauf sein können.

Merkwürdigerweise haben manche Redner genau das entgegengesetzte Problem. Sie wissen nicht nur nicht, wohin das Schiff fahren soll; vielmehr ist ihr Schiff überhaupt nicht in Bewegung. Die Rede scheint im Trockendock festzustecken und droht dort zu bleiben, bis sie vor Rost und Nichtgebrauch auseinanderfällt. Ein Schiffsmotor wird erst angeworfen, wenn ein Ziel gefasst ist. Genauso verhält es sich mit einem mündlichen Vortrag.

Deshalb ist es so wichtig, dass der Redner einen Anlaufhafen hat, den er erreichen möchte – ein Ziel, an dem sich das Publikum besser fühlt als dort, wo es sich im Augenblick befindet. Wenn der Redner kein solches klares Ziel hat, wird der Vortrag niemals Fahrt aufnehmen. Die Maschine setzt sich nie in Bewegung und das Publikum wird nie den Nervenkitzel einer Seereise zu einem Ziel erleben, das im Verlauf der Fahrt allmählich in Sicht kommt.

Wenn jemand Sie mitten in der Rede unterbricht und nach Ihrem nächsten Anlaufhafen fragt – also, welches Ziel Sie mit Ihrem Vortrag anpeilen –, könnten Sie dann in einem Satz antworten wie der Kapitän auf der Brücke seines Schiffs? Falls nicht, dann sollte Ihnen das vielleicht zu denken geben. Während der Präsentation ist dafür allerdings nicht der passende Zeitpunkt. Das sollte schon lange vorher geschehen. Haben Sie also in nächster Zeit einen Vortrag geplant, wäre jetzt gleich der beste Zeitpunkt.

Wenn Sie sich als Redner beurteilen müssten, in welcher Hinsicht würden Sie Ihre Vorträge am liebsten verbessern? Würden Sie gern Ihre Vorstellungen klarer übermitteln? Oder die Gefühle Ihrer Zuhörer noch besser ansprechen? Bevor Sie entscheiden, lassen Sie mich noch eine andere wichtige Frage stellen: Warum wünschen Sie als Redner eine stärkere intellektuelle oder emotionale Wirkung? Warum wollen Sie überhaupt ein Redner sein? Diesmal brauchen Sie nicht zu antworten, denn die Antwort ist offensichtlich. Sie wollen Ihre Hörer zum Handeln motivieren. Sie wollen, dass die Leute als Reaktion auf das Gehörte in Aktion treten. Wenn die Leute sagen, »Das war wirklich eine wunderbare Rede«, dann genügt Ihnen das nicht. Die Leute sollen sagen: »Los, auf geht's!«

Für Reden oder andere Präsentationen in der Öffentlichkeit gibt es nur drei Gründe: Sie sollen informieren, unterhalten oder zum Handeln motivieren. Letzteres ist mit Abstand das häufigste, wichtigste und zugleich am meisten herausfordernde Motiv. Seine Zuhörer in Aktion zu versetzen, ist weder eine Frage des Glücks noch des Talents, über das manche Redner verfügen und andere nicht. Es ist eine *Fähigkeit*, die man erlernen und beherrschen kann. Und wie Sie entdecken werden, gibt es dafür kluge und klar definierte Methoden.

In einem ersten Schritt müssen wir das Interesse, die Aufmerksamkeit und das Vertrauen unserer Hörer gewinnen. Wir haben bereits in vorigen Kapiteln darüber gesprochen. Wenn wir diese grundlegenden Ziele – insbesondere das Ziel, das Vertrauen unserer Zuhörer zu erlangen – nicht erreichen, dann fällt es dem Publikum auch schwer, zu glauben, was wir sagen.

Vertrauen lässt sich am besten gewinnen, indem man aufzeigt, dass man es verdient. In einem mündlichen Vortrag müssen dazu mehr als bloße Fakten und Zahlen präsentiert werden. In diesem Zusammenhang zitierte Dale Carnegie gerne den Unternehmer und Privatbankier J. Pierpont Morgan, der Anfang des 20. Jahrhunderts einer der reichsten Männer der Welt war. Morgan sagte, die Wahrnehmung der Persönlichkeit sei – genau wie für das Erlangen eines Bankkredits – auch für das Gewinnen des Vertrauens des Publikums der entscheidende Faktor. Sie haben das bestimmt selbst schon bemerkt. Wortgewandte, schlagfertige Redner erzielen selten dieselbe Wirkung wie weniger glänzende, aber dafür aufrichtige Vortragende.

In einem Dale-Carnegie-Redeseminar gab es einmal einen außergewöhnlich gut aussehenden Teilnehmer, der auch beim Reden durch rasche Auffassungsgabe und flüssige Sprache einen guten Eindruck machte. Nachdem er geendet hatte, merkten die meisten Zuhörer allerdings lediglich an, wie gescheit er sei und wie toll er auf der Bühne aussehe. Oberflächlich hinterließ er einen guten Eindruck, aber eben nur oberflächlich.

Denselben Kurs besuchte eine Frau, die als Versicherungsvertreterin arbeitete. Sie war sehr klein, suchte manchmal nach Worten und wirkte nicht besonders ansprechend. Aus dem Leuchten ihrer Augen und dem Klang ihrer Stimme sprach aber eine tiefe Glaubwürdigkeit, sodass die Leute ihr wie selbstverständlich an den Lippen hingen. Ohne zu wissen, warum, hatten die Zuhörer instinktiv Vertrauen zu ihr, und waren deshalb auch bereit, die vorgetragenen Ideen in ihrem eigenen Leben in die Tat umzusetzen.

Glaubwürdigkeit ist für Redner der Joker, der alles andere übertrumpft. Sie ist die wichtigste Eigenschaft wirkungsvoller Redner. Kein Publikum würde die eigenen, tief empfundenen Gefühle anzweifeln; und es würde sie auch gar nicht anzweifeln *wollen*. Ganz im Gegenteil – die Leute wollen fühlen, was *Sie* wirklich fühlen. Und während der kurzen Augenblicke, die Sie vor den Leuten stehen, wollen diese an den Erfahrungen Ihres Lebens teilhaben.

Um dem Publikum dieses Geschenk zu machen, müssen Sie es zuerst sich selbst schenken. Nur wenn Sie sich für Ihre Gefühle öffnen, können Sie auch andere dazu einladen. Gerade in emotionalen oder anderweitig aufreibenden Situationen versuchen die Menschen häufig, dem Kern der Herausforderung irgendwie auszuweichen. Sie halten sich dann an das, was sie vermeintlich fühlen sollen, anstatt an das, was wirklich ihr Herz bewegt. Wenn Sie diesen Fallstrick umgehen können und ganz ehrlich mit sich sind, dann werden Sie einen ganzen Schatz an Gefühlen entdecken, die Sie mit Ihren Zuhörern teilen können. So wird Ihre Glaubwürdigkeit offenkundig und eröffnet Ihnen den besten Weg zum Vertrauen Ihrer Zuhörer.

Grundlage dafür ist die Fähigkeit, Ihre Botschaft auf Erfahrungen aus Ihrem eigenen Leben zu gründen. Äußern Sie dagegen einfach nur Ihre Meinung, dann werden die Leute möglicherweise ihre eigene Meinung dagegensetzen. Gibt Ihre Rede nur das wieder, was Sie gehört oder gelesen haben, dann werden Ihre Thesen wie aus zweiter Hand wirken. Was Sie aber selbst erlebt und durchgemacht haben, wird authentisch wirken. Das Wahre und Richtige liegt nicht nur in Ihrer Meinung begründet, sondern in Ihrer Geschichte und Ihrem Leben. Und da Sie auf diesem Gebiet der führende Experte der Welt sind, muss Ihnen Ihr Publikum einfach glauben.

Sie müssen das Vertrauen des Publikums übrigens gar nicht im Alleingang gewinnen. Viele Redner machen sich das Leben dadurch unnötig schwer, dass sie nicht für eine anständige Einführung sorgen. Eine Einführung soll das Publikum zum Thema hinführen, sodass es mehr darüber hören will. Als Nachweis, dass das behandelte Thema bei dieser Person gut aufgehoben ist, soll die Einführung auch Insiderinformationen über die oder den Vortragenden liefern. Die Einführung sollte dem Publikum also sowohl das Thema als auch den Vortragenden »schmackhaft machen«. Und das sollte so einprägsam und effizient wie möglich vonstattengehen.

Das ist die Aufgabe einer Einführung. Aber in neun von zehn Fällen geschieht das nicht. Dale Carnegie konnte das selbst erleben, als er eine Einführung für den berühmten irischen Dichter William Butler Yeats hörte, der aus eigenen Werken vortragen sollte. Yeats hatte drei Jahre zuvor den Literaturnobelpreis erhalten, die allerhöchste Auszeichnung für einen Literaten. Kaum 10 Prozent der Zuhörer wussten von diesem Preis oder von Yeats' Bedeutung in der Literaturwelt. Beides hätte in der Einführung erwähnt werden müssen. Selbst wenn sonst kein einziges Wort gesprochen worden wäre, hätte man Yeats damit ankündigen müssen.

Der Zeremonienmeister überging diese wichtigen Tatsachen komplett und erging sich stattdessen in eigene Gedanken über Mythologie und griechische Dichtkunst. Offensichtlich war er sich in keiner Weise bewusst, dass sein Ego ihn dazu verleitete, das Publikum mit seinem eigenen Wissen und seiner eigenen Bedeutsamkeit beeindrucken zu wollen. Er war tatsächlich ein wichtiger Mann, ein international bekannter Redner, der schon tausendmal selbst in den Genuss einer Einführung gekommen war. Dale Carnegie wusste das und erkannte genau, was sich abspielte. Durch seinen eigenen Rang geblendet, scheiterte der Mann an der Aufgabe, den Rang eines anderen gebührend zu würdigen.

Wenn so etwas selbst einem Nobelpreisträger widerfährt, wie können Sie vorsorgen, dass Ihnen nicht dasselbe passiert? Nun, dazu ist nur ein wenig Diplomatie gefragt. Gehen Sie einfach in aller gebotenen Bescheidenheit zu der Person, die Sie vorstellen wird, und liefern Sie einige Informationen. Ihre Vorschläge werden dankend angenommen werden. Weisen Sie auf Punkte hin, die erwähnt werden sollten, weil sie zeigen, dass Sie für einen Vortrag über dieses Thema qualifiziert sind. Es handelt sich dabei um einfache Tatsachen, die dem Publikum bekannt sein müssen und seine Aufmerksamkeit gewährleisten. Es kann hilfreich sein, die wichtigen Punkte auf einer kleinen Karteikarte zu notieren, damit die Person, die Sie vorstellt, leicht darauf zurückgreifen kann.

Wir haben bereits darüber gesprochen, dass das Knüpfen einer Verbindung zum Publikum entscheidend von Ihrer Glaubwürdigkeit abhängt. Eine andere Eigenschaft – nennen wir sie *Eindringlichkeit* – ist mit der Glaubwürdigkeit verwandt, unterscheidet sich aber von dieser. Um die Abgrenzung zu verdeutlichen, erzählte Dale Carnegie gerne folgende Geschichte.

Bei Carnegies Redeseminar in New York City schrieb sich ein gefeierter Geschäftsmann ein. Bei einer Übungsrede stellte er die absurde Behauptung auf, er könne blaues Gras wachsen lassen. Er sagte, er habe auf frisch gepflügtem Boden Holzasche verteilt, und daraufhin sei einfach blaues Gras nachgewachsen. Er versicherte, einzig die Asche sei für die Färbung verantwortlich.

Bei der Diskussion über den Vortrag des Geschäftsmanns wies Dale Carnegie darauf hin, dass ihm dieser Umstand, sollte er sich bewahrheiten, sofort einen Platz in der Geschichte der Botanik einbringen würde, wenn nicht in den Naturwissenschaften insgesamt. Der Redner könne damit möglicherweise sogar eine Menge Geld verdienen, denn so etwas Bemerkenswertes sei bislang keiner anderen Person – lebendig oder tot – gelungen.

Dale Carnegie stellte allerdings auch fest, dass er die Behauptung des Mannes für völlig unglaubwürdig hielt. Es wäre nicht einmal nötig, diese zu widerlegen, da die Wahrheit offensichtlich sei.

Der Redner beharrte aber unverrückbar auf seinem Standpunkt und verteidigte ihn mit aller Eindringlichkeit. Dazu sprang er auf und versicherte, er habe die Wahrheit gesagt. Es ginge hier nicht um irgendwelche Theorien, sondern um seine persönliche Erfahrung. Er wisse, wovon er rede. Dann lieferte er zusätzliche Informationen und häufte weitere Beweise an. Seine Stimme klang nach großer Glaubwürdigkeit und Aufrichtigkeit.

Wieder entgegnete Dale Carnegie, es wäre nicht im Entferntesten möglich, dass der Mann die Wahrheit sage oder dieser auch nur auf 1000 Meilen nahe käme. Der Geschäftsmann war sofort wieder auf den Beinen und bot an, das Landwirtschaftsministerium in der Sache entscheiden zu lassen. Er war sogar dazu bereit, eine hohe Summe zu verwetten.

Dale Carnegie bemerkte zu seiner Überraschung, dass der Mann inzwischen mehrere Seminarmitglieder von seiner Sache überzeugt hatte. Carnegie staunte nicht schlecht über ihre Leichtgläubigkeit und fragte, weshalb sie nun an die Existenz von blauem Gras glaubten. Alle gaben dieselbe Erklärung. Es läge an der Eindringlichkeit des Redners. Er hätte nicht so begeistert und überzeugend darüber sprechen können, wenn er nicht die Wahrheit sage.

Die Wirkungskraft der Eindringlichkeit ist erstaunlich, insbesondere wenn das Publikum mit dem Gegenstand nicht sonderlich vertraut ist. Es ist leider eine Tatsache, dass nur wenige Menschen zu logischem Denken fähig sind. Wir haben aber alle Gefühle und Emotionen, und diese können von einem Redner beeinflusst werden. Wenn dieser etwas – und sei es noch so unsinnig – nur ernsthaft genug glaubt und es eindringlich genug vorbringt, dann wird er Menschen davon überzeugen und Jünger für sich gewinnen. Er erhält das Vertrauen der Zuhörer einfach dadurch, dass er so viel Vertrauen ausstrahlt.

Ist diese Hürde erst einmal genommen und das Vertrauen gewonnen, dann können wir daran arbeiten, dieses in konkretes Handeln zu übersetzen. Nun müssen wir Tatsachen präsentieren, die dem Publikum die Vorzüge unseres Vorhabens nahebringen. Dies ist das Herzstück unseres Vortrags. Nun kommt unsere gesamte Vorbereitung zum Tragen. Hier wollen und müssen wir ein Vielfaches von dem über unseren Gegenstand wissen, was wir im Vortrag anbringen können. Was dies betrifft, führte Dale Carnegie gerne ein Beispiel aus Lewis Carolls Fortsetzung von *Alice im Wunderland* mit dem Titel *Alice hinter den Spiegeln* an. Als sich der Weiße Ritter in *Alice hinter den Spiegeln* auf die Reise machte, bereitete er sich auf alle Eventualitäten vor. Er packte eine Mausefalle ein für den Fall, dass ihn nachts Mäuse plagten, und trug einen Bienenkorb mit sich, falls er einem herrenlosen Bienenschwarm begegnen sollte. Hätte der Weiße Ritter Reden auf dieselbe Weise vorbereitet, dann hätte er erfolgreich sein können. Aufkommende Widerstände hätte er dann mit einer Flut an Informationen überwinden können und wäre auf alle möglichen Einwände gefasst gewesen. Er hätte den Gegenstand seiner Rede so gut gekannt und seinen Vortrag so sorgfältig geplant, dass der Erfolg garantiert gewesen wäre.

Betrachten wir an einem Beispiel, wie das funktioniert. Der Firmenboss eines Fabrikationsbetriebs erkannte, dass er die Preise einiger seiner Schlüsselprodukte anheben musste. Seine Vertriebsleiter protestierten. Sie sagten, der Umsatz würde dann massiv einbrechen und deshalb müssten die Preise so bleiben, wie sie sind. Daraufhin berief der Firmenchef eine landesweite Besprechung ein. Dort trat er vor sein ganzes Verkaufsteam, ein großes weißes Stück Papier hinter sich an der Wand.

Nun sollten seine Leute einer nach dem anderen ihre Einwände gegen die Anhebung der Preise vorbringen – und diese kamen wie aus der Pistole geschossen. Der Firmenchef notierte alles auf dem großen Plakat. So verging der ganze Morgen. Als die Besprechung mittags unterbrochen wurde, waren mehr als hundert verschiedene Gründe angeführt worden, weshalb die Preise nicht erhöht werden durften. Alle möglichen Gründe standen dort aufgelistet, und für die meisten Anwesenden schien die Angelegenheit damit geklärt.

Am Nachmittag jedoch entkräftete der Firmenboss einen Einwand nach dem anderen. Dies war nur möglich, weil er jeden Einzelnen schon im Voraus bedacht hatte. Kein Einziger davon hatte ihn überrascht. Er war perfekt vorbereitet. Nichts war offen geblieben. Alles wurde vor Ort geklärt.

Aber so eindrucksvoll dies auch sein mag, für das Thema dieses Kapitels genügt das eigentlich nicht. Eine derartige Besprechung mit der ganzen Vertriebsmannschaft sollte anders enden als lediglich damit, dass alle mit den Köpfen nicken. Die Angestellten sollten die Versammlung voller frischer Begeisterung verlassen. Sie sollten nicht nur auf Zustimmung eingestimmt sein, sondern darauf, die Dinge anzupacken. Das Widerlegen von Einwänden kann hierfür ein wichtiger Schritt sein, aber es ist nicht der ausschlaggebende. Im entscheidenden Schritt muss an die Beweggründe appelliert werden, die Menschen zum Handeln motivieren.

Wir müssen das als Ursache und Wirkung begreifen. Unsere Welt und alles darin funktioniert nicht willkürlich und planlos, sondern nach den unwandelbaren Gesetzen von Ursache und Wirkung. Alles, was jemals geschehen *ist* oder geschehen *wird*, ist die logische und zwangsläufige Folge von etwas Vorangegangenem. Gleichzeitig ist es die logische Ursache von etwas, das folgen wird. Was ist also die grundlegende Ursache einer jeden Handlung? Wodurch wird jede unserer bewussten und vorsätzlichen Handlungen ausgelöst? Das lässt sich leicht beantworten. Durch *Wünsche*.

Es sind gar nicht so viele Dinge, die wir uns wünschen. Im Lauf der Stunden, bei Tage und bei Nacht, werden wir durch eine überraschend geringe Anzahl von Bedürfnissen beeinflusst. Wenn wir uns diese als Redner bewusst machen und sie mit ausreichender Stärke ansprechen, werden wir über außergewöhnlichen Einfluss verfügen. Ein kluger Redner macht genau das.

Nehmen wir beispielsweise einmal an, ein Vater findet heraus, dass sein halbwüchsiger Sohn heimlich Zigaretten raucht. Natürlich könnte er darüber wütend sein. Er könnte seinen Sohn warnen – ihm sogar damit drohen –, dass er mit dem Rauchen seine Gesundheit ruiniert.

Das Dumme ist nur, dass sich die wenigsten Teenager vor einer ruinierten Gesundheit fürchten. Der Reiz, eine Regel zu verletzen, liegt ihnen viel näher als die Angst vor langfristigen körperlichen Konsequenzen. Wie wird die Sache ausgehen? Höchstwahrscheinlich nicht gut, weil der Vater nicht schlau genug war, sich den Wunsch seines Sohnes zunutze zu machen. Stattdessen befriedigte er nur den Wunsch, der *ihn selbst* ansprach.

Der Vater hätte sehr viel mehr Erfolg gehabt, wenn er über seine eigenen Gefühle hinweggesehen und die Sache aus der Sicht des Sohnes betrachtet hätte. Vielleicht möchte sein Sohn ja beim Sport erfolgreich sein, aber durch das Rauchen ist er schon nach einer kurzen Laufstrecke außer Atem. Oder der Sohn möchte bei den Mädchen gut ankommen. Dann würde er sein Geld vielleicht eher für etwas anderes ausgeben als für Zigaretten. Das Rauchen läuft all diesen Wünschen zuwider. Der Vater könnte sie alle ansprechen, um den Sohn zum Aufgeben des Rauchens zu bewegen. Es geht darum, den Zuhörer in seinem gegenwärtigen Leben abzuholen, anstatt dort, wo man wünscht, dass er wäre, oder wo man sich selbst befindet.

Hier könnte eine wirkungsvolle Methode zum Einsatz kommen. Gute Redner wissen, dass man Menschen zum Handeln motivieren kann, indem man einen Wunsch gegen den anderen ausspielt. Wenn ein Halbwüchsiger rauchen will, müssen wir fragen, was er sich *noch dringender* wünscht, als zu rauchen. Diesen Wunsch nutzen wir dann, um eine Verbindung herzustellen. Mithilfe gewisser grundlegender Wünsche des Menschen lässt sich das Verhalten unserer Hörer praktisch jederzeit steuern. Das Wissen um diese grundlegenden Wünsche und ihre Verwendung kann für den Erfolg eines Redners entscheidend sein, und deshalb müssen wir diese einmal näher unter die Lupe nehmen.

Einer unserer stärksten Wünsche ist der nach finanziellem Gewinn. Aus diesem Grund stehen mehrere 100 Millionen Menschen morgens zwei oder drei Stunden früher auf, als sie eigentlich müssten. Aber so stark dieser Wunsch auch sein mag – der Schutz unserer Person ist ein noch stärkeres Motiv. Den meisten mag Geld verdienen ein lohnendes Ziel sein; dieses aber nicht zu verlieren, ist eine absolute Notwendigkeit. Um wirkungsvoll an diesen Beweggrund zu appellieren, müssen Sie auf die persönliche Ebene kommen.

Bei unserem Beispiel vom Rauchen wären Statistiken über Lungenerkrankungen nicht der beste Ansatzpunkt. Zeigen Sie stattdessen auf, was es schon *heute* kostet. Zeitliche Nähe ist viel wichtiger als das Ausmaß des Verlustes. Wenn ein junger Mann von einem Mädchen einen Korb bekommt, weil er raucht, wird ihn das sehr viel härter treffen als die Aussicht, in 40 Jahren vielleicht nur noch mit einem Atemgerät Luft zu bekommen. Dies mag keine besonders vorteilhafte menschliche Eigenschaft sein, aber es ist eine Tatsache.

Wir sehen also, dass Hoffnung auf Gewinn ein starker Beweggrund dafür ist, in Aktion zu treten, und die Angst vor Verlust ein noch stärkerer. Zu den wichtigsten Erkenntnissen von Dale Carnegie zählt aber die Einsicht, dass diese beiden noch nicht die stärksten menschlichen Handlungsmotive sind. Beide verblassen im Vergleich zu dem, was Carnegie *Stolz* genannt hat und sich vielleicht noch etwas präziser als *Wunsch, bewundert zu werden* bezeichnen lässt. Genau das ist, was Stolz, in Bezug auf die erstrebte Handlung, bedeutet. Wenn wir die Menschen geschickt bei ihrem Stolz packen, dann ist das in Dale Carnegies Worten nur um eine Winzigkeit weniger wirkungsvoll als Dynamit.

Stellen Sie sich selbst die Frage, warum Sie dieses Buch lesen. Lag es an Ihrem Wunsch, bei Ihren Vorträgen einen besseren Eindruck zu hinterlassen? Waren Sie auf diese innere Befriedigung aus, die das Halten einer wirkungsvollen Rede mit sich bringt? Erfüllen Sie die Macht, den Führungsanspruch und das Ansehen, die einem Redner naturgemäß zuteilwerden, nicht mit einem – sehr verzeihlichen – Gefühl des Stolzes?

Menschen sind Gefühlstiere, die sich nach Behaglichkeit und Genuss sehnen. Was die leibliche Komponente angeht, ist diese Sehnsucht eher oberflächlicher Natur. Nur wenige kaufen sich ein teures Auto, lassen es dann in der Garage stehen und machen es sich dort auf den Ledersitzen bequem. Man will hinaus und will in diesem Wagen gesehen werden. Warum ist die amerikanische Öffentlichkeit neuerdings so von sportlicher Leistungsfähigkeit besessen? Es gehen nicht Millionen von Menschen ins Fitnessstudio, um beim Marathon eine bessere Zeit zu laufen. Sie machen das, um am Strand, am Wochenende draußen oder im Alltag auf der Straße besser auszusehen.

Wir haben von Abraham Lincoln als ausgezeichnetem Redner gehört. Aber Lincoln war auch ein ganz normaler Mensch, und für den größten Teil seines Lebens stand er im Blickpunkt der Öffentlichkeit. Aber warum trug er einen Bart? Hatte er es satt, sich ständig rasieren zu müssen? Wollte er irgendwie besonders aussehen, wenn er morgens in den Spiegel blickte? Nein – er tat es, weil ihm jemand anvertraute, dass er mit dem Bart für andere Menschen respekteinflößender wirkte. Der Bart würde ihm größere Glaubwürdigkeit verleihen. Und man würde ihn dafür *bewundern*.

Lincoln war 1,92 Meter groß. Das war enorm zu einer Zeit, als Männer im Durchschnitt knapp 1,70 Meter maßen. Und doch trug Lincoln einen Zylinder, der ihn sogar noch größer erscheinen ließ. Er war ein großer Mann, und gleichzeitig im Grunde sehr bescheiden, aber selbst Lincoln wollte bewundert werden und in einer Menschenmenge auffallen. Es ist ein Grundmerkmal der menschlichen Natur, und wenn man dieses Grundmerkmal anspricht, kann man seine Zuhörerschaft vielleicht wirkungsvoller zum Handeln motivieren als mit jeder anderen Methode.

Wenn Sie also einen Vortrag vorbereiten, sollten Sie sich folgende Fragen stellen: Was können Sie Ihren Hörern anbieten, das ihr Ansehen bei Leuten, die ihnen etwas bedeuten, steigert? Wer wird auf den Vertreter stolz sein, wenn er seine Monatsquote erfüllt? Wer schreibt dem Personalchef einen Dankesbrief, wenn er einen Konflikt erfolgreich beigelegt hat? Wenn Sie darüber nachdenken, werden Sie immer irgendein *externes* Publikum finden, dem *ihr eigenes* Publikum gefallen möchte. Wenn Sie das ermittelt haben, dann zeigen Sie Ihren Hörern auf, was sie genau unternehmen müssen, um diese Anerkennung zu bekommen. Wenn Sie Ihre Arbeit gut gemacht haben, können Sie sicher sein, dass Ihre Hörer diese Handlungen tatsächlich ausführen. Und wenn Sie diese Handlungen mit dem Grundthema Ihrer Rede verbunden haben, wird diese ein voller Erfolg sein.

Zum Schluss wollen wir noch einmal die einzelnen Schritte Revue passieren lassen, die wir in diesem wichtigen Kapitel behandelt haben. Erstens haben wir erfahren, dass das Halten von Reden mehr ist als nur eine rhetorische Übung. Das mag in der griechischen Antike so gewesen sein, aber heute ist das Sprechen in der Öffentlichkeit kein Selbstzweck mehr. Dabei geht es nicht darum, was die Leute denken, während sie im Saal sitzen und Ihnen zuhören. Es geht nicht einmal darum, was sie im Herzen fühlen. Entscheidend ist, was geschieht, wenn die Leute aufstehen und wieder gehen. Als Redner wollen Sie, dass Ihre Zuhörer dann in die Richtung gehen, die Sie ihnen aufgezeigt haben.

Als Nächstes haben wir gelernt, dass wir auf verschiedene Grundprinzipien zurückgreifen können, um dieses Ziel zu erreichen. Wir haben erkannt, wie wichtig die Verbindung zu dem ist, was sich unsere Hörer wirklich wünschen – nicht zu dem, wovon wir glauben, dass sie es sich wünschen sollten. Diese Beweggründe mögen nicht so edel und erhaben sein, wie Sie es sich vielleicht wünschen, aber Sie müssen die Menschen dort abholen, wo sie sind, wenn Sie sie dort hinbekommen wollen, wo sie sein sollten. Große Redner haben das immer gewusst und zu ihrem Nutzen eingesetzt. Nur mittelmäßige Redner versuchen, gegen die Gegebenheiten der menschlichen Natur anzukämpfen.

Drittens haben wir besprochen, wie wichtig es ist, das Vertrauen des Publikums zu gewinnen. Gewinnen Sie es dadurch, dass Sie es verdienen – mithilfe Ihrer Glaubwürdigkeit, mithilfe einer anständigen Einführung, mithilfe ihrer Qualifikation für dieses Thema und zuletzt mithilfe geteilter Erfahrungen und Informationen aus Ihrem eigenen Erfahrungsschatz. Dabei haben wir gelernt, dass auch Eindringlichkeit sehr wirkungsvoll zur Vertrauensbildung eingesetzt werden kann – gerade bei skeptischen Zuhörern.

Dann sollten Sie so viele Fakten wie möglich sammeln, um Ihre Aussage zu untermauern. Seien Sie auf alle möglichen Einwände gefasst. Je besser Sie darauf vorbereitet sind, desto geringer ist die Chance, dass Sie sich jemals mit diesen auseinandersetzen müssen. Dieser Sachverhalt beim Halten von Reden ist einigermaßen rätselhaft, entspricht aber nichtsdestotrotz den Tatsachen.

Zuletzt – und das ist am allerwichtigsten – müssen Sie das Bedürfnis nach persönlichem Gewinn und nach Schutz der eigenen Person sowie den Stolz ansprechen, den Menschen empfinden, wenn sie von anderen bewundert werden. Diese Universalien gelten immer und für jeden von uns. Die Kunst des erfolgreichen Redens liegt darin, zu erkennen, wie sich diese Universalien bei einem bestimmten Publikum an einem bestimmten Ort und zu einer bestimmten Zeit ausprägen.

Für Sie als Redner ist es ein konkretes Ziel, zu einer Handlung aufzurufen, und ich bin überzeugt davon, dass Ihnen dieses Kapitel ebenso konkrete Werkzeuge an die Hand gegeben hat, um das zu erreichen. In Kapitel 7 werden wir behandeln, dass Ihnen bis zur Anwendung dieser Werkzeuge nur wenige Minuten – ja eigentlich nur wenige Sekunden – bleiben.

Das Halten von Reden ist die Kunst, eine Idee von zwei Minuten mit einem Vokabular von zwei Stunden zu verwässern.

Evan Esar

Was dieses Land braucht, ist mehr freie Rede, die es wert ist, gehört zu werden.

Hansell B. Duckett

Es gibt zwei Dinge, die schwieriger sind, als eine Tischrede zu halten: auf eine Mauer zu klettern, die sich einem zuneigt, und ein Mädchen zu küssen, das sich von einem wegneigt.

Winston Churchill

KAPITEL 7

Die erste Minute: Wie man einen guten Eindruck macht

Wenn man professionelle Redner nach der Lektion fragt, von der sie am meisten profitiert haben, bekommt man immer dieselbe Antwort: »Man muss schnell beginnen. Man braucht eine dynamische Einleitung, die einem sofort die vollkommene Aufmerksamkeit des Publikums verschafft.«

Zu diesem Zweck bereiten gefeierte Redner den Wortlaut von Einleitung und Schluss ihres Vortrags haargenau vor. Weiß das auch ein Anfänger? Wohl kaum, und das ist ein großer Fehler. Um die erste Minute einer Rede zu gewinnen, braucht man Zeit, viel Überlegung und Willensstärke, also machen Sie es sich nicht zu leicht. Bedenken Sie sorgfältig, was Sie vor dem Publikum sagen werden. Seien Sie sich bewusst, was für einen Eindruck Sie machen wollen. Und dann formulieren Sie den Text, mit dem Sie diesen Eindruck so schnell wie möglich erzielen können.

Seit den alten Griechen teilt man mündliche Vorträge in drei Teile ein: Einleitung, Hauptteil und Schluss. Was aber innerhalb dieser Teile vorgeht, hat sich dramatisch gewandelt. In der Antike war die Einleitung häufig eine geruhsame Landpartie. Die Redner verbreiteten Informationen und gute Laune. Keiner sehnte das Ende einer Rede herbei, da es wenig andere Möglichkeiten für Unterhaltung gab.

Heute dagegen scheint es *nichts anderes* mehr als Unterhaltung zu geben. Fernsehen, das Internet und Handys haben die Welt völlig umgekrempelt. In den letzten 100 Jahren gab es mehr Neuerungen als seit dem Anbeginn der Zeit. Für Redner heißt das, dass sie den ungeduldigen Rhythmus unserer Zeit aufnehmen müssen. Ihre Einleitung muss also so kurz und auffallend wie ein knackiger Werbespot sein. Für mehr hat ein modernes Publikum heute kaum noch die nötige Geduld. Sie müssen sofort die Aufmerksamkeit der Leute packen. Ist das geschafft, dann können Sie mit Ihrem Vortrag fortfahren – aber *nur* dann.

Martin Luther King war einer der berühmtesten Redner des 20. Jahrhunderts. Er wusste genau, wie er sofort Zugang zu seinen Zuhörern bekommen konnte. Lesen Sie dazu die Einleitung zu seiner berühmten »I Have a Dream«-Rede: »Vor einem Jahrhundert unterschrieb ein berühmter Amerikaner, in dessen symbolischem Schatten wir heute stehen, die Freiheitsproklamation. Dieser bedeutungsvolle Erlass kam als heller Leitstern der Hoffnung zu Millionen von Sklaven, die in den Flammen der vernichtenden Ungerechtigkeit versengt wurden. Er kam als ein freudiger Tagesanbruch am Ende der langen Nacht ihrer Gefangenschaft. Aber einhundert Jahre später sind die Sklaven immer noch nicht frei.«*

Niemand kann eine solche Einleitung ignorieren. Niemand kann sich dem hochfliegenden Tonfall dieser Worte entziehen und stattdessen an sein Handy oder iPad denken. Man muss zwar beileibe kein Martin Luther King sein, um wirkungsvolle Reden zu halten, aber man sollte mit seinem Beispiel vertraut sein. So lassen sich häufig begangene Fehler vermeiden.

Durchschnittliche Redner wählen in der Regel eine von zwei Möglichkeiten für den Einstieg in ihren Vortrag, und beide sind falsch. Der erste Fehler ist, mit einer lustigen Geschichte zu beginnen. Da wir dem Humor bereits ein ganzes Kapitel gewidmet haben, kennen wir diesen schon als wichtigen Baustein erfolgreicher Reden. Das bedeutet aber nicht, dass er das Erste sein sollte, was die Leute zu hören bekommen. Freilich, eine Person von öffentlichem Interesse mit dem Ruf, das Umfeld einzuschüchtern, sollte vielleicht versuchen, das Eis gleich mit einem Witz zu brechen. Wenn Sie aber nicht Donald Trump sind, ist es nicht vordringlich, den Leuten ihre

* Quelle: https://usa.usembassy.de/etexts/soc/traum.htm [Anm. d. Übers.].

Befangenheit zu nehmen. Sie sollten sich eher darauf konzentrieren, ihre Aufmerksamkeit und ihren Respekt zu gewinnen. Wenn Sie das aber erreicht haben, können Sie daran denken, die Stimmung ein bisschen aufzulockern. Sie wissen ja, eine gute Rede ist wie ein üppiges Mahl. Der Humor ist das Dessert, nicht der Hauptgang. Servieren Sie ihn nicht zu früh in der falschen Hoffnung, die Leute damit rasch für sich zu gewinnen. Es ist eher eine sichere Methode, sie rasch zu verlieren.

Wenn man humorvoll einsteigt, dann ist das so, als wolle man das Publikum auf seine Seite bringen, ohne dass man sich das verdient hat. Es ist ein Ausdruck von Unsicherheit, genau wie der zweite Fehler, der bei der Einleitung häufig gemacht wird. Es ist wirklich kaum zu glauben, aber viele Redner steigen damit ein, sich dafür zu entschuldigen, dass sie eine Rede halten! Sie sagen dann Dinge wie: »Ich bin nicht besonders redegewandt ...« Oder: »Ich bin gar nicht auf eine Rede vorbereitet ...« Oder: »Ich weiß nicht recht, ob ich wirklich etwas zu sagen habe ...« Es gibt ein Dutzend Variationen dieser Botschaft.

Und auch dahinter steckt Unsicherheit. Weil Sie schon erwarten, dass das Publikum Sie kritisieren wird, versuchen Sie, ihm zuvorzukommen, indem Sie sich selbst kritisieren. Tun Sie das nicht! Wenn Sie nicht gut vorbereitet sind, dann werden das einige Hörer auch ohne Ihre Hilfe herausbekommen. Andere dagegen werden es gar nicht bemerken – warum sie also darauf aufmerksam machen? Eines ist sicher: Niemand will Ihre vorbeugenden Entschuldigungen hören.

Wenn Sie vor das Publikum treten, dann haben Sie in diesem Moment ohnehin die Aufmerksamkeit aller – wenn auch nur für sehr, sehr kurze Zeit. Sie haben fünf Sekunden Schonfrist, müssen diese aber auf mindestens die ersten fünf Minuten ausdehnen. Wenn Ihnen das gelingt, dann haben Sie die Leute von sich überzeugt und können zum Hauptteil Ihres Vortrags kommen. Verlieren Sie das Publikum aber gleich zu Anfang, dann lässt es sich nur sehr schwer wieder zurückgewinnen. Beginnen Sie also mit etwas Interessantem, gleich in der allerersten Minute. Nicht in der zweiten. Und nicht in der dritten. *In der ersten!*

Wie sollten Sie dabei vorgehen? Es mag wie eine schwierige Aufgabe erscheinen, aber Sie brauchen sich nur an einige klare Leitlinien zu halten.

Sehen wir uns an, wie ein Teilnehmer bei einem Dale-Carnegie-Redeseminar seinen Vortrag einleitete und beobachten einmal, ob sofort Ihr Interesse geweckt wird: »Vor zweiundachtzig Jahren und ziemlich genau um diese Zeit des Jahres kam in London eine kleine Geschichte heraus, die unsterblich werden sollte. Viele Menschen nennen sie ›das großartigste kleine Buch der Welt‹. Als es erschien, fragten sich Freunde auf der Straße gegenseitig: ›Hast du es schon gelesen?‹ Und immer kam die Antwort: ›Ja, Gott segne ihn, das habe ich.‹ Schon am ersten Tag gingen tausend Exemplare über den Ladentisch. Es sollten zahllose Ausgaben folgen, in Dutzenden von Sprachen. Das Originalmanuskript wurde für einen fabelhaften Preis verkauft und liegt nun zwischen anderen unbezahlbaren Schätzen in einer Privatbibliothek.«

Finden Sie diese Einleitung gelungen? Hat sie Ihre Aufmerksamkeit aufrechterhalten können? Bei den meisten Lesern ist das der Fall, und das aus einem einfachen Grund. Er lässt sich in einem einzigen Wort ausdrücken: *Neugierde*. Dieser Einstieg funktioniert, weil indirekt eine Frage gestellt und dann Spannung erzeugt wird, was wohl die Antwort ist. Der Redner behauptet nicht, das Schicksal der Welt stehe auf dem Spiel, aber da er immer wieder auf den ungeheuren Erfolg des Buches anspielt, fragt man sich unwillkürlich, was für ein Buch das ist. Aber er verrät es nicht und lässt uns noch länger zappeln. Erst zum Schluss, nach weiterer Steigerung, enthüllt er, dass es sich um *Eine Weihnachtsgeschichte* von Charles Dickens handelt. Aber da ist die Einleitung schon geschafft. Der Redner hat während der ersten Minuten die Aufmerksamkeit des Publikums halten können, und nun ist es für den Rest der Rede bereit.

Die Neugierde ist hier der Schlüssel. Dale Carnegie meint dazu: »Wer ist für Neugierde nicht empfänglich? Ich habe sogar Vögel stundenlang im Wald herumfliegen sehen, nur um mich aus reiner Neugierde zu beobachten. Ich weiß von einem Jäger hoch in den Alpen, der Hirsche anlockt, indem er sich in ein Laken wickelt und auf dem Boden herumkriecht. Das macht sie neugierig. Hunde sind natürlich neugierig, ebenso Katzen, und dazu Tiere aller Arten einschließlich der wohlbekannten Gattung *Homo sapiens*.«

Wenn Sie die Aufmerksamkeit des Publikums ab der ersten Minute sicherstellen, dann ist sie Ihnen mindestens für eine Stunde sicher, und das liegt in der menschlichen Natur begründet. Menschen sind mit Abstand die neugierigsten Wesen auf dem Planeten. Um diese natürliche Neugierde zu wecken, muss man allerdings zweierlei über seine Zuhörer wissen. Erstens: Wie groß ist das Interesse des Publikums für ein bestimmtes Thema? Und zweitens: Welchen Mehrwert kann der Redner an dieses Thema knüpfen und damit das Interesse so steigern, dass die Leute zu handeln bereit sind?

Lassen Sie mich das an einem theoretischen Beispiel erläutern. Angenommen, Sie sprechen vor einer Handelskammer oder einem lokalen Handelsverein. Sie beginnen Ihren Vortrag etwa so: »Sehr verehrte Damen und Herren, bevor ich beginne, muss ich etwas Wichtiges mitteilen. Ich habe eben erfahren, dass ein sehr wohlhabender Mäzen den ersten 100 Existenzgründern, die sich melden, jeweils einen Scheck über 5000 Dollar überlässt. Falls Sie wissen wollen, wie man diesen Wohltäter erreichen kann, fragen Sie mich einfach, dann werde ich Ihnen gerne die Adresse nennen.« Natürlich werden alle Anwesenden sofort nach der Adresse fragen; Menschen sind grundsätzlich an Geld interessiert. Und sie sind natürlich neugierig, wo sie Geld bekommen können, ohne etwas dafür tun zu müssen. Sie haben ein starkes, angeborenes Interesse an dem, was Sie ihnen eben gesagt haben.

Nun nehmen wir an, Sie hätten vor der Erwähnung des großzügigen Mäzens etwas ganz anderes gesagt, beispielsweise: »Wohlstand erlangt, wer über einen reichen Wortschatz verfügt. Deshalb kann ich jedem nur raten, sich ein Wörterbuch zu kaufen und jede Woche 20 neue Wörter zu lernen.« Da Sie zwischen dem Wunsch nach Wohlstand und dem Erlernen neuer Wörter keine deutliche Verbindung gezogen haben, werden Sie wahrscheinlich nicht von einer Menge überrannt werden, die zur Buchhandlung losstürmt. Dazu hätten Sie das, was Sie gesagt haben, viel offensichtlicher mit den Wünschen der Hörer verknüpfen müssen. Hätten Sie beispielsweise jedem, der einen schwierigen Vokabeltest besteht, eine beträchtliche Geldsumme angeboten, dann hätten Sie sofort Leute gesehen, die sich bemühen, die Bedeutung von Wörtern wie *Ventriloquist* zu erlernen.

Ein anderes Beispiel. Ein Student begann ein Referat mit der Frage: »Wissen Sie, dass es Stand heute in 17 Staaten Sklaverei gibt?« Die Frage weckte nicht nur Neugier, sie schockierte auch die Zuhörer. »Sklaverei? Heutzutage? In 17 Ländern? Das ist doch unglaublich. Was sind das für Länder? Wo liegen sie?«

Neugier lässt sich erwecken, indem man mit einer Auswirkung beginnt, sodass das Publikum deren Ursache erfahren will. Ein anderer Student leitete seinen Bericht mit der folgenden erstaunlichen Feststellung ein: »Ein Abgeordneter des Landesparlaments schlug kürzlich ein Gesetz vor, das Kaulquappen im Umkreis von drei Kilometern um jedes Schulhaus verbietet, sich in Frösche zu verwandeln.«

Sie schmunzeln. Ist das ein Scherz? Wie absurd. Ist das tatsächlich passiert? Ja, das ist es – und der Student erklärte dann, was geschehen war.

In einer Kolumne über Arbeitsstellen und Berufswege im *Fortune*-Magazin wurde mit der Frage Neugier erregt: »Kommen Ihnen die Menschen in Ihrem Büro weniger engagiert vor als früher?« In zwölf Worten verkündet der Autor das Thema des Artikels und weckt die Neugierde der Leser darüber, warum Angestellte ihre Begeisterung verloren haben. Jeder ehrgeizige Redner sollte die Methoden analysieren, mit denen Autoren das Interesse des Lesers wecken. So lässt sich mehr lernen als mit dem Lesen abgedruckter Reden.

In Kapitel 5 haben wir darüber gesprochen, wie wichtig es ist, in unsere Vorträge Geschichten einzuflechten. Allzu plump komische Geschichten sind für eine Einleitung weniger geeignet, aber andere Erzählungen können sehr wirkungsvoll sein. Seit jeher haben Geschichtenerzähler ihr Publikum unterhalten, gelehrt und aufgeklärt. Die Troubadoure sangen Balladen oder rezitierten Gedichte und Heldensagen. Noch heute möchten und müssen wir Geschichten hören. Wir kaufen Bücher und Zeitschriften, gehen ins Theater und ins Kino, hören Radio und sehen fern. Sie dürfen dieses sehr menschliche Bedürfnis nicht ignorieren. Arbeiten Sie damit anstatt dagegen. Exotische Einleitungen im Stil eines Reiseberichts sind da beinahe narrensicher. Sie verfehlen nie ihre Wirkung. Sie bewegen, sie marschieren voran und das Publikum folgt. Die Zuhörer wollen einfach wissen, was als Nächstes passiert – so einfach ist das.

Was meinen Sie zu diesem auf andere Weise abenteuerlichen Eröffnungssatz: »Wenn Männer und Frauen zusammen arbeiten, kommt es höchstwahrscheinlich zu Flirts, Affären und sogar Ehen. Welche Probleme können einem Unternehmen dadurch entstehen?«

Diese Einleitung bringt die Dinge mit einer offenen Frage in Bewegung. Nun könnte eine an der Realität angelehnte Schilderung folgen. Erzählen Sie die Geschichte einer Büroaffäre. Den meisten Menschen dürfte es schwerfallen, so etwas zu ignorieren. Und dann können Sie zurückgehen und die Frage beantworten, mit der Sie begonnen haben.

Selbst ein blutiger Anfänger ist in der Lage, mithilfe einer die Neugierde weckenden Geschichte eine erfolgreiche Einleitung auf die Beine zu stellen. Einem Durchschnittspublikum fällt es bis zur Unmöglichkeit schwer, theoretischen Feststellungen über eine längere Zeit zu folgen. Erzählungen sind viel leichter verdaulich, also warum nicht mit einer solchen beginnen? Dennoch tun das viele Redner nicht. Sie sind der Ansicht, allgemeine Aussagen seien seriöser und solider als das Erzählen von Geschichten. Das ist schon von vornherein nicht wahr, und außerdem ist es einfach besser, sich an das zu halten, was funktioniert, ungeachtet der philosophischen Wertigkeit. Eröffnen Sie also mit Ihrer Geschichte, erregen Sie Interesse und kommen Sie dann zu Ihren allgemeinen Aussagen.

Am leichtesten lässt sich Aufmerksamkeit wahrscheinlich dadurch erregen, dass Sie den Leuten etwas zum Anschauen geben. Eine Teilnehmerin an einem Dale-Carnegie-Redeseminar begann ihren Vortrag damit, dass sie einen Rabattcoupon in die Höhe hielt und damit über ihrem Kopf herumwedelte. Natürlich sahen alle hin. Dann fragte sie: »Hat hier jemand schon einmal so einen Coupon mit der Post bekommen? Da steht, der Empfänger bekommt eine kostenlose Bootstour mit Abendessen und dazu eine Führung durch ein schickes neues Wohnprojekt am Hudson. Man muss nur anrufen und diesen Coupon vorzeigen.« Damit hatte sie die Aufmerksamkeit. Dann schilderte sie, wie man Leute mit diesem Trick zu der Wohnanlage lockte, wo eine aggressive Verkaufsveranstaltung auf sie wartete.

Ausgezeichnet ist an der Einleitung der Studentin noch etwas anderes. Sie beginnt mit einer Frage, auf die in jedem Fall eine positive Antwort kommen wird. Jeder bekommt Werbepost – wenn man also danach fragt, holt man das Publikum damit auf seine Seite und gewinnt seine Mitwirkung. Durch die Eröffnung mit einer Frage lässt sich die Aufmerksamkeit der

Zuhörer auf einfachste und verlässlichste Weise freisetzen, sodass sie offen sind für das, was Sie zu sagen haben. Um der Fragemethode noch einen zusätzlichen Twist zu geben – warum nicht mit einer Frage einsteigen, die eine berühmte Person gestellt hat? Die Worte von Prominenten erregen immer Aufmerksamkeit, und deshalb ist ein passendes Zitat immer eine ausgezeichnete Variante zum Eröffnen eines Vortrags. Nehmen wir dieses Beispiel: »Die Menschheit ist wie ein Ozean. Wenn einige Tropfen des Ozeans schmutzig sind, dann wird der Ozean deshalb nicht schmutzig. Wie können wir also wegen der Taten einiger weniger Menschen den Glauben an die Menschheit verlieren?«

Diese Einleitung hat mehrere lobenswerte Merkmale. Die ersten Sätze wecken die Neugier: Warum sollten wir an die Menschheit glauben? Dann, nach einer Kunstpause des Redners, erfahren wir die Quelle des Zitats: Mahatma Gandhi. Die Wucht dieses Namens trägt uns nun weiter und wir wollen mehr hören. Und der Redner fährt fort: »Aber bei all den Turbulenzen, der Armut und dem Leid, das Menschen in Indien erlebt haben, wie können wir da Gandhis Zuversicht teilen?« Schnell! Sagen Sie es uns! Vielleicht stimmen wir nicht überein, aber lassen Sie uns Ihre Meinung hören. Jetzt führt uns der Redner zum Kern des Themas. Ja, es geschehen schreckliche Dinge in der Welt, aber für einen beseelten Menschen sind sie wie Öltropfen in einem Ozean der Güte.

Wenn wir die einleitenden Augenblicke eines Vortrags betrachten, dürfen wir nicht vergessen, dass Dale Carnegies Grundprinzip nach wie vor gilt: Menschen sind vor allem an sich selbst interessiert. Es ist also immer gut, zu Anfang auf die egoistischen Interessen des Publikums abzuzielen. Das schafft auf jeden Fall Aufmerksamkeit. Eigentlich sagt uns das unser gesunder Menschenverstand – und doch ist es nicht üblich, diese Methode zu benutzen. Ein Vortragender beispielsweise wollte darüber sprechen, dass regelmäßige ärztliche Untersuchungen notwendig sind. Und wie begann er seine Rede? Er gab einen Abriss der Geschichte der medizinischen Organisation, der er angehörte. Er beschrieb, wie sie organisiert war und welche Dienste sie anbot. Welch ein Fehler! Die Zuhörer interessierte es nicht im Geringsten, wie irgendeine Organisation entstanden war, aber sie waren in erstaunlichem Maß und dauerhaft an sich selbst interessiert.

Warum nicht diese Tatsache anerkennen und sich zunutze machen? Warum nicht aufzeigen, dass diese Gesundheitsorganisation für die Zuhörer von größter Wichtigkeit ist? Sie könnten beispielsweise so beginnen: »Wissen Sie, wie lange Sie voraussichtlich leben werden? Die Sozialversicherungsanstalt hat das anhand versicherungsmathematischer Daten berechnet. Ein Mann, der heute 30 Jahre alt ist, wird voraussichtlich noch weitere 45 Jahre leben; eine heute 30-jährige Frau wird noch weitere 50 Jahre leben. Wenn ein Mann sein 60. Lebensjahr erreicht, bleiben ihm wahrscheinlich noch 18 Jahre; wird eine Frau 60 Jahre alt, bleiben ihr voraussichtlich noch 23 Jahre. Ist das genug Lebenszeit? Werden Sie an diesem Punkt dazu bereit sein, loszulassen? Nein, natürlich nicht! Wir alle wollen auf jeden Fall länger leben. Und doch basieren diese Tabellen auf Millionen von Lebensdaten. Dürfen Sie und ich dann überhaupt hoffen, diesen Tabellen ein Schnippchen zu schlagen? Ja, das dürfen wir, und zwar mit adäquater Vorsorge. Und der erste Schritt dazu ist eine gründliche ärztliche Untersuchung.«

Jetzt wo Sie in dramatischen Worten geschildert haben, warum Untersuchungen nötig sind, könnten die Zuhörer auch an einer Organisation interessiert sein, die zum Zwecke solcher Untersuchungen gegründet wurde. Aber gleich zu Beginn und ohne jeden persönlichen Bezug über die Organisation zu sprechen, ist eine Katastrophe!

Ein weiteres Beispiel: Ein Student begann einen Vortrag über die dringliche Rettung der Wälder mit den Worten: »Wir als Amerikaner sollten stolz sein auf unsere heimischen Ressourcen.« Dann zeigte er auf, wie Holz auf schamlose und unverzeihliche Weise vergeudet wird. Seine Einleitung war aber zu allgemein und unklar formuliert. Er sorgte nicht dafür, dass das Publikum sein Thema als lebenswichtig ansah. Angenommen, im Publikum befand sich jemand aus der Druckbranche. Die Zerstörung der Wälder wirkt sich doch sehr real auf den Papierpreis aus. Der Verlust von Millionen von Bäumen könnte sogar die Wirtschaft als Ganzes beeinflussen. Man könnte einen solchen Vortrag also auch wie folgt beginnen: »Das Thema, über das ich sprechen werde, betrifft Ihre

Branche, und zwar ganz egal, welche Branche das sein mag. Es wird sich in gewissem Maß auf den Preis der Nahrung auswirken, die wir essen, und die Miete, die wir bezahlen. Es hat Einfluss auf das Wohlergehen und den Wohlstand von uns allen, nicht nur in dieser Generation, sondern bis weit in die Zukunft.«

Wird damit übertrieben, wie bedeutend es ist, unsere Wälder zu schützen? Nein, das glaube ich nicht. In jedem Fall wird so Dale Carnegies Aufforderung befolgt, »mit breitem Pinselstrich zu malen und den Sachverhalt so darzustellen, dass er die Aufmerksamkeit erzwingt«.

Haben Sie keine Hemmungen, Ihr Publikum in einem gewissen Maß zu schockieren. Sorgen Sie dafür, dass sich die Leute kerzengerade aufsetzen und zuhören. Sagen Sie etwas, das sie aus ihren Tagträumen reißt. Wenn man heutzutage Menschen erreichen will, dann liegt die Latte hoch und man muss alle nötigen Mittel einsetzen. Man muss eine klare, knallharte Aussage machen, selbst wenn sie Streit und Widerspruch erregt. Die folgende Einleitung zu einer Rede über das Leben in amerikanischen Städten zeigt, was damit gemeint ist: »Amerikaner sind die schlimmsten Kriminellen der Welt. In Cleveland geschehen sechsmal so viele Morde wie in London, obwohl London sehr viel größer ist. Außerdem ereignen sich hier nach Auffassung der Bevölkerung 170-mal mehr Raubüberfälle als in London. In Cleveland allein werden Jahr für Jahr mehr Menschen ausgeraubt, oder auszurauben versucht, als in England, Schottland und Wales zusammengenommen. In New York City gibt es mehr Morde, als landesweit in Frankreich, Deutschland, Italien oder auf den Britischen Inseln geschehen.«

Diese Einleitung funktioniert, weil der Redner eindringlich und kraftvoll formuliert hat. Seine Worte waren von Leben erfüllt. Man könnte beim selben Thema auch mit einer langweiligen Reihe von Statistiken einsteigen. Die Informationen wären makellos, aber der Geist würde fehlen.

Nehmen wir noch ein weiteres Beispiel für eine leidenschaftliche Einführung. Der Redner räumt zunächst ein, sich bedroht und verletzlich zu fühlen, aber dann gibt er dem Thema eine ganz neue Wendung: »Ich muss zugeben, ich komme mir gerade ein bisschen vor wie das Reh im Licht der Autoscheinwerfer. Ist es Ihnen auch schon einmal so gegangen? Ich denke schon – das hoffe ich jedenfalls. Niemand würde das als angenehme Erfahrung bezeichnen, aber sie ist absolut notwendig, wenn man sich verändern, wenn man wachsen will – nicht nur im Rahmen der eigenen Arbeit, sondern im Leben insgesamt. Diese Augenblicke im Scheinwerferlicht können erschreckend sein, schmerzhaft, ja, sogar verhängnisvoll, aber sie bieten gleichzeitig die vielleicht besten Gelegenheiten für eine Veränderung zum Besseren und für Wachstum. Ich habe das Glück, dass ich viele erfolgreiche Leute kennengelernt habe, und diese haben eines gemeinsam: Sie sind allesamt dankbar für die schwierigsten Augenblicke ihrer Karriere. Eigentlich ist es sogar mehr als Dankbarkeit. Erfolgreiche Menschen verspüren geradezu Rührung angesichts der Situationen, die sie an ihre Grenzen gebracht haben. Das ist durchaus verständlich, denn gerade in diesen Augenblicken im Scheinwerferlicht können wir herausfinden, wer wir wirklich sind und was wir schaffen können. Und ich verspreche Ihnen eines: Sie können viel mehr schaffen, als Sie *glauben* – aber sofern Sie nicht völlig anders sind als alle anderen auf diesem Planeten, müssen auch Sie das auf die harte Tour lernen. Glauben Sie mir, ich weiß, was Extremsituationen in der Geschäftswelt bedeuten, und ich weiß, dass das im Moment alles andere als lustig ist. Aber ich habe Folgendes gelernt: Wenn man an seine Grenzen kommt, dann ist die größte Gefahr, dass man aufgibt, erstarrt und in die heranjagenden Scheinwerfer starrt, bis es zu spät ist. Das passiert manchen Menschen, möglicherweise sogar vielen Menschen. Wir werden also nicht nur erkunden, wie wir so etwas verhindern, sondern auch, wie wir diese außergewöhnlichen Momente zu unserem Vorteil nutzen – persönlich, beruflich und vielleicht sogar seelisch. Was versetzt eine Person in die Lage, mit Druck souverän umzugehen, während andere einknicken? Welche Energie fehlt manchen Menschen, während gerade diese Energie es anderen erlaubt, eine schwere Prüfung in ein kostbares Geschenk zu verwandeln? Am Ende dieses Vortrags werden Sie in der Lage sein, diese Fragen mit größter Genauigkeit zu beantworten.«

Wenn Sie diese Einleitung gehört haben, dann werden Sie höchstwahrscheinlich gespannt sein auf das, was folgt. Ich glaube, Sie haben inzwischen auch erkannt, dass im Arsenal der wirkungsvollen Methoden für eine Einleitung vielerlei Waffen bereit liegen. Die besten haben wir nun besprochen und wollen das Gelernte zum Schluss noch einmal zusammenfassen.

Wenn Sie sichergestellt haben, dass Sie über eine grundsolide Einleitung verfügen, achten Sie darauf, dass Sie entspannt vors Publikum treten. Sie haben allen Grund dazu, entspannt zu sein. Den wichtigsten Teil Ihres Vortrags haben Sie nämlich bereits fest in der Hand. Also lächeln Sie. Seien Sie zuversichtlich und übernehmen Sie die Kontrolle. Der Saal gehört Ihnen und das Publikum wird auf Ihrer Seite sein, sobald es Ihre wirkungsvolle Einleitung gehört hat. Sie wissen, den wichtigsten Eindruck hinterlassen Sie während der ersten fünf Sekunden Ihrer Rede. Also nichts wie ran.

Achten Sie auf Ihre Körpersprache. Das beste Anschauungsmaterial sind Sie selbst, also nutzen Sie Bewegungen und Gesten zur Verdeutlichung. Falls es im Saal noch nicht ruhig ist, falls Leute reden oder mit Papier rascheln, warten Sie einfach und blicken Sie engagiert ins Publikum. Sagen Sie nichts – Hinsehen genügt. Sie werden über die Wirkung überrascht sein und bemerken, wie schnell Ihre Autorität wächst.

Wenn Sie mit Ihrer Einleitung fertig sind, halten Sie kurz inne. Stellen Sie sicher, dass Sie bereit sind, um ohne *Ähms* und *Ähs* fortzufahren. Eine Pause ist immer in Ordnung, solange man sieht, dass sie absichtlich eingelegt wird. Dieses Wissen wird Ihnen helfen, sich auf das zu konzentrieren, was Sie als Nächstes sagen werden.

Behalten Sie die Kontrolle. Niemand wird Ihre Autorität im Saal infrage stellen, solange Sie das nicht selbst tun. Von nun an wird alles wie von selbst gehen.

Sorgen Sie dafür, dass Sie zu Ende gesprochen haben, bevor Ihr Publikum zu Ende gehört hat.

DOROTHY SARNOFF

Reden Sie, während Sie wütend sind – dann werden Sie die beste Rede halten, die Sie je bereuen werden.

LAURENCE J. PETER

Jeder Redner hat einen Mund; das ist klug eingerichtet. Manchmal ist er voller Weisheit. Manchmal redet man sich damit um Kopf und Kragen.

ROBERT ORBEN

KAPITEL 8

Die Macht der Überzeugung, Teil eins

Während Ihrer Laufbahn als Redner werden Sie es früher oder später mit Zuhörern zu tun bekommen, die sich gegen Ihre Botschaft sperren. Das muss nicht feindselig gemeint sein – damit befassen wir uns in einem späteren Kapitel –, aber die Leute reagieren vielleicht skeptisch und kritisch. Wir können das mit Kindern vergleichen, die ihr Essen zurückweisen, obwohl sie eigentlich Hunger haben. Und ebenso wie Eltern, die einen Löffel voll Erbsen in einen Zug verwandeln, der in den Tunnel des kindlichen Mundes einfährt, müssen Sie Wege finden, um Ihre Zuhörer zu überzeugen. Damit diese nichts davon mitbekommen, muss das schmerzlos geschehen. Die Leute sollten denken, sie wären eigenständig zu der von Ihnen gewünschten Schlussfolgerung gelangt. Anstatt Ihre Klugheit zu bewundern, kann das Publikum dann sich selbst beglückwünschen.

Ganz allgemein gibt es drei verschiedene Möglichkeiten, wirksam zu überzeugen. Der Redner kann entweder an die Vernunft appellieren, er kann die Gefühle des Publikums ansprechen, oder er verlässt sich auf seine eigene Überzeugungskraft als Person. Sehen wir uns diese drei Methoden zu Beginn dieses Kapitels einmal genauer an.

Der griechische Philosoph Aristoteles, Autor einer der umfassendsten Abhandlungen der Geschichte über das Reden in der Öffentlichkeit, äußerte den Wunsch, jegliche Kommunikation möge über die Vernunft geschehen. Da würden ihm viele wohl zustimmen. Der französische Mathematiker René Descartes beispielsweise stellte alles infrage, einschließlich seiner eigenen Existenz. Dann wies er diese jedoch – zumindest zu seiner eigenen Zufriedenheit – nach, indem er seine eigenen Gedankenprozesse als Beweis anführte. Wenn seine Existenz in Zweifel stand, dann musste es jemanden geben, der dieses Zweifeln bewerkstelligte, und dieser Jemand musste Descartes selbst sein. Für seine Schlussfolgerung prägte er den berühmten Grundsatz: »Ich denke, also bin ich.« Dies ist eine völlig logische Aussage. Sie ist ohne jede Emotion. Es ist kein Gefühl damit verbunden, ob diese Existenz nun gut oder schlecht ist. Reine Vernunft ist verbunden mit reiner Existenz, und die Überzeugungskraft der Aussage tritt in eine Verbindung mit ihrer leicht nachvollziehbaren Schlichtheit.

Der Appell an die Gefühle hatte aber auch schon in der klassischen Antike seine Verfechter, und Aristoteles wäre bestimmt darüber entsetzt gewesen. So animierte der große römische Redner Cicero dazu, zum Ende einer Rede die Gefühle anzusprechen; heute wird die Überzeugungskraft der Gefühle praktisch bei jeder Gelegenheit herangezogen. Wir könnten uns fragen, warum die Gefühle so viel häufiger angesprochen werden als der Verstand – aber vielleicht wollen wir das auch gar nicht wissen. Für einen Redner in der heutigen Zeit ist es nichtsdestotrotz eine Tatsache.

Ob Sie diese Ansichten teilen oder nicht – der Film des ehemaligen US-Vizepräsidenten Al Gore über die Erderwärmung, *An Inconvenient Truth* (auf Deutsch erschienen unter dem Titel: *Eine unbequeme Wahrheit*), war ein riesiger Erfolg. Er erhielt den Oscar als bester Dokumentarfilm, wurde von Millionen von Menschen gesehen und machte den Klimawandel zu einem bedeutenden und dringlichen Thema der Landespolitik. Der Film handelt von dem Diavortrag, den Al Gore im Lauf der vergangenen Jahre mehr als tausendmal vorgeführt hat. Darin werden Statistiken und wissenschaftliche Erkenntnisse mit eindrucksvollen Aufnahmen von Gletschern und Stränden kombiniert. Ohne die emotionale Durchschlagskraft der Bilder wäre das Publikum von den Zahlen und Schaubildern wohl kaum so bewegt worden. Al Gore hatte den Vortrag so oft gehalten, dass er genau wusste, wie er selbst den trockensten Zahlenreihen noch eine Wirkung auf die Gefühle der Zuhörer entlocken konnte. Wer den Film aufmerksam verfolgt, wird bemerken, wie oft er seine Argumente in Form von

Fragen vorbringt. So fragt er beispielsweise: »Was glauben Sie – was hat die Forschung ergeben?« Oder: »Wie lange, denken Sie, wird dieser Wandel wohl andauern?« Mit dieser Methode kann sich selbst ein einfaches Säulendiagramm in eine schockierende Offenbarung verwandeln. Auch andere Redner aus allen Bereichen der politischen Landschaft haben sich in Richtung immer stärker emotional ausgerichteter Appelle bewegt. Über Gefühle lässt sich ein großes Publikum im 21. Jahrhunderts am verlässlichsten ansprechen. Als Redner müssen Sie nur lernen, diese Methoden zu beherrschen. Und als Zuhörer sollten Sie sich dieser Vorgehensweise natürlich ebenfalls bewusst sein.

Als dritten Weg können Sie als Redner Ihren eigenen Charakter und Ihre Persönlichkeit einsetzen, um das Publikum zu überzeugen; entscheidend ist dabei, wie Sie Ihre Eigenschaften im Vortrag darstellen. Üblicherweise muss der Vortragende beim Thema einen sachkundigen Eindruck machen und eine wohlwollende Ausstrahlung haben. Wer klug und gütig wirkt, wird seine Hörer wirkungsvoll überzeugen können.

Bevor Sie sich nun für eine der genannten Überzeugungsmethoden – oder sogar alle drei – entscheiden, brauchen Sie einen wirkungsvollen Rahmen für Ihren Appell. Selbst wenn Sie einen extrem gefühlsbetonten Ansatz wählen, können Sie nicht einfach auf die Knie fallen und die Leute anflehen. Sie brauchen ein Schema, in dem Sie Ihre Gefühle und Vorstellungen effektvoll präsentieren können und das Ihrer Rede im Ganzen Struktur verleiht.

Lesen Sie dieses Kapitel daher sorgfältig durch, denn genau dieses Schema betrachten wir nun. Wenn Sie das beherzigen, wird Ihre Botschaft am überzeugendsten zur Wirkung kommen. Dabei müssen fünf Gesichtspunkte Ihres Vortrags absolut stimmig sein. Dies sind die Bausteine der Überzeugungskraft, und geübte Redner wissen, wie sie eingesetzt werden. Bei diesen fünf Bausteinen handelt es sich um *Erfindung, Anordnung, Stil, Gedächtnis* und *Vortrag*. Betrachten wir sie in dieser Reihenfolge.

Erfindung ist ein Begriff, den wir normalerweise mit Schöpfung verbinden. Gute Redner finden schlicht das wirkungsvollste Mittel, um ihre Gedanken zu vermitteln. Das beginnt häufig damit, herauszufinden, was in den Gedanken des Publikums bereits vor sich geht, und dies dann mit der zu übermittelnden Botschaft zu verbinden. Mit Erfindung ist also gemeint, *was* der Redner sagt und nicht, *wie* er das tut.

John F. Kennedy beispielsweise wollte seine Antrittsrede als eine Art Aufforderung an das ganze Land verstanden wissen, er wollte dies aber gleichzeitig positiv wirken lassen. Er wollte die Nation aus der Selbstzufriedenheit der 1950er-Jahre in eine neue Ära des sozialen Fortschritts und der persönlichen Verantwortung führen. Aber wie konnte er das erreichen? In seinen wichtigen Reden war bei Kennedy selten vom »einfachen Mann von der Straße« die Rede. Seine Amtsvorgänger Lincoln und Truman dagegen waren mit Worten und Phrasen aus der Alltagssprache sehr gut angekommen; Kennedy dagegen besaß eine ganz andere Aura – er war Harvard-Absolvent und dazu ein Kriegsheld. Obwohl er für einen Präsidenten noch sehr jung war, hatte er schon die Welt gesehen. Er war gebildet, besaß aber trotzdem einen Sinn für Humor – allerdings nicht von der hemdsärmeligen, sondern von der feinen, trockenen Art. Was das Reden betraf, war das alles Erfindung – was natürlich nicht bedeutet, dass es verlogen oder aufgesetzt war. Es war einfach das Rohmaterial, von dem Kennedy ausgehen musste. Dies war seine Person, sein Charakter, den er ins Denken seiner Zuhörer einpflanzen musste. Jetzt fehlten ihm nur noch die passenden Worte, um die Botschaft so zu übermitteln, dass sie mit Kennedys Bild in der Öffentlichkeit im Einklang war. Für ihn wäre es unpassend gewesen, auf dem Podium in Tränen auszubrechen oder einen Witz über einen Handelsvertreter zu erzählen. Wenn die Leute Kennedy zuhörten, dann war es, als hätten sie am Radiogerät eine bestimmte Wellenlänge eingestellt, und er musste auf dieser Wellenlänge bleiben.

Nehmen wir dazu diese bekannte Passage aus Kennedys Antrittsrede:

»Von diesem Ort und dieser Stunde soll an Freund und Feind gleichermaßen die Botschaft gesandt werden, dass die Fackel weitergereicht wurde an eine neue Generation von Amerikanerinnen und Amerikanern – geboren in diesem Jahrhundert, gehärtet durch einen Krieg, diszipliniert durch einen harten und bitteren Frieden, stolz auf das Vermächtnis unserer Vorfahren – und nicht bereit, tatenlos einer schleichenden Aushöhlung jener Menschenrechte zuzusehen, denen diese Nation stets verpflichtet war, und denen wir auch heute verpflichtet sind, sowohl in unserem eigenen Land als auch auf der ganzen Welt.«

Kennedys Amtsvorgänger als Präsident hätten bei diesen Worten keineswegs glaubwürdig gewirkt, weder Dwight Eisenhower noch Harry Truman noch Abraham Lincoln. Nicht einmal Kennedy selbst hätte sie jenseits seiner Rolle als Führer der Nation überzeugend vortragen können – einer eigens für das Halten von Reden meisterhaft und mit großer Kreativität erschaffenen Kunstfigur. Damit ist der erste Baustein des Schemas verankert. Wir wissen, wer spricht – nicht Jack Kennedy, wie er privat genannt wurde, nicht John Kennedy, ja nicht einmal John F. Kennedy. Es spricht John Fitzgerald Kennedy, der Präsident der Vereinigten Staaten von Amerika. Erst wenn wir diese Kunstfigur, die für den Redner steht, genau kennen, können wir anfangen, festzulegen, was diese Kunstfigur genau sagen soll.

Damit kommen wir zur Anordnung, dem nächsten Baustein des Schemas. *Anordnung* bezieht sich nicht auf die genauen Worte der Rede, sondern auf die Anordnung der Themen und Gedanken insgesamt. Die richtige Anordnung ist äußerst wichtig. Als Redner wollen Sie keinesfalls den Eindruck vermitteln, Sie hätten den Faden verloren. Dem Publikum muss klar sein, dass Ihr Vortrag eine Einleitung, einen Mittelteil und einen Schluss hat – und dass Sie jederzeit wissen, wo Sie gerade sind, wo Sie waren und was als Nächstes kommt.

Die einfachste Anordnung folgt der geläufigen Formel: »Sagen Sie Ihren Zuhörern, was Sie ihnen gleich sagen werden. Dann sagen Sie es ihnen. Und dann sagen Sie ihnen, was Sie ihnen soeben gesagt haben.« Im wahren Leben wird ein guter Redner allerdings eine subtilere und überzeugendere Anordnung wählen. Sie könnten beispielsweise anfangs einen Gedanken vorstellen, dann einen widersprechenden Gedanken einbringen und schließlich mit einem dritten Gedanken enden, der den Widerspruch auflöst. Je nachdem, wie viel Zeit verfügbar ist, können Sie auch eine mehr oder minder förmliche Einleitung sowie eine abschließende Zusammenfassung einsetzen. Sie können Tatsachen anführen, welche die beiden vorgebrachten Gedanken untermauern oder widerlegen. Sie können sogar in humorvolle Nebenbemerkungen oder Geschichten aus ihrem Leben abschweifen. Welche Entscheidungen Sie auch immer treffen, sie müssen absichtlich geschehen. Sie müssen den Eindruck vermitteln, dass Sie die Kontrolle haben über das, was Sie sagen, und darüber, wann Sie es sagen. Das ist der Kernpunkt einer guten Anordnung.

Jetzt kommen wir zum vielleicht interessantesten Baustein des Schemas der Überzeugung – dem *Stil*. Wenn die Anordnung die grobe Abfolge festlegt, in der die Gedanken präsentiert werden, dann sind mit dem Stil die Worte gemeint, durch die wir unsere Gedanken ausdrücken werden. Die Anordnung besagt, *wo* und *wann* etwas gesagt wird; beim Stil geht es darum, *wie* es gesagt wird. Dem Stil ist über die Jahre weit mehr Aufmerksamkeit gewidmet worden als jedem anderen Element eines mündlichen Vortrags. Hier kommt Ihre Identität als Redner wirklich zum Ausdruck. Anhand Ihres Stils entscheidet das Publikum, ob Sie hochgebildet sind oder ein autodidaktisches Landei, ob das Glas für Sie halb voll ist oder halb leer. Aufgrund Ihres Stils beurteilen die Leute, ob sie Sie mögen – und noch wichtiger, ob sie Ihnen glauben.

Um zu sehen, wie das funktioniert, gehen wir noch einmal zurück zu John F. Kennedys Antrittsrede. Versuchen Sie, sich für einen Augenblick in seine Lage zu versetzen. Sie werden Präsident der Vereinigten Staaten, nach achtjähriger Amtszeit von Dwight D. Eisenhower. Sie sind der jüngste US-Präsident der Geschichte, während Eisenhower einer der ältesten war. Er war in vielerlei Hinsicht ein ausgezeichneter Mann – und hatte als Staatsmann ohne Frage sehr viel mehr Erfahrung als Kennedy. Unliebsamen Fragen ging Eisenhower beispielsweise aus dem Weg, indem er Unverständliches murmelte. Selbst seine kurzen Sätze waren voller *Ähms* und *Ähs*, und er wirkte oft verwirrt und abgelenkt. Seine Kunstfigur war eine Erfindung im Sinne unseres Schemas, aber das Land hatte größtenteils genug davon. Wie also würden Sie als Präsident Kennedy versuchen, sich von Ihrem tatterigen Vorgänger abzusetzen? Welchen Ausdrucksstil würden Sie verwenden, um der Präsidentschaft deutlich ihr Siegel aufzudrücken?

Für viele wäre heute ein bodenständiger Stil im Sinne des einfachen Mannes von der Straße die erste Wahl. Wir wollen nicht arrogant oder überheblich wirken und vermeiden daher komplizierte Phrasen und Fremdwörter. Einen solchen Stil pflegte fraglos ein anderer großer Redner des

20. Jahrhunderts, nämlich Ronald Reagan. Er sprach so, wie man sich vielleicht mit seinem Nachbarn über den Gartenzaun unterhält, wenn man beim Rasenmähen eine Pause macht. Kennedy war da anders. Er wollte nicht als ganz normaler Typ gesehen werden. Er wollte Shakespeare und Churchill zitieren. Er wollte die höheren Instinkte und Sehnsüchte der Menschen ansprechen. Wenn das also die Kunstfigur wäre, die Sie für sich erschaffen haben, wie würden Sie das in Worten ausdrücken?

Das ist gar nicht so einfach, nicht wahr? Das liegt daran, dass sich kaum jemand von uns dafür entschieden hat, die Wesenszüge zu verkörpern, die John F. Kennedy ausmachten. Bei uns würde es nicht passen, aber es passte bei Kennedy, und er konnte das auch verkörpern. So verwendete er in seiner Antrittsrede viele stilistische Ausschmückungen, von denen manche bis heute zitiert werden. So sagte er beispielsweise: »Fragt nicht, was euer Land für euch tun kann – fragt, was ihr für euer Land tun könnt.«

Sie sehen, welche radikalen Stilmittel hier zum Einsatz kommen. »Fragt nicht« ist alles andere als Alltagssprache. Aber an diesem besonderen Tag und in dieser besonderen Situation war es für Kennedy genau das Passende. Es war überzeugend. Es war perfekt, was Erfindung, Anordnung und Stil betraf.

Lesen Sie zum Vergleich eine Passage aus der Rede, mit der der US-amerikanische Verbraucheranwalt Ralph Nader eine Präsidentschaftskandidatur ankündigte: »Ich beschloss, mich um Ihre Nominierung zu bewerben, damit Hindernisse, die die Bekämpfung der Ungerechtigkeit in unserer Gesellschaft und anderer Probleme behindern, überwunden werden können. Das Gefühl der Machtlosigkeit und der Rückzug einer großen Zahl von Amerikanern aus dem öffentlichen und politischen Leben sind zutiefst verstörend. Dieser Zustand muss durch eine neue politische Bewegung angegangen werden, die sich herausbildet aus den Bemühungen und Ressourcen und Träumen der Bevölkerung hinsichtlich dem, was Amerika endlich werden könnte.«

Der Stil könnte vom Stil Kennedys kaum verschiedener sein und Sie werden wahrscheinlich beipflichten, dass er weit weniger wirksam ist. Der Stil ist aber nicht das einzige Problem. Dies liegt schon im ersten Teil des Schemas begründet, der Erfindung. Ralph Nader hatte sich schon zuvor im

Sinne unseres Schemas als Redner »erfunden« und konnte daher gar nicht anders sprechen. Er konnte ebenso wenig wie Kennedy reden, wie Kennedy hätte wie Nader reden können. Für eine wirkungsvolle Kunstfigur als Redner hatte Nader keine Grundlage geschaffen. Er war und blieb eine Art Streber der öffentlichen Politik und klang auch so, aber wenigstens stimmte dieses Bild mit seiner Person überein. Insofern war er authentisch.

Darüber, welchen Stil Sie bei einem bestimmten Anlass verwenden, sollten Sie sich ebenso viele Gedanken machen wie darüber, was Sie anziehen werden. Wenn Sie bei einer Viehauktion vor Bauern sprechen, werden Sie wohl kaum das Gleiche tragen wie bei einer Hochzeitsfeier oder einem Staatsbankett. Aus dem gleichen Grund werden Sie nicht versuchen, die Bauern mit denselben Floskeln zu überzeugen, die Sie vielleicht beim Oberhaupt der englischen Monarchie benutzen würden. Sie müssen sich also Ihrer Absichten und Bedürfnisse in diesem bestimmten Umfeld bewusst sein. Dann können Sie auf eine Weise sprechen, die diese Absichten und Bedürfnisse erfüllt – vorausgesetzt, es passt zu Ihrer Persönlichkeit. Ihre Rede muss für Sie als Person richtig klingen. Sie können nur überzeugen, wenn Ihre Erfindung und Ihr Stil übereinstimmen.

In Kapitel 1 haben wir erfahren, warum es keine gute Idee ist, einen Vortrag Wort für Wort auswendig zu lernen. Das Auswendiglernen kann funktionieren – tut es aber eher nicht. Das Gedächtnis kann einen nämlich mitten im Vortrag im Stich lassen. Dennoch ist *Gedächtnis* der nächste Baustein unseres Schemas für die Überzeugung, aber wir müssen uns zunächst klarmachen, was dieses Wort sowohl in heutigen als auch in historischen Zusammenhängen bedeutet.

Heute verbinden wir Genialität eher mit einer Begabung für Mathematik oder die Naturwissenschaften – früher dagegen stand ein überragendes Gedächtnis für außergewöhnliche Intelligenz. Viele herausragende Gedächtnisleistungen scheinen auf eine solche Erwartung zurückzugehen. Selbst gewöhnliche Männer und Frauen, häufig ohne große Schulbildung, konnten Bibelstellen von mehreren tausend Wörtern Länge aufsagen. Stundenlange Reden wurden aus dem Gedächtnis gehalten. Das wurde von intelligenten Menschen erwartet, und gute Redner versuchten, dem gerecht zu werden. Denken Sie beispielsweise an Theodore Roosevelt. In Wisconsin hielt er einmal eine 90-minütige Wahlkampfrede aus eigener Feder – eine erstaunliche Leistung insbesondere deshalb, weil kurz vor Redebeginn auf ihn geschossen worden war. Glücklicherweise steckte das zusammengefaltete Redemanuskript in seiner Tasche und bremste die Kugel so weit ab, dass ihn das Attentat nicht das Leben kostete. Allerdings musste er die Rede nun aus dem Gedächtnis halten, was er auch tat. Die Fleischwunde ließ er erst später im Krankenhaus versorgen.

Aber das war damals. Heute könnten nur wenige eine lange Rede aus dem Gedächtnis halten, und das wird auch gar nicht erwartet. Trotzdem spielt das Gedächtnis für einen überzeugenden Vortrag immer noch eine wichtige Rolle. Da ist beispielsweise folgende Methode, mit der sich viele Redner selbst in Schwierigkeiten bringen und die in Kapitel 2 bereits kurz angesprochen wurde – Sie haben das vielleicht schon erlebt oder die Methode selbst angewandt. Am Ende der einleitenden Worte sagt man: »Zu diesem Thema möchte ich fünf wichtige Punkte sagen.« Manche machen es sich noch schwerer und kündigen an: »Ich habe dazu folgende sieben Punkte«, oder sogar neun Punkte.

Und was passiert dann? Man handelt die ersten drei Punkte ab, wird dann ein bisschen unsicher. Nach weiteren Punkten stutzt man und fragt sich: Wie viele habe ich jetzt schon? Wie viele kommen noch? Wenn man sich dann umblickt, sieht man im Publikum vielleicht schon Leute, die an ihren Fingern abzählen.

Auf diese Weise kann noch vielerlei anderes schiefgehen. Manche Redner verweisen auf ein Zitat, das eines ihrer Argumente treffend untermauert – und dann können sie sich nicht mehr an den Wortlaut des Zitats erinnern. Manchmal wird ein Gedanke erwähnt, den man später im Vortrag wieder aufgreifen möchte – und tut es dann nicht.

Hier kommt das Gedächtnis, oder genau genommen sein Versagen, ins Spiel. Man könnte es auch Mangel an Konzentration nennen. Wenn Sie gelassen und konzentriert bleiben, werden Sie nicht in eine derartige Zwickmühle geraten. Wenn Sie sieben Punkte ankündigen und diese sieben dann auch behandeln, werden Ihre Hörer beeindruckt sein, das können Sie mir glauben. Wenn Sie den groben Aufbau Ihres Vortrags im Kopf haben, dann werden Sie diese Struktur in Ihrer Rede auch darstellen können. Sie werden nicht unsicher werden oder sich verheddern – jedenfalls so gut wie nie. Ich schränke hier bewusst ein, weil jeder Redner früher oder später einmal ins Stocken geraten wird, aber mithilfe des Gedächtnisses kann man auch in einer solchen Situation bestehen. Früher, als von Rednern erwartet wurde, dass sie lange Reden auswendig hielten, war es klar, dass auch das beste Gedächtnis hin und wieder versagte. Um dafür gewappnet zu sein, bereiteten die Redner für einen solchen Notfall geeignetes Material vor. Das konnte eine Geschichte sein, die einem am Herzen lag, oder ein wichtiges Zitat, das man auswendig gelernt und geübt hatte wie Schulkinder die Routine für den Brandfall. Es ist ein Zeichen von Professionalität, wenn ein Redner, der einen Blackout hat, nahtlos auf sein Notfallmaterial zurückgreifen kann. Man sollte immer auf eine solche Situation vorbereitet sein, damit man nie »um Worte verlegen« ist.

Vielleicht denken Sie an dieser Stelle: Viele derartige Probleme lassen sich doch mit einer PowerPoint-Präsentation vermeiden, oder? Können wir nicht eine Menge Druck vermeiden, wenn wir einfach das, was wir sagen wollen, auf einen Bildschirm projizieren?

Das ist eine wichtige Frage, die ich vor dem Ende dieses Kapitels behandeln werde. Aber passen Sie gut auf, ob ich das auch einhalte!

Zuvor müssen wir uns aber den letzten Baustein für eine überzeugende Rede ansehen. Bis jetzt haben wir Erfindung, Anordnung, Stil und Gedächtnis behandelt. Der letzte Baustein ist der *Vortrag*. Wir haben diesen Begriff schon in Kapitel 1 kennengelernt, aber er ist so wichtig, dass wir jetzt noch einmal darauf zurückkommen. Der Stil charakterisiert, wie Sie wissen, wie die Dinge gesagt werden, und damit sind die Auswahl der Wörter und Satzkonstruktionen gemeint. Der Stil kommt sowohl im gedruckten Text als auch beim mündlichen Vortrag zum Tragen. Beim Vortrag jedoch geht es nicht nur darum, was gesagt wird, sondern auch darum, wie es gesagt wird. Deshalb ist der Vortrag ausschließlich ein Merkmal der gesprochenen Rede.

Wenn Sie überzeugend sein wollen, sollten Sie ganz sicher sein, dass Sie die Dinge so sagen, wie Sie wollen, dass sie gehört werden. Üben Sie Ihren Vortrag, so viel Sie können. Proben Sie mit Freunden und Familienangehörigen, und nach Möglichkeit auch mit Leuten, die Sie nicht gut kennen. Reden Sie vor einem Spiegel. Machen Sie Ton- und Videoaufnahmen Ihres Vortrags. Sagen Sie denselben Satz auf verschiedene Weise, um herauszufinden, wie er am besten klingt. Sie müssen selbst davon überzeugt sein, dass Sie den Vortrag auf die bestmögliche Weise halten, bevor Sie darauf hoffen können, jemand anderen damit zu überzeugen. Erforderlich ist dazu nur Übung, sonst nichts.

Jede Rede ist eine Erfindung, oder sollte es zumindest sein. Auch wenn etwas schon einmal funktioniert hat, ist nicht sicher, dass es wieder funktioniert, denn keine Rede ist wie die andere. Reden werden wahrscheinlich an verschiedenen Orten gehalten, das Publikum ist nicht dasselbe, und selbst wenn alles andere noch so ähnlich sein sollte, findet jede Rede doch zu ihrer eigenen Zeit statt. Sie müssen sich also etwas einfallen lassen, um die spezifischen Probleme in einer bestimmten Situation zu lösen. Dazu müssen Sie kreativ sein. Mehr noch, Sie müssen erfinderisch sein.

Welche Methoden bieten sich an, um Ihre Erfindungsgabe zu befeuern und Probleme zu lösen, Entscheidungen zu treffen und Ziele zu erreichen? Die Herangehensweisen für das Zusammenstellen einer guten Rede unterscheiden sich nicht grundsätzlich davon, was bei anderen Arten von Erfindungen hilfreich ist. Sehen wir uns also einige dieser Strategien an.

Kombinieren. Alles, was Sie während des Tages sehen, hören, berühren, schmecken und riechen, bietet die Gelegenheit, über neue Kombinationen von Gedanken nachzudenken. Wenn Sie sich die Zähne putzen, denken Sie vielleicht an eine Zahnbürste, bei der die Zahnpasta im Griff bereitgehalten wird. Sie könnten Ihren Spiegel mit einem Leitspruch kombinieren, der Sie daran erinnert, den Tag auf die richtige Weise zu beginnen. Dort könnte stehen: »Wie kann ich heute meine Leistung steigern?« oder »Wie wär's mal mit großen Träumen?« So denkt man in Kombinationen. Ein einfacher Bleistift ist eine Kombination aus Holz, Kohle, Gummi, Farbe und Metall. Neue Kombinationen haben zu großartigen Ideen geführt, zu hohen Profiten, Patenten und zu milliardenschweren Unternehmen.

Mit Gedanken, ja sogar mit Worten, können Sie dasselbe tun. Eine wirkungsvolle Rede sollte originell sein – nicht nur in dem, *was* gesagt wird, sondern auch in dem, *wie* es gesagt wird. Wenn Sie einen Gedanken vermitteln wollen, erwarten Sie von sich selbst, dies auf möglichst originelle Weise zu schaffen. Wie können Sie Ihren Gedanken so mit einem anderen verbinden, dass die Kombination beider einprägsam ist und Ihre Hörer inspiriert? Welche Ausdrucksformen können Sie benutzen, um nicht nur etwas Neues und anderes zu sagen, sondern das auch auf neue und andere Weise zu tun?

Anpassen. Im Jahr 1948 kam ein Schweizer Ingenieur namens George de Mestral von einem Spaziergang durch ein Feld voller Unkraut zurück und bemerkte, dass einige Kletten an seiner Stoffjacke hängen geblieben waren. Er legte eine Klette unters Mikroskop und entdeckte ein ganzes Gewirr von feinen Stacheln mit winzigen Widerhaken an den Enden. Diese konnten sich in Stoffen oder im Fell von Tieren verhaken. De Mestral erkannte sofort, dass sich dies für einen neuartigen, praktischen Verschluss verwenden ließe; es dauerte allerdings noch acht Jahre, die Erfindung zu entwickeln und zur Serienreife zu bringen. Heute sind Klettverschlüsse nicht mehr aus unserem Leben wegzudenken, und sie verbessern jede Menge anderer Produkte, von Schuhen bis zu Boxhandschuhen.

Wann immer Ihnen etwas auffällt, untersuchen Sie, ob Sie es nicht in Ihren Reden verwenden könnten. Sie können und Sie sollten das völlig unabhängig vom jeweiligen Zusammenhang tun. Wissen Sie, wie die Brailleschrift erfunden wurde? Haben Sie schon einmal gehört, wie Kaugummi entstand? Lesen Sie nach! Das sind interessante Geschichten, die Ihre Vorträge mit wichtigen und eindrücklichen Informationen bereichern können. Dazu müssen Sie die ursprünglichen Zusammenhänge lediglich für den Zweck Ihrer Präsentation und für Ihr konkretes Publikum anpassen.

Austauschen. Wenn Sie sich erfolgreiche Reden aus der Vergangenheit ansehen – die Beispiele aus diesem Buch eingeschlossen –, dann überlegen Sie, ob Sie nicht manche Methoden übernehmen können, indem Sie je nach den Bedürfnissen Ihres Publikums Teile davon austauschen. Vor einer Entscheidungsschlacht gegen das Perserreich beispielsweise sprach

Alexander der Große vor seinen Soldaten über den Mut ihrer Väter und Großväter in vorangegangenen Schlachten. Damit konnte er ihr Selbstvertrauen stärken, denn sie sahen sich nun als Abkömmlinge einer Ahnenreihe von Gewinnern allen Widrigkeiten zum Trotz und glaubten, sie könnten selbst Gewinner sein.

Es ist offensichtlich, dass diese Herangehensweise auch bei einer Verkaufstagung nützlich sein könnte, bei der Ansprache vor einer Sportmannschaft oder sogar vor einem Schüler, der sich auf eine Prüfung vorbereitet. Es gibt keine Patente auf die Strategien beim Redenhalten, also nutzen Sie aus, was Sie können. Lernen Sie von den Großen und tauschen Sie deren Methoden aus, bis es für Ihre Zwecke passt.

Groß denken. Warum, glauben Sie, gibt es in der US-Football-Liga inzwischen Dutzende von Spielern, die 135 Kilogramm und mehr wiegen? Es liegt nicht daran, dass diese Spieler besser sind als die der Vergangenheit oder dass sie ihre Gegner besser blocken oder stoppen können. Dieser Wandel kam größtenteils daher, weil das Publikum bei den Wettbewerben im Stadium derartige Riesen sehen will. Aus dem gleichen Grund wollten die Leute damals im Kolosseum von Rom Elefanten sehen. Aus irgendeinem Grund finden Menschen schiere Größe aufregend.

Auch diesen Sachverhalt können wir uns zunutze machen. Bauen Sie große Zahlen in Ihre Reden ein. Es ist nicht so entscheidend, was Sie damit sagen wollen, solange nur Wörter wie *Million* und *Milliarde* aus Ihrem Mund kommen. Diese sollten Sie dann mit größtmöglicher Begeisterung aussprechen. Sie werden erstaunt sein, wie das die Stimmung in Ihrem Publikum anregen kann.

Der Astronom und Bestsellerautor Carl Sagan verstand das wie vielleicht kein anderer. Bei seinem Fachgebiet – dem Universum – konnte er *Million, Milliarde* und sogar *Billion* praktisch so oft sagen, wie er wollte. Dies trug zu seiner Karriere als erfolgreicher Redner bei. Sagans Publikum war sich dessen möglicherweise gar nicht bewusst, aber die riesigen Zahlen waren ein wirkungsvoller rhetorischer Kniff. Denken Sie groß und reden Sie auch so, und Ihre Zuhörer werden Ihnen mit Begeisterung folgen.

Als Redner sollten Sie immer wieder Elemente frisch anordnen, Ihre Sprechgeschwindigkeit variieren, Sätze verändern oder sogar ganz von Neuem beginnen. Wenn Sie Ihre Zuhörer zum Handeln anregen wollen, spicken Sie Ihre Vorträge mit Kombinationen, Anpassungen und Erfindungen – und denken Sie immer groß! Mit solchen Präsentationen weiten Sie Ihren Wirkungsbereich aus und können so Ihre Fähigkeiten noch umfassender einsetzen. Lassen Sie Ihren Verstand für sich arbeiten, wenn Sie eine Rede vorbereiten. Sie sollten nichts als gegeben hinnehmen. Was lässt sich verändern, verbessern oder in neuer Weise artikulieren?

Wir kommen zum Ende von Kapitel 8, aber bevor ich zusammenfasse, möchte ich wie angekündigt noch über PowerPoint-Präsentationen sprechen. Diese gehören bei Reden inzwischen zum Inventar und ein Buch dieser Art wäre nicht vollständig, wenn sie nicht erwähnt würden.

Man könnte meinen, PowerPoint könnte jeden im Handumdrehen zu einem geübten Redner machen. Man braucht sich nicht um einen gut durchorganisierten Vortrag zu sorgen, da ja alles für einen an die Wand projiziert wird. Man muss nur noch ablesen und ein paar Bemerkungen dazu machen. Wenn das aber *alles* ist, was die Redner zu tun haben, dann werden die meisten auch *genau das* machen. Damit wird PowerPoint zu einem Ersatz für den Redner. Die Technik ist dann nicht mehr optisches Hilfsmittel für den Vortragenden, sondern dieser wird akustisches Hilfsmittel für die Technik. Damit verlieren Präsentationen ihren wirkungsvollsten Bestandteil, und dieser ist – oder sollte es sein – die Gegenwart und Ausstrahlung des Redners.

Die Griechen hatten dafür ein besonderes Wort, nämlich *Ethos*, womit die Wirkung des Redners als Person gemeint war. Das Ethos spiegelte die verbalen wie die nonverbalen Elemente einer Rede wider. Diese mussten sorgfältig behandelt und gegeneinander abgewogen werden, wenn eine Rede gelingen sollte. Mit PowerPoint dagegen werden viele der für die Bildung von Ethos wichtigen Bestandteile ausgelöscht. Der Redner blickt nicht ins Publikum und das Publikum sieht den Redner nicht an. Nonverbale Hinweise wie der Augenkontakt gehen verloren. Die Präsentationen werden meist von den Schaubildern oder Handzetteln abgelesen, was den Vortrag verflacht. Die ganze Veranstaltung verliert an Niveau.

Dies ist mit Sicherheit der größte Nachteil von PowerPoint, aber es sind auch noch ein paar technische Gesichtspunkte zu beachten. Mit Bildern funktioniert PowerPoint beispielsweise sehr viel besser als mit Text. In PowerPoint sind höchstens zehn Textzeilen pro Seite möglich, bei sechs Wörtern pro Zeile. Hat man es in einem Vortrag mit viel Text zu tun, muss man zwangsläufig eine große Zahl an Seiten durchhecheln. Das bedeutet viele Klicks und ruckhafte Bewegungen, was die Zuhörer ablenkt. Das geht bei manchen Rednern so weit, dass sie sagen: »Wen kümmert das?« Es ist so leicht, sich einfach auf die vorgefertigten Seiten zu verlassen, dass sie sich keine weiteren Gedanken darüber machen.

Das ist schade, denn die meisten mit PowerPoint vorgetragenen Geschäftspräsentationen wären ohne dieses Hilfsmittel besser. Das erfordert zwar ein bisschen mehr Mühe und Vorbereitung, aber genau darum geht es in diesem Buch. Wenn sich Redner diese Mühe nicht machen wollen, dann entgeht ihnen die Chance, sich in relativ kurzer Zeit eine äußerst wichtige Fähigkeit anzueignen.

Dass Sie dieses Buch lesen, ist der Beweis, dass Sie Ihr Potenzial als Redner voll ausschöpfen wollen. Sparen Sie sich also PowerPoint. Machen Sie sich das Schema bestehend aus Erfindung, Anordnung, Stil, Gedächtnis und Vortrag zu eigen. In Kapitel 9 werden Sie gleich noch mehr zum Thema Überzeugung erfahren.

Eigentlich ist es ganz einfach. Sagen Sie, was Sie zu sagen haben, und wenn Sie zu einem Satz mit einer grammatikalischen Endung gelangen, nehmen Sie Platz.

WINSTON CHURCHILL

Reden ist Macht: Reden ist umstimmen, umkrempeln, durchsetzen.

RALPH WALDO EMERSON

Das passende Wort kann Wirkung entfalten, aber kein Wort war je so wirkungsvoll wie eine Pause zur rechten Zeit.

MARK TWAIN

KAPITEL 9

Die Macht der Überzeugung, Teil zwei

Der menschliche Verstand arbeitet auf faszinierende, ja sogar rätselhafte Weise. Es lassen sich nur schwer wirklich allgemein gültige Aussagen über den Verstand treffen, aber diese hier kommt dem sehr nahe: »Jeder Gedanke, jede Vorstellung und jede Folgerung wird vom Verstand geglaubt, solange es nichts gibt, was dem widerspricht.« Verstehen Sie, was das bedeutet? Wenn wir andere Menschen mit einem Gedanken konfrontieren, brauchen wir sie gar nicht von dessen Wahrheit zu überzeugen, wir müssen lediglich verhindern, dass widersprüchliche Gedanken aufkommen. Wenn wir also lesen, »Radkappen von Unternehmen XY sind die besten auf dem Markt«, dann glauben wir das, es sei denn, wir verfügen über gegensätzliche Informationen. Und falls diese ausbleiben, werden wir auch weiterhin daran glauben.

Alle Lebewesen sind von Geburt an mit allem ausgestattet, was sie zum Überleben brauchen. Und alle Lebewesen, mit der Ausnahme von einem, verfügen über eine Vielzahl an Instinkten, die das alles bewerkstelligen. Deshalb benötigen die meisten Kreaturen keine besonders leistungsfähigen Gehirne. Menschen dagegen brauchen nicht nur ihr Gehirn, sondern auch ihren Verstand. Im Theaterstück *The Secret of Freedom* von Archibald MacLeish sagt eine Person: »Das einzig Menschliche am Menschen ist sein Verstand. Alles andere findet man auch bei einem Schwein oder einem Pferd.« Das ist zwar unangenehm, aber wahr.

Stellen Sie sich einen wunderschönen Adler vor. Es ist einfach erstaunlich, wenn man sieht, wie so ein Tier herabstößt und sich in einem einzigen perfekten Anflug einen Fisch aus dem Wasser greift. Noch erstaunlicher ist das Sehvermögen eines Adlers. Da er aus großer Höhe kleine Nagetiere im Gras oder Fische knapp unter der Wasseroberfläche sehen muss, nehmen die Augen in seinem Kopf fast den ganzen Raum ein. Die Augen sind für den Adler das Allerwichtigste, und alles andere ist darauf abgestimmt. Das Gehirn ist winzig im Vergleich und eher rudimentär angelegt. Der Adler denkt nicht, plant nicht und erinnert sich nicht. Er handelt nur im Einklang mit äußeren Reizen.

So verhält es sich bei den meisten Lebewesen. Nur eines braucht 20 Jahre, um heranzureifen, und es beherrscht alle anderen. Inzwischen verfügt es über die Macht, alles Leben auf der Erde innerhalb weniger Stunden auszulöschen. Und nur dieses eine Wesen verfügt über die gottgleiche Macht, sich sein Leben gemäß den Vorstellungen in seinem Kopf selbst einzurichten.

Es ist der Verstand, der uns Menschen von allen anderen Lebewesen auf der Erde unterscheidet. Alles, was uns irgendetwas bedeutet, ereignet sich im Rahmen unseres Verstandes: die Liebe zu unserer Familie, unsere Überzeugungen, unser Wissen und alle unsere Fähigkeiten. Alles wird durch unseren Verstand reflektiert. Und alles, was uns künftig begegnet, tut dies mit großer Wahrscheinlichkeit aufgrund dessen, dass wir unseren Verstand gebrauchen.

Und doch ist der Verstand der letzte Ort, an den sich der Durchschnittsmensch wendet, um um Hilfe zu bitten. Warum ist das so? Warum bedienen sich Menschen nicht automatisch ihrer ungeheuren geistigen Fähigkeiten, wenn ihnen ein Problem begegnet? Der Grund ist, dass sie nie zu denken gelernt haben. Die meisten Menschen unternehmen angesichts von Schwierigkeiten sogar alles Mögliche, um nur ja nicht denken zu müssen. Lieber fragen sie andere Leute um Rat, die normalerweise gar nicht mehr wissen als sie selbst: Nachbarn, Familienangehörige und Freunde, die alle in der gleichen Gedankenfalle sitzen. Nur wenige nutzen die Macht ihres Verstandes, um Hindernisse zu überwinden.

Dabei erfordern praktisch alle Elemente eines erfolgreichen Lebens – also auch der Versuch, ein gefragter Redner zu werden – das Lösen von Problemen, die uns von dem Punkt trennen, den wir erreichen wollen. Kein Mensch ist frei von Problemen. Sie sind ein Teil des Lebens. Allerdings verschwenden wir sehr viel Zeit damit, uns an den *falschen* Problemen abzuarbeiten. Hier einmal eine verlässliche Schätzung dessen, was Menschen Sorgen bereitet:

Dinge, die nie eintreten werden: 40 Prozent
Dinge aus der Vergangenheit,
die sich nicht ändern lassen: 30 Prozent
unbegründete Sorgen wegen der Gesundheit: 12 Prozent
verschiedene belanglose Sorgen: 10 Prozent
begründete Sorgen: 8 Prozent

Bei einem Durchschnittsmenschen nehmen also 92 Prozent der Sorgen wertvolle Zeit in Anspruch, lösen unangenehmen Stress und möglicherweise sogar geistige Leiden aus, und sind doch völlig überflüssig. Begründete Sorgen fallen in zwei Gruppen: lösbare Probleme einerseits und andererseits solche, die wir nicht eigenständig lösen können. Die meisten unserer wirklichen Probleme gehören zur ersten Gruppe, die wir also bewältigen können, wenn wir nur lernen, wie.

Eine gewöhnliche berufstätige Person verfügt heutzutage über jede Menge Freizeit. Wenn wir übers Jahr gesehen jede Nacht acht Stunden lang schlafen, dann bleiben etwa 6000 Stunden Wachzeit, von denen wir – bei 40 Wochenstunden – weniger als 2000 Stunden mit Arbeit zubringen. Damit bleiben 4000 Stunden, während derer man weder arbeitet noch schläft. Mit diesen frei verfügbaren Stunden kann man eigentlich tun, was einem gefällt.

Angenommen, Sie reservieren an fünf Tagen die Woche eine Stunde täglich und üben während dieser Stunde, sich zu einem Redner zu entwickeln. Das Wochenende können Sie sogar auslassen. Reservieren Sie eine Stunde pro Tag für denselben Zweck, weshalb Sie dieses Buch lesen: um zum bestmöglichen Redner zu werden.

Setzen Sie sich während dieser Stunde mit einem leeren Blatt Papier und einem Bleistift hin. Ganz oben schreiben Sie das wichtigste Ziel auf, das Sie sich als Redner oder Rednerin setzen. Vielleicht möchten Sie Ihre Angst überwinden oder mehr Angebote erhalten, um aufzutreten. Es gibt vielerlei Möglichkeiten. Und da Ihre Zukunft davon abhängt, wie Sie Ihre Ziele erreichen, schreiben Sie alle Ideen auf, die Ihnen für das Erreichen dieses Ziels einfallen. Es sollten mindestens 20 sein, aber wenn Ihnen nicht so viele einfallen, dann kann selbst eine einzelne Idee nützlich sein.

Zwei Dinge sollten Sie dabei beachten. Erstens ist es nicht ganz einfach, diesem Vorhaben regelmäßig diese eine Stunde zu widmen. Und zweitens werden nicht alle Ihre Ideen sonderlich hilfreich sein. Es ist hier wie bei jeder anderen Sache, die Sie von Neuem beginnen. Zuerst wird sich Ihr Verstand ein bisschen dagegen sträuben, »aus dem Bett gezerrt« zu werden. Aber während Sie darüber nachdenken, wie Sie Ihr Vorhaben vorantreiben können, schreiben Sie alles auf, was Ihnen in den Kopf kommt, und wenn es Ihnen noch so absurd erscheint.

Entscheidend ist, dass sich Ihr Ziel aufgrund dieser Stunde tief in ihr Unterbewusstsein einprägt und Morgen für Morgen die ganze Denkmaschine in Gang setzt. Wenn Sie es auf 20 Ideen am Tag bringen, dann macht das 100 in einer Woche, selbst wenn Sie an den Wochenenden pausieren.

Bei einer Stunde täglich und fünf Tagen pro Woche kommen Sie auf 260 Stunden im Jahr – Ihnen bleiben also immer noch 3740 Stunden Freizeit. In der Summe denken Sie dennoch sechseinhalb 40-stündige Arbeitswochen lang darüber nach, wie Sie Ihre Redefähigkeit steigern können! Und trotzdem können Sie täglich sieben Stunden lang tun, was Sie wollen.

Wenn Sie gleich morgens beginnen, über das Reden nachzudenken, dann wird Ihnen auffallen, dass sich Ihr Verstand noch den ganzen restlichen Tag damit beschäftigt. Zu den ungewöhnlichsten Zeitpunkten, wenn Sie das gar nicht erwarten, werden aus Ihrem Unterbewusstsein großartige Ideen hervorbrechen. Diese müssen Sie sofort aufschreiben. Schon eine einzige gute Idee kann Ihre Arbeit – und damit Ihr Leben – von Grund auf verändern.

Wir alle neigen dazu, unsere Fähigkeiten zu unterschätzen. Dabei sollten wir uns bewusst machen, dass wir große ungenutzte Potenziale in uns tragen, ja vielleicht sogar Genialität, und wir müssen nur tief genug schürfen, um sie anzuzapfen. Machen Sie sich keine Sorgen über das Ziel, das ganz oben auf Ihrem Blatt steht. Es wartet dort oben einfach nur darauf, erreicht zu werden – wie ein Problem, das noch nicht gelöst ist. Gehen Sie es mit Zutrauen an und setzen Sie alle Ihre geistigen Kräfte in Gang, um das zu erreichen. Und Sie *werden* das Ziel erreichen!

Diese Beobachtungen, wie der Verstand und das Redenhalten miteinander in Beziehung stehen, sind für das Überzeugen besonders wichtig. Wir Menschen sehen uns gerne als logisch denkende Wesen, aber Logik kommt erst ins Spiel, wenn gewisse Bedingungen erfüllt sind. Bevor wir zwei Gedanken miteinander vergleichen, müssen wir über mindestens zwei Gedanken verfügen. Ist diese Voraussetzung nicht erfüllt, geschieht Überzeugung eher durch Anregung und Instinkt als durch logische Prozesse. Wenn ich Ihnen sage: »Smartphones sind völlig harmlos«, und in Ihrer geistigen Landschaft sind keine gegenteiligen Informationen vorhanden, dann können Sie einfach durch meine Anregung überzeugt werden. Hat Ihnen aber jemand eine Website gezeigt, die den schädlichen Einfluss von Handys thematisiert, dann werde ich Beweise vorlegen müssen, die meine Aussage bekräftigen. Dann muss ich Sie mit logischen Argumenten überzeugen, denn die Anregung allein genügt nicht mehr.

Das gleiche Prinzip gilt für mündliche Vorträge, bei denen die Zuhörer in rascher Folge viele Informationen erhalten, ohne diese überprüfen zu können. Sprecher wirken daher besonders überzeugend, wenn sie auf Anregungen und nicht auf Argumente bauen. In der Regel wird das von den Hörern geschätzt, denn etwas zu glauben, ist einfacher, als es zu bezweifeln. Bevor wir etwas anzweifeln und kluge Fragen darüber stellen können, müssen wir über Erfahrung und Wissen und ein geschultes Denkvermögen verfügen. Wenn man Kindern erzählt, der Weihnachtsmann komme durch den Kamin ins Haus, dann werden sie das glauben, bis sie aufgrund von besseren Informationen ihre Meinung ändern.

Um Menschen von etwas zu überzeugen, sollten Sie den Gedanken also zunächst fest in ihren Köpfen verankern und dann dafür sorgen, dass keine widersprechenden oder gegenteiligen Ideen aufkommen. Wenn Sie es beherrschen, das zu erreichen, dann werden Sie als Redner Erfolg haben und Gewinn daraus ziehen. So einfach ist das.

Aber wie können Sie das schaffen? Zunächst müssen Sie wissen, dass viel weniger Gegenargumente geäußert werden, wenn Ihr Gedanke mit Gefühlen und ansteckender Begeisterung vorgebracht wird. Ich sage bewusst *ansteckend*, denn Begeisterung bewirkt genau das. Sie bringt kritische Stimmen zum Schweigen. Sie ist eine natürliche Barriere gegen abweichende, negative oder gegenteilige Meinungen. Wenn Sie überzeugend sein wollen, dürfen Sie nicht vergessen, dass das Erregen von Gefühlen viel eher zum Ziel führt als das Wecken von Gedanken. Gefühle sind mächtiger als kühle Gedanken. Um aber Gefühle zu wecken, braucht es Aufrichtigkeit, Eindringlichkeit und Begeisterung. Unaufrichtigkeit wird auch den besten Vortrag verderben – da können Ihre Formulierungen noch so elegant sein, Ihre Illustrationen noch so eindrucksvoll, der Klang Ihrer Stimme und die Eleganz Ihrer Gesten noch so einnehmend. Wenn Sie nicht aufrichtig sind, ist das alles umsonst. Wenn Sie also das Publikum überzeugen wollen, müssen Sie zuallererst sich selbst überzeugen. Wenn das erreicht ist, können Sie das Publikum in aller Aufrichtigkeit ansprechen. Lassen Sie das in Ihrer Stimme mitschwingen und aus Ihren Augen leuchten, von dem Augenblick, wenn Sie vor Ihre Hörer treten, bis zu dem Moment, in dem Sie sich wieder hinsetzen.

Aufrichtigkeit funktioniert aber nur in Kombination mit Intensität, denn neben Ihrer Glaubwürdigkeit müssen Sie dem Publikum auch Ihre Energie vermitteln. Dafür gibt es drei nützliche Vorgehensweisen: *Wiederholung, Verbindung* und *Kontrast*. Diese Begriffe scheinen sich von selbst zu erklären, aber sehen wir ein bisschen genauer hin. Vielleicht steckt doch mehr dahinter, als Sie vermuten.

Wenn ein neues Produkt am Markt vorgestellt wird, dann kaufen es die Leute nicht einfach, weil es plötzlich in den Regalen auftaucht. Untersuchungen haben gezeigt, dass Verbraucher einem Produkt mindestens neun Mal begegnen müssen – auf Werbetafeln, in der Fernsehwerbung oder in Zeitungsannoncen –, bis sie überhaupt bemerken, dass das Produkt existiert. Haben sie es aber wahrgenommen, dann geschehen mehrere Dinge. Zuerst gehen der Name und das Bild des Produkts ins Gedächtnis ein; die Erinnerung daran wird dann durch jede weitere Begegnung verstärkt.

Genau dasselbe geschieht bei einem mündlichen Vortrag. Wenn Sie einen Gedanken zum ersten Mal erwähnen, werden Ihre Hörer ihn überhaupt nicht zur Kenntnis nehmen – besonders, wenn er nicht irgendwie einprägsam formuliert ist. Er geht zum einen Ohr hinein, zum anderen wieder hinaus, wie man so schön sagt. Wenn Sie diesen Gedanken aber immer wieder aufs Neue vorbringen – und das auf neuartige und interessante Weise tun –, dann wird er bei Ihrem Publikum nicht nur haften bleiben, die Leute werden ihn auch bald vorausahnen. Aber das ist noch nicht alles. Erstaunlicherweise werden sie ihn auch zunehmend als Wahrheit akzeptieren. Es ist eine merkwürdige Tatsache der menschlichen Natur, dass man allein durch Wiederholung überzeugen kann. Wir brauchen dieselbe Information nur mehrmals zu präsentieren; schon allein dadurch wird die Wirkung und Überzeugungskraft der Botschaft verstärkt.

»Man kann Menschen nicht von etwas Wahrem überzeugen, indem man es einmal, zweimal oder gar zehnmal vorbringt«, sagte Franklin D. Roosevelt. »Politische Wahrheiten lassen sich nur durch permanente Wiederholung im öffentlichen Bewusstsein verankern. Was die Menschen immer wieder hören, dem räumen sie einen Platz in der Ecke ihres Verstandes ein. Und bald zweifeln sie ebenso wenig daran, wie sie ihre religiösen oder patriotischen Überzeugungen infrage stellen würden.«

Ein früherer US-Präsident, Woodrow Wilson, sagte dasselbe in anderen Worten. Einst, als kleiner Junge, hatte Wilson seine Mutter gefragt, warum sie ihm etwas zwanzigmal gesagt hatte. Sie antwortete: »Weil du es nach dem neunzehnten Mal immer noch nicht verstanden hast.«

Etwas muss zur Anwendung der Wiederholung allerdings einschränkend gesagt werden: Wenn Sie denselben Gedanken nicht immer wieder auf *andere* Weise vorbringen, könnten die Wiederholungen ermüdend wirken. Vielleicht lässt sich Ihr Gedanke ja in wenige Worte fassen und Sie können sich dazu einen kurzen Reim ausdenken. Dazu sei an den Zweizeiler über das entscheidende Beweisstück erinnert, den O. J. Simpsons Anwalt Johnnie Cochran den Geschworenen im Mordprozess immer wieder einbläute:

»If it doesn't fit, you must acquit.«* Sie können Ihren Gedanken auch nach und nach erweitern und so wiederholen, wenn Ihr Vokabular das auf elegante und interessante Weise zulässt. Vom Rednerpult aus können Sie leicht sehen, ob es funktioniert. Wenn viele Leute auf ihre Armbanduhren sehen, funktioniert es eher nicht.

Verbindung ist als Vorgehensweise eine Weiterentwicklung der Wiederholung, und beide können gemeinsam eingesetzt werden. In Kapitel 5 haben wir beispielsweise erwähnt, dass sich das Interesse der Zuhörer erstaunlich gut mit Geschichten über Flugreisen wecken lässt. Die Leute kennen das Gefühl, in einem Flugzeug zu sitzen, aber weil das gleichzeitig immer noch etwas Besonderes ist, sind sie auch besonders daran interessiert. Angenommen, Sie möchten auf die Bedeutung von körperlichem Training hinweisen. Dazu könnten Sie einfach ein paar Statistiken vorlegen oder auf ein von Ihnen gelesenes Buch oder einen Artikel verweisen. Vielleicht funktioniert das, aber Sie könnten die Wirkung enorm steigern, und zwar einfach indem Sie erwähnen, dass Sie den Artikel gelesen haben, während Sie im Flugzeug saßen. Es grenzt an Magie, aber es macht wirklich einen Unterschied. Ihre Botschaft lässt sich einfach dadurch verstärken, dass sie mit einem bestimmten Umfeld in Verbindung gebracht wird. Das geht ganz leicht. Sie brauchen rein gar nichts am Inhalt Ihrer Botschaft zu verändern – und trotzdem wirkt diese sehr viel überzeugender.

Oder nehmen wir das folgende Beispiel: Die Uhrmacher-Analogie wird immer wieder als Argument für die Existenz Gottes angeführt. Sie lautet wie folgt: Ein Atheist erklärte einst gegenüber einem frommen Geistlichen, es existiere kein Gott, und er forderte den Kirchenmann heraus, das Gegenteil zu beweisen. Der Geistliche zog daraufhin seine Taschenuhr hervor, ließ ihren Deckel aufschnappen und zeigte dem Ungläubigen das Uhrwerk mit den Worten: »Wenn ich behauptete, alle diese Hebel und Zahnräder und Federn wären von einem Blinden erdacht und zusammengesetzt worden, würdest du mir glauben? Würdest du mir glauben, dass jemand, der

---

* Auf Deutsch etwa: »Will es nicht passen, dann müsst ihr ihn freilassen.« [Anm. d. Übers.]

nicht sehen kann, einzig durch Herumprobieren eine Uhr wie diese zusammensetzen könnte? Würdest du nicht an meinem Verstand zweifeln, wenn ich so etwas behauptete? Natürlich würdest du das. Aber nun schau hinauf zu den Sternen. Jeder folgt mit seiner Bewegung einer perfekt ausgemessenen Bahn – die Erde und die Planeten um die Sonne, und alle gemeinsam jagen sie Tag für Tag mehr als eine Million Kilometer durchs All. Jeder Stern ist eine weitere Sonne mit ihrer eigenen Anzahl von Welten, die genau wie unser eigenes Sonnensystem durch den Raum eilen. Und doch gibt es keine Zusammenstöße, keine Störung, kein Durcheinander. Alles läuft lautlos, effizient und kontrolliert. Ist es nun leichter zu glauben, dass das einfach so passiert ist, oder dass das jemand so eingerichtet hat?«

Man braucht kein Anhänger der Intelligent-Design-Bewegung zu sein und auch kein Verfechter der Evolutionstheorie, um zu erkennen, dass hier in rhetorischer Hinsicht ein eindrucksvolles Argument vorgebracht wird. Aber welche Methode hat der Sprecher angewandt? Nun, zunächst einmal hat er eine gemeinsame Plattform erschaffen – eine Verbindung. Er brachte sein Gegenüber dazu, im Falle der Taschenuhr zuzustimmen. Im nächsten Schritt zeigte er, dass der Glaube an einen Gott so einfach und unvermeidlich ist wie der Glaube an einen sehenden Uhrmacher anstatt einen blinden.

Angenommen, der Geistliche hätte deutlich aggressiver reagiert. Er hätte ja auch antworten können: »Sei kein Narr! Du hast doch keine Ahnung, wovon du redest!« Was wäre dann wohl geschehen? Die beiden hätten wahrscheinlich gestritten – möglicherweise hitzig, aber höchstwahrscheinlich vergeblich. Der Atheist hätte seine Position ebenso verbissen verteidigt, wie sie der Kirchenmann attackierte. Und warum? Weil das eben seine Meinung war und er sich deswegen in seinem kostbaren und unverzichtbaren Selbstwertgefühl angegriffen gefühlt hätte. Es wäre um seinen Stolz gegangen.

Da der Stolz aber eine sehr brisante menschliche Eigenschaft darstellt, ist es klüger, den Stolz der Leute für sich arbeiten zu lassen als gegen sich. Dazu müssen wir lediglich verdeutlichen, dass der von uns vorgeschlagene Sachverhalt einem anderen ganz ähnlich ist, nämlich einem, den die Zuhörer bereits glauben. Dadurch wird es für die Leute leichter, den Sachverhalt zu akzeptieren, als ihn zurückzuweisen. Auf diese Weise verhindern wir, dass widersprüchliche oder gegensätzliche Meinungen aufkommen, um abzublocken, was wir gesagt haben.

Der Geistliche aus dem Beispiel war sich wohl bewusst, wie der menschliche Verstand funktioniert. Den meisten Menschen fehlt allerdings die Fähigkeit, sich die Überzeugungen eines Zuhörers zu eigen zu machen. Sie glauben, einen Krieg könne man nur mit einem Frontalangriff gewinnen. Bei derlei Auseinandersetzungen gibt es aber selten einen Sieger. Es kann zwar eine Menge Schaden entstehen, aber am Ende wird keine Seite die andere überzeugen.

Was die Verbindung angeht, können sich unsere Bedenken bei einem bestimmten Thema von einer Situation zur anderen verändern. Ein Publikum beispielsweise kann an den finanziellen Aspekten einer Frage interessiert sein, während ein anderes Publikum mehr über dessen Folgen für die Umwelt erfahren möchte. Wir können solche Unterschiede als Variationen der Wichtigkeit betrachten. Die Hörer gewichten Themen auf verschiedene Weise. Daher sollten Sie Ihre Argumente mit Gedanken verbinden, von denen Sie wissen, dass sie für Ihre Zuhörer eine wichtige Rolle spielen. Dieses Wissen ist entscheidend und wird sich stark auf Ihre Vorgehensweise auswirken. Wenn ein Sachverhalt für eine Gruppe von Zuhörern wichtig ist, dann sind diese Personen in der Regel auch gut informiert und einem radikalen Wandel eher abgeneigt. Bei einem solchen Publikum müssen Sie gute und wohldurchdachte Gründe vorbringen, um zu überzeugen. Das müssen nicht notwendigerweise viele Gründe sein, aber diejenigen, die Sie vorbringen, sollten stichhaltig sein. Ein Publikum andererseits, dem Ihr Thema nicht so wichtig ist, wird sich leichter auf Ihre Argumentation einlassen. Es wird nicht nur die stärksten Argumente hören wollen, sondern alles, was Sie anzubieten haben. Sie können mit der Verbindung als Methode also ziemlich ungebunden umgehen.

Unser drittes und wahrscheinlich wirkungsvollstes Werkzeug ist der *Kontrast*. Wie bei der Wiederholung und der Verbindung spricht auch der Gegensatz eine menschliche Eigenschaft an. Für Kontraste haben die Leute ein sehr viel besseres Gespür als dafür, die Eigenschaften eines Gegenstandes an sich wahrzunehmen. Es fällt ihnen leicht, über Dinge zu urteilen, und zwar am liebsten im Vergleich zu etwas anderem. Wenn zum

Beispiel gesagt wird, jemand sei klug oder gesprächig, dann bedeutet das, dass die Person klüger oder gesprächiger ist als andere Leute.

Diese menschliche Neigung gilt nicht nur für Argumente und Ideen, sondern auch für körperliche Empfindungen. Legen Sie Ihre linke Hand für eine Weile in eine Schüssel mit kaltem Wasser, die rechte gleichzeitig in eine mit sehr warmem Wasser. Dann tauchen Sie beide gemeinsam in eine Schüssel mit lauwarmem Wasser. Die linke Hand fühlt nun sich warm an, die rechte kalt. Das Prinzip der Kontraste ist uns angeboren. Etwas Helles neben etwas Dunklem wirkt heller. Einen muffigen Geruch finden wir schlimmer, nachdem wir etwas Gutes gerochen haben. Weitere Beispiele lassen sich in allen Lebensbereichen finden.

Sehen wir am folgenden Beispiel, wie das Prinzip des Gegensatzes funktioniert: Angenommen, Sie sind ein Manager der Forschungs- und Entwicklungsabteilung eines großen Haushaltsgerätekonzerns. Es steht die Entscheidung an, ob für Ihre Abteilung ein neues Forschungslabor gebaut werden soll. Sie sollen dabei die Kosten für den Bau ermitteln. Man hat Ihnen das Budget in groben Zügen umrissen, aber was sich das Unternehmen das Ganze genau kosten lassen will, ist noch nicht entschieden.

Natürlich wünschen Sie sich das bestmögliche Labor für Ihre Abteilung. Bei der Vorstellung Ihrer Ergebnisse vor der Firmenleitung wenden Sie klugerweise die Prinzipien an, die wir eben besprochen haben. Sie geben sich aufrichtig und begeistert. Sie verwenden Wiederholungen und zeigen Verbindungen auf. Kontraste machen Sie sich dabei ganz besonders zunutze. Sehen wir, wie das geht.

»Sehr verehrte Damen und Herren«, sagen Sie. »Mir ist bewusst, welche Mittel für diese Investitionen zur Verfügung stehen. Ich möchte nun eine Reihe von Möglichkeiten vorstellen. Die Baukosten für ein neues Labor betragen mindestens 3 Millionen Dollar. Lassen Sie mich zeigen, wie ein Labor für 3 Millionen Dollar in etwa aussehen würde.«

Zeigen Sie eine Abbildung – eine Außenansicht oder einen Grundriss – eines eher unscheinbaren Gebäudes. Es sollte nicht übertrieben schäbig aussehen, aber eben einfach und schmucklos, die Billigversion eines Forschungslabors. Wenn Sie es richtig anstellen, wird sich bei Ihren Zuhörern mittlere bis deutliche Enttäuschung breitmachen. Das bleibt aber unausgesprochen, vielleicht sogar unbewusst, aber das Gefühl ist da. Nun können Sie das zweite Schaubild projizieren, diesmal das Ergebnis eines größeren Budgets, natürlich mit einem deutlich attraktiveren Ergebnis.

Ihre Darstellung wird durch das Zeigen beider Abbildungen sehr viel überzeugender ausfallen als mit lediglich der zweiten Grafik. Kontraste sind ungeheuer einfach und gleichzeitig unglaublich wirkungsvoll. Zerbrechen Sie sich nicht zu sehr den Kopf darüber; lassen Sie das Prinzip einfach für sich arbeiten.

Bei der Arbeit mit Kontrasten sollten wir uns noch ein paar Variationen ansehen. Manchmal möchte man anstelle zweier etwa gleichwertiger Ideen vielleicht einen extremen Kontrast herausstellen. In einem Vortrag über den Klimawandel möchte man vielleicht einem Schreckensszenario ein sehr viel besseres gegenüberstellen. Das Publikum müsste sich dann zwischen einer totalen Umweltkatastrophe und einer noch relativ lebenswerten Situation entscheiden. Dieser Alles-oder-nichts-Ansatz könnte eine gute Wahl sein, wenn man möchte, dass die Leute die richtige Entscheidung über ihre Lebensweise treffen.

Es gibt aber auch eine andere Möglichkeit. Anstatt nur zwei Alternativen vorzustellen, können Sie die entgegengesetzte Richtung einschlagen und so viele wie möglich präsentieren. Sie könnten dann sagen: »Das bekommen wir, wenn wir 1 Million Dollar ausgeben, das bei 2 Millionen Dollar, das bei 3 Millionen«, und so weiter. Wenn Sie diesen Ansatz wählen, ergeben sich zwei Möglichkeiten. Entweder die Zuhörer versuchen, die Entscheidung zu vereinfachen und sie brechen die Wahl auf zwei Möglichkeiten herunter – und je deutlicher der Kontrast, desto besser. Oder die Leute sind so verwirrt, dass sie sich nicht mehr entscheiden können. Wenn Sie mit Ihrem Vortrag einen Aufschub der Entscheidung erreichen wollen, kann die Präsentation zahlreicher Möglichkeiten eine gute Lösung sein. Es ist gut möglich, dass man das Ganze dann für genauere Erhebungen an Sie zurückverweist. Damit hätten Sie Ihr Publikum davon überzeugt, sich erst einmal nicht überzeugen zu lassen.

Bislang haben wir in diesem Kapitel eine Anzahl ziemlich wirkungsvoller Werkzeuge für die Überzeugungsarbeit kennengelernt. Wir haben gesehen, wie Aufrichtigkeit, Eindringlichkeit, Begeisterung und ganz speziell auch Kontraste uns dabei helfen können, unsere Ziele zu erreichen. Es ist aber noch so vieles über das Überzeugen zu sagen, dass wir der Ausgewogenheit dieses Kapitels zuliebe ein bisschen mehr Fahrt aufnehmen müssen. Die wichtigsten Grundsätze der Überzeugungskraft haben wir ja schon im Detail besprochen; nun wollen wir uns noch ein paar weitere Prinzipien ansehen. Mit den folgenden schnellen, schlagkräftigen Methoden können Sie Ihre Hörer im Handumdrehen auf Ihre Seite ziehen. Möglicherweise können Sie nicht alle in ein und demselben Vortrag anwenden, aber Sie sollten auf jeden Fall so viele wie möglich unterbringen.

Menschen sind beispielsweise interessiert an *Aktivität*. Ihre Aufmerksamkeit wird angezogen von Dingen, die sich bewegen, die blitzen oder blinken. Benutzen Sie also, wenn es passend ist und die Aufmerksamkeit Ihrer Zuhörer gesteigert werden muss, bei Ihrem Vortrag ein entsprechendes Hilfsmittel. Achten Sie allerdings darauf, das Hilfsmittel wieder verschwinden zu lassen, sobald Sie es nicht mehr benötigen. Verweisen Sie beispielsweise auf eine Karte der Vereinigten Staaten, dann sollten die Staaten in leuchtenden Farben dargestellt und die ganze Karte von überall im Raum gut zu sehen sein. Wird die Karte aber nicht mehr gebraucht, nehmen Sie sie herunter oder schalten Sie den Projektor aus. Der Gegenstand, der als Abwechslung so gute Dienste geleistet hat, sollte die Zuschauer nicht aus den gleichen Gründen ablenken.

Zweitens wirken konkrete, lebhafte Begriffe und Bilder überzeugender als hypothetische und abstrakte Begriffe. Verwenden Sie also so viele passende Substantive, Orts- und Markennamen wie Sie können. Vergleichen Sie diese beiden Sätze: »Als ich in eine andere Stadt zog, musste ich viel herumfahren, bis ich den Supermarkt fand«, und »Als ich nach Phoenix zog, fuhr ich auf der Suche nach dem Food Giant lange mit meinem Honda herum.« Wenn Sie Ihre Hörer in das Bild mit hereinholen, das Sie malen, dann können Sie sie leichter davon überzeugen, dass es ein Bild der Wirklichkeit ist.

Gegenwart zu erzeugen, ist also wichtig, ebenso wie *Nähe*. Auf Dinge in der Nähe achten Menschen mehr als auf Dinge, die ihnen fern liegen. Zögern Sie also nicht, hinter dem Rednerpult hervorzukommen und ein wenig mit dem Publikum zu spielen, sobald Sie dies durch genügend Erfahrung unbefangen tun können. Nähe erzeugen Sie sowohl durch das, was sie sagen, als auch dadurch, wo Sie sich befinden. Wenn Sie einen Punkt Ihrer Rede mehr verdeutlichen wollen, dann könnte das beispielsweise durch eine Nachrichtenmeldung geschehen, die Ihnen am Morgen aufgefallen ist. Beziehen Sie sich auf nahe gelegene Orte, aktuelle Ereignisse und bekannte Menschen. Vielleicht haben Sie ja etwas Positives oder Interessantes über den vorigen Redner zu sagen? Oder Sie erwähnen jemanden im Publikum mit Namen – insbesondere, wenn die Person anderen im Saal bekannt ist.

Die Zuschauer mögen Vertrautes, achten aber gleichzeitig auf Dinge, die neu und anders sind. Sie können beides nutzen, indem sie etwas Neues über eine Person, einen Ort oder einen Gegenstand erzählen, den das Publikum bereits kennt. Das funktioniert sogar noch besser, wenn das Publikum glaubt, schon alles über das betreffende Thema zu wissen. Wer ist die Person, die Sie vorgestellt hat? Was haben Sie bei Ihrer Vorbereitung für diese Veranstaltung Interessantes über diese Person herausgefunden? Wie können Sie das so in Ihren Vortrag einbauen, dass sich das Publikum leichter für Sie erwärmt? Je besser Sie eine gute Stimmung erzeugen, desto eher wird sich Vertrauen einstellen – und je mehr Vertrauen da ist, desto besser können Sie überzeugen.

Spannung ist ein weiteres Werkzeug, mit dem sich hervorragend Aufmerksamkeit erregen lässt, und wenn Sie es richtig einsetzen, wird Ihre Botschaft überzeugender wirken. Spannung aufzubauen, bedeutet aber nicht, dass Sie die Menschen in Sorge versetzen oder ängstigen müssen. Es geht lediglich darum, Informationen auf interessante und etwas überraschende Weise zu vermitteln. Im Vorfeld der nächsten Präsidentschaftswahlen könnten Sie Spannung erzeugen, etwa indem Sie fragen: »Wie viele Senatoren haben sich seit 1960 für die US-Präsidentschaft beworben und wie viele von ihnen sind Präsident geworden?« Sie brauchen die Antwort nicht gleich zu geben – das sollten Sie gar nicht. Sagen Sie einfach: »Ich werde es Ihnen in Kürze verraten und ich glaube, die Zahlen werden Sie überraschen.« Falls Sie die Spannung schon jetzt nicht mehr aushalten: Von 1960 bis zum Zeitpunkt, da ich dies schreibe, haben 40 Senatoren kandidiert, und nur zwei amtierende Senatoren wurden zu US-Präsidenten gewählt: John F. Kennedy und Barack Obama.

Zur Einschränkung muss gesagt werden, dass die Information, die Sie zunächst zurückhalten, bedeutend genug sein muss, um das Interesse zu rechtfertigen, das Sie angeregt haben. Es wird die Zuhörer verärgern, wenn der Redner ankündigt: »Dazu später mehr«, und dann etwas Belangloses erzählt oder den Punkt ganz vergisst. Man kann sich darauf vorbereiten, indem man die Passage an Freunden ausprobiert. Wenn diese nur schwach oder gezwungen reagieren, wenn das Rätsel gelöst wird, verwenden Sie das Element lieber nicht.

Ein *Konflikt* fesselt das Publikum vielleicht noch verlässlicher als aufgebaute Spannung. Ein anständiger Streit ist immer interessant, besonders wenn die Sachlage klar ist und eine Reaktion erfordert. Vor den versammelten Abgeordneten von Senat und Repräsentantenhaus verkündete George W. Bush am 20. September 2001: »Die Freiheit und die Angst liegen miteinander im Krieg. Die Freiheit der Menschen voranzubringen – die größte Errungenschaft unserer Zeit und größte Hoffnung aller Zeiten –, das hängt jetzt von uns ab.« Für die meisten Kommentatoren war dies die beste Rede von Bushs Amtszeit. Er beschrieb diesen dramatischen Augenblick der amerikanischen Geschichte als klaren Konflikt zwischen Gut und Böse. Höchstwahrscheinlich werden Sie nie das Wort an eine Nation richten müssen, nachdem 3000 Menschen einem Terroranschlag zum Opfer gefallen sind, aber vergessen Sie nicht, dass die Zuhörer herausgefordert und mobilisiert werden wollen. Überzeugen Sie die Leute davon, dass sie im Recht sind, und der Rest wird wie von selbst kommen.

Ganz egal, wie viele Überzeugungsmethoden Sie verwenden – Sie müssen das in jedem Fall in einem klar strukturierten Zusammenhang tun. Da jede Hörerin und jeder Hörer im Publikum anders auf Ihre Methoden anspricht, sollten Sie immer eine Reihe verschiedener Werkzeuge zum Einsatz bringen. Während sich die positiven Reaktionen der Zuhörer unterscheiden, werden sie einmütig negativ reagieren, wenn Ihr Vortrag zerfahren und schlecht organisiert erscheint. Stimmige und logisch miteinander verbundene Gedanken schaffen Vertrauen in Sie als Redner. Je besser das Publikum Ihren Gedankengängen folgen kann, desto leichter wird es seine Aufmerksamkeit für Ihre Botschaft aufrechterhalten können. Bei einer Ansammlung von Ideen ohne Zusammenhang werden die Leute dagegen anfangen, an alles Mögliche zu denken, nur nicht an das, was Sie ihnen zu sagen versuchen.

Untersuchungen haben ergeben, dass die Aufmerksamkeit größer ist, wenn Zuhörer schon wissen, was sie erwarten können. Dies kann auf zweierlei Weise geschehen. Eine Methode ist die sogenannte Vorhersage, bei der Sie dem Publikum die Hauptteile Ihrer Rede aufzählen. Das könnte beispielsweise so gehen: »Zunächst werde ich auf die beiden Hauptgründe für das Bevölkerungswachstum westlich der Rocky Mountains eingehen und dann die Auswirkungen dieses Wachstums auf die Bauwirtschaft erörtern.« Die Vorhersage als Teil Ihrer Einleitung gibt einen Überblick über Ihren ganzen Vortrag, sodass das Publikum dessen einzelne Abschnitte schon gezielt erwarten kann.

Auf einen guten Aufbau Ihrer Rede lässt sich sehr gut bei den Übergängen zwischen den einzelnen Teilen hinweisen. Diese Übergänge als zweites Werkzeug können als verbale Hinweisschilder auf kommende wichtige Argumentationspunkte dienen. Übergänge lassen sich auf verschiedenste Weise formulieren; gerade am eleganten Umgang mit diesen Schlüsselstellen zeigt sich die Qualität eines Redners. Es ist gut, wenn Sie hier Ihr Geschick ausspielen können; falls Ihnen aber nichts Pfiffiges einfällt, dann formulieren Sie einfach so klar und deutlich wie möglich. Nützliche Überleitungen könnten lauten: »Mit diesem kurzen historischen Abriss als Grundlage wollen wir nun den nächsten Schritt tun.« Oder: »Nun zur zweiten meiner drei Möglichkeiten.« Vielen Rednern machen die Übergänge Probleme, aber eigentlich sind diese sehr leicht zu meistern, wenn man ihren eigentlichen Zweck im Auge behält.

Beim Halten von Reden sollte man dreierlei anstreben: erstens, sich ins Thema vertiefen, dieses zweitens vollständig in sich aufnehmen und drittens, es im Herzen der Hörer einpflanzen.

ALEXANDER GREGG

Schweige, wenn du nichts zu sagen hast; wenn dich aber Leidenschaft bewegt, sage, was du sagen musst, und sage es mit Inbrunst.

D. H. LAWRENCE

Die Sache halte fest, die Worte folgen.

CATO DER ÄLTERE

KAPITEL 10

Wie man kreativ formuliert und die magische Formel einsetzt

Jeder kreative Mensch ist einzigartig, aber sie alle verfügen über gewisse ähnliche Eigenschaften. So erkennen kreative Menschen auf allen Gebieten und damit auch in der Redekunst, dass der menschliche Geist einen unerschöpflichen Fundus darstellt. Um allerdings aus diesem zu schöpfen, müssen wir seinen Bestand an Informationen, Gedanken und Weisheit ständig erweitern. Wir müssen Ideen aus allen möglichen Quellen beschaffen, auch von anderen Personen, deren Beitrag wir dann stets würdigen. Jeder hat Ideen oder Gedanken; Gedanken sind frei, und viele Gedanken sind ausgezeichnet. Kreative Menschen hören sich die Gedanken der anderen erst einmal an und denken darüber nach, bevor sie urteilen, um Voreingenommenheit und Engstirnigkeit zu vermeiden. So lässt sich ein schöpferisches und wachstumsförderndes Klima aufrechterhalten.

Ideen sind wie glitschige Fische. Ständig drohen sie einem durch die Finger zu rutschen. Schöpferische Menschen halten daher stets Block und Bleistift bereit. Das ist einfach ein Muss. Wenn Sie eine Idee haben, schreiben Sie sie auf. Sie können sie natürlich auch in Ihr Handy tippen oder sich selbst eine E-Mail schicken. Bei vielen Menschen hat sich durch einen einzigen großartigen Gedanken das ganze Leben verändert. Aber nur wenn man die Ideen sofort festhält, gehen sie nicht verloren.

Kreative Menschen kommen auch dadurch voran, dass sie beständig ihren Freundeskreis ausweiten und ihr Wissen vermehren. Sie interessieren sich für andere Menschen und hören ihnen aufmerksam zu. Sie sind überaus aufmerksam und saugen alles auf, was sie sehen und hören. Sie verhalten sich, als hätte jeder, den sie treffen, ein Schild um den Hals hängen mit der Aufschrift: »Meine Ideen und Interessen könnten der Schlüssel zu deinem nächsten Erfolg sein.« Deshalb haben sie bei Unterhaltungen immer auch die Interessen der anderen im Blick. So etwas zahlt sich aus in einer Flut neuer Ideen und Informationen, die sonst verloren wären.

Kreative Menschen sehen Erfolg voraus. Sie erwarten ihn geradezu, was eine erstaunliche Produktivität nach sich zieht, die ihr ganzes Umfeld ansteckt. So machen sie auch andere kreativer.

Für kreative Köpfe sind Probleme nichts anderes als Herausforderungen. Ohne Probleme gäbe es wenig Grund, nachzudenken. Kreative Menschen verschwenden keine Zeit damit, sich Sorgen zu machen, sondern nutzen ihre Zeit und Energie stattdessen, um die Probleme zu lösen. Wenn Sie eine Idee haben, dann unternehmen sie eine Reihe von Schritten, um die Idee zu verbessern. Sie denken aus verschiedenen Richtungen darüber nach. Aus kleinen Ideen formen sie große, und aus alten neue. Sie verbinden und verknüpfen Ideen, passen sie an, tauschen aus, vergrößern, sortieren um oder kehren sie sogar ins Gegenteil.

Kreativen und produktiven Menschen geht es dabei nicht um das materielle Resultat. Was sie antreibt, ist einfach der Drang, kreativ und produktiv zu sein. Selbst auf einer einsamen Insel, wo niemand das, was sie tun, bemerken oder daraus Nutzen ziehen könnte, wäre das so. Kreative Menschen empfinden einfach Freude dabei, etwas zu erschaffen. Wenn für sie oder andere etwas dabei herausspringt, dann ist das schön, aber das ist zweitrangig.

Jeder kreative Mensch ist ein Künstler im besten, wahren und weitesten Sinne des Worts – und Künstler werden oft missverstanden. Eine Reihe fortschrittlicher Künstler wurde einst von den Alteingesessenen ihrer Zeit verschmäht und fand daraufhin als eigenständige Gruppe zusammen. Es handelt sich um Degas, Pissarro, Monet, Cézanne und Renoir – fünf der größten Künstler aller Zeiten, die trotz der Ablehnung durch die Allgemeinheit genau das taten, woran sie glaubten.

Renoir wurde ausgelacht und seine Bilder wurden zurückgewiesen, nicht nur von der Öffentlichkeit, sondern auch von seinen Malerkollegen – und trotzdem malte er weiter. Selbst Manet sagte zu Monet: »Renoir hat überhaupt kein Talent. Du als sein Freund solltest ihm schonend beibringen, dass er das Malen lieber aufgeben sollte.«

Im fortgeschrittenen Alter litt Renoir unter heftigem Rheuma, insbesondere in den Händen. Er hatte ständig Schmerzen. Als Matisse ihn besuchte und sah, dass ihn jeder Pinselstrich peinigte, fragte er: »Warum arbeitest du noch? Warum quälst du dich so?« Renoir antwortete: »Der Schmerz vergeht, aber das Vergnügen am Erschaffen von Schönem, das bleibt.« Eines Tages – er war inzwischen 78 Jahre alt und ziemlich berühmt und erfolgreich – bemerkte er: »Ich mache immer noch Fortschritte.« Am nächsten Tag starb er.

Das kennzeichnet einen kreativen Menschen ... immer noch Fortschritte machen, immer noch lernen, immer noch produktiv sein, solange man lebt, trotz Schmerzen oder anderweitiger Probleme. Kreativ sein, weil man es sein *muss*.

Im Großen und Ganzen haben wir es in unserem Leben alle mit ähnlichen Hindernissen zu tun. Das Erreichen von Zielen, das Erlangen von Wohlstand und das Reden vor Menschen gleichen sich in vielfältiger Weise. Immer müssen zielführende Entscheidungen getroffen werden. Das Schwierige daran ist, dass sich manchmal eine schier endlose Zahl an Möglichkeiten bietet. Das Wörterbuch kennt nun einmal sehr viele Wörter, aus denen man seine Rede zusammenstellen kann. Das Problem ist, die Richtigen zu wählen!

Als ersten Schritt hin zur Lösung eines Problems muss man das Problem erst einmal genau umreißen, und das gilt natürlich auch für das Halten von Reden. Erst wenn man ein Problem versteht, kann man sich daran machen, es zu lösen.

Als Nächstes sollte man alles aufschreiben, was einem zu dem Problem einfällt. Hierzu kann man eigene Erfahrungen heranziehen, Bücher mit Hintergrundinformationen und statistischen Daten, das Internet und natürlich auch Freunde und Geschäftspartner, die etwas über das Problem wissen – und nicht zuletzt und auf alle Fälle auch dieses Buch.

Drittens muss man entscheiden, mit wem man darüber sprechen will. Notieren Sie Personen und Organisationen, die sich anerkanntermaßen mit diesem Problem auskennen. Das ist Ihre Gelegenheit, sich wirklich alle erforderlichen Fakten zu beschaffen. Wenn Sie herausgefunden haben, wer Ihnen helfen kann, nehmen Sie Kontakt auf, sprechen Sie mit den Betreffenden und durchlöchern Sie das Gehirn dieser Fachleute so lange mit Fragen, bis Sie alle Informationen haben.

Sie müssen sich – und das ist der vierte Schritt – unbedingt alles notieren, was von Belang ist, sonst laufen Sie Gefahr, etwas zu vergessen, das Sie zur Lösung führen könnte.

Der fünfte Schritt zur Lösung eines Problems wird individuelle Ideenbildung genannt. Das ist nichts anderes als Brainstorming – Sie dürfen also nach Herzenslust nachdenken, ohne sich von Ihrem Urteilsvermögen eingrenzen zu lassen. Sie brauchen gar nicht zu entscheiden, ob eine Idee nun gut oder schlecht ist; schreiben Sie einfach auf, was Ihnen in den Sinn kommt. Auswählen können Sie später.

Aus einer Idee ergibt sich häufig eine andere, bessere Idee. Es macht nichts, wenn Ihnen manche Ideen weit hergeholt oder schwer umsetzbar erscheinen. Sammeln Sie alles an Ideen, was Sie finden können. Verwerfen Sie nichts – schreiben Sie alles auf!

Wenn Sie alle Ihre Ideen aufgeschrieben haben, dann geht es weiter mit der Einstufung in Bezug auf Wirksamkeit und Anwendbarkeit. Bei der Wirksamkeit reicht die Skala von »sehr wirksam« und »wahrscheinlich wirksam« bis »fraglich«. In der Skala der Anwendbarkeit geht es von »leicht« über »nicht so leicht« bis zu »schwierig«. Aus der Einstufung geht klar hervor, wie wahrscheinlich es ist, dass eine Lösung Erfolg hat. Beginnen Sie also mit den als »sehr wirksam« und »leicht« beurteilten Ideen.

Angenommen, Sie sind Leiter eines Unternehmens, das ein bekanntes Produkt vertreibt. Eine Kampagne zur Ideenfindung bei Ihrer Verkaufs- und Marketingabteilung erbringt eine Reihe von Möglichkeiten, den Absatz anzukurbeln. Es gibt den Vorschlag, eines Ihrer Produkte völlig umzugestalten. Bewerten wir also die Wirksamkeit dieses Vorschlags: In seiner derzeitigen Form erfüllt das Produkt alle Bedürfnisse und wird von den Kunden akzeptiert. Wie wäre das bei einem völlig veränderten Produkt? Ohne aufwendige Marktanalysen, gefolgt von einer Phase für die Umstellung der Produktion, ist es schwer einzuschätzen, wie stark die Verkäufe aufgrund dieser Idee anziehen werden. Sie sollten die Wirksamkeit daher mit »fraglich« bewerten.

Wie schlägt sich der Vorschlag, das Produkt komplett zu verändern, hinsichtlich seiner Anwendbarkeit – »leicht«, »nicht so leicht« oder »schwierig«? Es wäre »schwierig«, meinen Sie nicht auch? Es bräuchte eine neue Entwicklung, neue Werkzeuge, eine neue Produktionsplanung, eine neue Verpackung und ein neues Marketing.

Nun nehmen wir aber an, einer Ihrer Vertreter schlägt vor, auf einem der großen Fernsehkanäle Werbespots für Ihr Produkt zu schalten. Dies wäre »wahrscheinlich wirksam«, möglicherweise »nicht so leicht«, aber es wäre durchführbar.

Angenommen, jemand hat die Idee, ein neues Bonusprogramm für diejenigen an vorderster Front des Problems aufzustellen – die Vertreter. Ein klug ausgedachtes und gut umgesetztes System von transparenten Leistungsprämien im Verkauf könnte durchaus »sehr wirksam« sein. Es wäre auch relativ »leicht« durchzuführen. Damit sollte sich der Absatz steigern lassen.

Es bieten sich natürlich auch andere Kriterien für die Beurteilung an – Zeit und Geld beispielsweise. Probieren Sie aus, Ihre Ideen an diesen Maßstäben zu messen. Dem Unternehmensleiter zum Beispiel, der seine Verkäufe steigern möchte, würde die Veränderung des Produkts sehr viel Zeit und Geld kosten. Auch die Werbung auf einem beliebten Fernsehkanal wäre mit hohen Kosten verbunden. Ein neues Prämienmodell für seine Verkäufer dagegen wäre nicht allzu teuer und würde wenig Zeit kosten.

Für die Bewertung Ihrer Ideen können Sie also vier verschiedene Messlatten anlegen: Wirksamkeit, Anwendbarkeit, Zeit und Geld. Nicht jede Idee ist es wert, in die Tat umgesetzt zu werden, und daher müssen Sie jede einzelne begutachten. Ist das mit aller Sorgfalt geschehen, können Sie loslegen.

Stellen Sie einen Aktionsplan auf. In diesem wird festgelegt, wer etwas tut, wann das geschehen soll, wann damit begonnen werden soll und auf welche Weise. Das muss alles genau erwogen werden, denn die Ausführung der Idee ist ebenso wichtig wie die Idee selbst.

Setzen Sie sich ein Zeitlimit für die Umsetzung des Plans. Wir arbeiten alle am besten und effektivsten, wenn uns eine Frist gesetzt ist. Machen Sie sich also eine Notiz, wann die Idee verwirklicht werden muss. Bei der Einführung neuer Ideen ist das Timing oft wichtig. Der Zeitpunkt, den Sie festlegen, hängt von der allgemeinen Situation ab. Vielleicht notieren Sie auch ein zweites Datum, an dem Sie das Vorhaben durchgeführt und das Problem gelöst haben möchten.

Für jedes Problem – und sei es noch so groß oder kompliziert – gibt es eine Lösung. Machen Sie sich also auf die Suche! Die Geschichte ist voll von Menschen, die dachten, es gäbe keine Lösung für ihr Problem, und die deshalb auch keine Lösung finden konnten. Und es gab Menschen, die an eine Lösung glaubten und sie auch fanden – dasselbe Problem, verschiedene Perspektiven, die eine erfolgreich, die andere nicht. Zu welcher Gruppe wollen Sie nun gehören angesichts Ihres Problems, das Halten von Reden zu erlernen?

Sich zu einem guten Redner zu entwickeln, kann herausfordernder sein als Produktentwicklung oder Verkauf. Diese Geschäftsfelder sind in emotionaler Hinsicht weniger heikel als das Halten von Reden. Das Sprechen vor Publikum ist äußerst komplex, und es sind Tausende von Büchern darüber geschrieben worden. Zusätzlich zu den relativ ausgeklügelten Methoden, die wir zuvor behandelt haben, gibt es noch ein ähnlich wirksames, aber verblüffend einfaches Werkzeug. In der kurzen Zeitspanne, die Sie zum Lesen dieses Kapitels benötigen, können Sie sich eine todsichere Methode aneignen, mit der Sie Ihren Vortrag besonders einprägsam gestalten und Ihr Publikum dazu motivieren können, sofort die von Ihnen vorgeschlagenen positiven Veränderungen vorzunehmen. Dies wird ermöglicht durch eine Redetechnik, die Dale Carnegie die *magische Formel* genannt hat – bei der Anwendung werden Sie schnell merken, dass sie genau das ist: eine magische Formel.

Reden werden zu dem Zweck gehalten, irgendeine Handlung auszulösen. Eine lockere Unterhaltung im Café hält man vielleicht zum Zeitvertreib, aber darum geht es hier nicht. Wenn Sie vor eine Gruppe von

Menschen treten, möchten Sie, dass diese Menschen etwas tun. Und wenn die Leute tatsächlich etwas tun, nachdem sie Ihren Vortrag gehört haben, dann kann man diesen als Erfolg bezeichnen. Bei einem Vortrag im geschäftlichen Umfeld soll vielleicht ein wichtiger neuer Kunde von einem Kauf überzeugt werden. Bei einer internen Besprechung werben Sie dagegen vielleicht um Zustimmung für die Bildung eines Projektteams oder die Entwicklung eines neuen Produkts. Bei formellen Präsentationen sind das gängige Ziele, aber auch bei einfachen Besprechungen und Lageberichten soll jemand zum Handeln aufgefordert werden. Dies muss also auf wirkungsvolle Weise geschehen.

Wenn ein Vortrag die gewünschte Wirkung nicht erzielt, dann ist er häufig nicht im bestmöglichen Format präsentiert worden. Dieser Frage werden wir uns in diesem Kapitel widmen, und zwar anhand der magischen Formel und ihren drei Schritten, die sich bei Reden in praktisch allen denkbaren Situationen anwenden lassen. *Ein* Prinzip bildet allerdings die Grundlage für alles, was Sie gleich lesen werden: Sie müssen Ihre Vorträge so beginnen, dass das Interesse der Zuhörer geweckt und aufrechterhalten wird, und dann auf motivierende und handlungsorientierte Weise enden.

Dazu müssen Sie gleich am Anfang des Vortrags auch dessen Ende im Blick haben. Ihre Überlegungen sollten bei der Handlung beginnen, zu der Sie Ihre Hörer motivieren wollen, und von dort aus rückwärts arbeiten. Wenn das getan ist, sind Sie dazu bereit, sich in die magische Formel einzuklinken, die die gewünschte Handlung bei Ihrem Publikum auslösen wird.

Die magische Formel entstand, als Dale-Carnegie-Redeseminare anfingen, in den USA Anklang zu finden. Wegen der Größe der Kurse waren die Übungsvorträge der Teilnehmer auf zwei Minuten beschränkt. Das hatte keine Auswirkung, solange es in den Beiträgen lediglich darum ging, zu unterhalten oder zu informieren. Sollte aber zum Handeln motiviert werden, dann reichten die zwei Minuten insbesondere bei traditionellen Redeformaten schlicht nicht aus. Derart kurze, in Einleitung, Hauptteil und Schluss gegliederte Vorträge kommen einfach nicht richtig in Fahrt, obwohl Redner seit jeher nach diesem Muster vorgehen. Also war etwas

Neues und anderes nötig – eine todsichere Methode, mit der sich in einer zweiminütigen Rede zum Handeln anspornen ließ.

Dazu hielten die Dale-Carnegie-Kursleiter Versammlungen in Los Angeles, Chicago und New York ab. Man zog auch Akademiker und führende Wirtschaftsvertreter zurate. Zusammen erarbeitete man einen neuen, gestrafften und auf unser handlungsorientiertes Zeitalter abgestimmten Redestil. Dies war die magische Formel. Wie andere wirksame Methoden ist sie verblüffend einfach und besteht aus drei Schritten.

> *Als Erstes müssen Sie als Redner eine interessante persönliche Erfahrung teilen, die etwas mit der Handlung zu tun hat, zu der Sie Ihre Hörer inspirieren wollen.*
> *Rufen Sie Ihr Publikum zweitens direkt dazu auf, diese eine, genau definierte Handlung vorzunehmen.*
> *Drittens beschreiben Sie klar und überzeugend die Vorteile, die Ihren Hörern aus der Durchführung dieser Handlung erwachsen.*

Bei der Anwendung der magischen Formel kommt es auf jedes einzelne Wort an. Richtig angewandt passt die Methode zu unserer modernen Lebensweise. Nutzloses und Unmäßiges wird über Bord geworfen. Die Aufmerksamkeitsspanne des heutigen Publikums ist dafür einfach zu kurz. Die Leute wollen Action, genau wie Sie Action von den Leuten sehen wollen, und mit der magischen Formel liefern Sie den Leuten genau das – schon ab dem ersten Wort.

Da die Formel auf Spannung beruht, ist sie für kurze Vorträge ideal. Die Zuhörer geraten zwar gleich in den Sog Ihrer Geschichte, erkennen das Ziel des Vortrags aber erst gegen Ende der zwei oder drei Minuten. Das ist gerade dann nötig, wenn Sie Beträchtliches vom Publikum fordern. Wer möchte, dass die Leute tief in ihre Geldbörse greifen, wird nicht weit kommen, wenn er beginnt mit: »Sehr verehrte Damen und Herren, ich bin hier, weil ich bei jedem von Ihnen 5 Dollar einsammeln möchte.« Wenn Sie aber die Notwendigkeit mit einer Begebenheit aus Ihrem eigenen Leben eindrücklich unterstreichen, wachsen Ihre Chancen auf Unterstützung enorm.

Der erste Schritt der magischen Formel – das Ereignis aus Ihrem Leben – wird den größten Teil der Redezeit einnehmen. Es sollte eine lebhafte Darstellung einer Erfahrung sein, aus der Sie etwas gelernt haben. Bei der Vorbereitung dieser Schilderung sollten Sie wissen, dass Menschen ihre Lehren auf zweierlei Weise ziehen. Da ist einerseits das sogenannte Gesetz der Erweiterung. Dabei geht es um eine Abfolge ähnlicher Vorfälle, die zu einer Veränderung unseres Verhaltensmusters führen. Die andere Möglichkeit ist das Gesetz der Wirkung, bei der ein einziges eindrucksvolles Ereignis unser Handeln verändert.

In diesem ersten Schritt müssen Sie ein Element Ihrer Erfahrung so aufbereiten, dass es bei Ihrem Publikum die gleiche Wirkung hervorruft wie zuvor bei Ihnen. Sie müssen das Erlebte klar darstellen, verstärken und dramatisieren, um es auch für Ihr Publikum zu einer bezwingenden Erfahrung zu machen.

Neue Fähigkeiten brauchen Sie sich dafür nicht anzueignen – Sie müssen lediglich Blockaden und Hindernisse aus dem Weg räumen. Als Redner sollte Ihr Ziel sein, so ruhig und natürlich zu sprechen, als säße Ihnen ein guter Freund oder ein Familienmitglied gegenüber. Die Kursleiter in den Dale-Carnegie-Redeseminaren unterbrechen ihre Kursteilnehmer häufig, um sie daran zu erinnern, ganz normal zu sprechen – und nicht so, als hätte ein Universitätsprofessor oder ein internationaler Diplomat irgendwie die Kontrolle über ihren Verstand übernommen. Dale Carnegie formulierte es so: »Wie oft bin ich abgespannt nach Hause gekommen, weil ich meine Kursteilnehmer immer wieder dazu bringen musste, ganz normal zu reden. Glauben Sie mir, das ist nicht so leicht, wie es klingt.«

Eine Geschichte aus dem eigenen Leben – gerade wenn sie bedeutungsvoll ist – kann vor Publikum nur dann natürlich klingen, wenn man das vorher geübt hat, sowohl allein als auch vor dem Publikum, das sich gerade auftreiben lässt. Wenn Sie bei dieser Probe gestelzt reden, halten Sie inne und fragen Sie sich, was falsch ist. Rufen Sie sich in Erinnerung, was für diese Vortragsart entscheidend ist. Verwenden Sie die Methode, eine bestimmte Person anzusprechen – ob das nun jemand ist, den Sie sich vorstellen, oder tatsächlich jemand aus dem Publikum. Wählen Sie jemanden aus – eine Person in den hinteren Reihen, vielleicht die unscheinbarste Person, die Sie finden können – und sprechen Sie zu dieser Person. Vergessen Sie alle anderen Anwesenden. Und dann unterhalten Sie sich! Stellen Sie sich vor, Sie beantworten eine Frage der ausgewählten Person. Wenn diese Person nun aufstehen und mit Ihnen reden würde, dann käme Ihre Antwort automatisch in einem natürlichen, persönlichen Umgangston. Stellen Sie sich also vor, dass es genau so abläuft.

Sie können dieses Prinzip sogar nach außen tragen und bei Ihrem Vortrag laut Fragen stellen, beispielsweise: »Was, glauben Sie, dachte ich, dass als Nächstes passiert?« Oder: »Warum hatte ich so etwas getan?« Und dann beantworten Sie diese Frage. Das mag gekünstelt erscheinen, aber man kann so etwas auch sehr natürlich wirken lassen. Und es kommt keine Monotonie auf. Ihr Vortrag wird persönlich, angenehm und natürlich klingen.

Im ersten Schritt der magischen Formel müssen Sie sich ganz von Ihren Gefühlen leiten lassen. So kann Ihr wahres Ich zutage kommen. Die Schranken sind weggeräumt. Die Gewalt Ihrer Gefühle hat sie niedergerissen. Damit kommen wir wieder auf etwas, das wir in diesem Kapitel schon mehrmals wiederholt haben: Gießen Sie Ihr Herzblut in Ihre Vorträge. Denken Sie an den Superman-Darsteller Christopher Reeve. Als er nach einem Reitunfall querschnittsgelähmt war, wurde er zum Wortführer für alle Menschen in einer ähnlichen Lage. Als der US-Kongress erwog, Forschungsmittel für die Behandlung derartiger Beeinträchtigungen bereitzustellen, erschien Reeve vor dem Finanzausschuss des Senats und sprach über seinen Unfall. Er saß im Rollstuhl, war stark geschwächt und teilweise schwer zu verstehen, aber seine Botschaft war unmissverständlich. Sie kam aus seinem tiefsten Innern. Er war mit dem Herzen bei der Sache, und das drückten seine Worte aus.

Das eigene Herzblut in die Worte gießen. Das ist das Geheimnis. Das müssen Sie tun, wenn Sie Ihre Geschichte erzählen. Sie können Menschen leicht langweilen, wenn Sie über irgendwelche Dinge oder Ideen reden, aber Sie werden die Aufmerksamkeit der Leute kaum verlieren, wenn Sie über etwas sprechen, das Ihnen am Herzen liegt. Tag für Tag werden Millionen von Unterhaltungen geführt, über Gartenzäune, Kaffeetische und reich gedeckte Tafeln hinweg – und welches Motiv wird fast überall vorherrschen? Menschliche Persönlichkeiten. Geschichten über echte Menschen.

Eine Dale-Carnegie-Kursteilnehmerin schilderte das sehr eindrücklich. Als Schulleiterin hatte sie in den USA und Kanada oft mit Gruppen von Schulkindern zu tun gehabt und sagte: »Ich begriff schnell, dass sie nur interessiert blieben, solange ich ihnen Geschichten über Menschen erzählte. Sobald ich allgemeiner über theoretische Dinge sprach, wurde irgendein kleines Mädchen unruhig und fing an, auf ihrem Platz herumzuzappeln. Dann brachte ein Junge seinen Sitznachbarn mit einer Grimasse zum Lachen. Und dann dauerte es nicht lange, bis ein anderer Junge etwas durchs Klassenzimmer warf.«

Eine Gruppe amerikanischer Unternehmensleiter sollte bei einem Dale-Carnegie-Redeseminar in Paris als erste Übung einen zweiminütigen Vortrag über das Thema »Wie man Erfolg erzielt« halten. Die meisten begannen damit, verschiedene handgestrickte Erkenntnisse anzupreisen. Sie predigten, belehrten und langweilten ihre Hörer zu Tode. Der Kursleiter unterbrach sie alsbald und sagte: »Wir wollen nicht belehrt werden. Das gefällt niemandem. Sie wissen, Selbstoffenbarung zählt zu den interessantesten Dingen der Welt. Sagen Sie uns also, wo Sie herkommen und wer Sie sind. Erzählen Sie uns von Ihren Erfolgen und Ihren Niederlagen. Die Leute werden das gerne hören, werden sich daran erinnern und werden dementsprechend handeln. Und noch etwas – so etwas ist viel leichter vorzutragen als eine langatmige Predigt.«

Früher ging es beim Reden um Allgemeingültiges und sogenannte universelle Wahrheiten. Diese Zeiten sind vorbei. Heute gilt es, konkrete Fakten zu präsentieren, die für sich selbst sprechen. Redner der alten Schule erzählen vielleicht, dass sie von »armen, aber redlichen Eltern« abstammen. Auch heute könnte der Vortragende noch seine Armut erwähnen, aber ob Unehrlichkeit in seinen frühen Tagen eine Rolle gespielt hat – nun, da wird radikale Ehrlichkeit heute nicht mehr verlangt.

Wenn Sie allmählich ein Gefühl für den ersten Teil der magischen Formel bekommen, dann werden Sie in Phase eins nicht nur eine Geschichte *erzählen* – Sie werden diese noch einmal selbst durchleben und werden das Publikum dabei mitnehmen. Ihre Worte werden die Leute fesseln, anstatt dass sie diese lediglich von Ihnen aufnehmen. Damit bereiten Sie Ihre Hörer auf den nächsten Schritt der Formel vor.

Den ersten Schritt der magischen Formel, die einprägsame Geschichte, kennen wir nun. Wenn Ihre Zuhörer diese gehört haben, werden sie gespannt sein, was Sie als Nächstes erzählen werden – und enttäuscht sein, wenn Sie das nicht tun. Deshalb werden Sie das Publikum nun genau darüber informieren, inwiefern es in Aktion treten soll. Der Begriff *Aktion* ist hier mit Bedacht gewählt. Die Aktion muss konkret und genau abgegrenzt sein. Es kommen nur kurzfristige Tätigkeiten infrage. Christopher Reeve forderte im Kongress nicht, dass die Volksvertreter ab sofort und für immer ihr Leben ändern sollten. Er beschwor sie auch nicht, das Gesundheitssystem insgesamt zu verändern. Er bat nicht einmal darum, die Behandlung von Rückenmarksverletzungen insgesamt neu aufzustellen. Er sprach lediglich über eine einzige Gesetzesvorlage zur Erhöhung der Fördermittel für die Forschung.

Dies ist für Schritt zwei der Formel entscheidend: Gestalten Sie Ihren Appell so kurz und konkret wie irgend möglich. Stellen Sie sich vor, Sie sitzen vor einem Komitee genau wie Christopher Reeve. Um eine größtmögliche Wirkung zu erzielen, sollten Sie nicht einmal dafür werben, die Gesetzesvorlage anzunehmen. Sie können Ihren Schwerpunkt viel kleinteiliger setzen, fast mikroskopisch. Sprechen Sie darüber, »den Füller in die Hand zu nehmen und die Tinte aufs Papier zu bringen«. Nichts Abstraktes. Kein Moralisieren. Nichts, was nicht auch ein Kind verstehen könnte. Und vor allem sollte es erscheinen wie etwas, das *leicht durchzuführen* ist. Leiten Sie die Gedanken Ihrer Zuhörer weg von den Auswirkungen Ihres Ansinnens und hin zu dieser einfachen Handlung. Tun Sie dies eindringlich und voller Überzeugung.

Ein gutes Beispiel hierfür sind die berühmten Worte von Neil Armstrong, als er als erster Mensch den Mond betrat: »Das ist ein kleiner Schritt für einen Menschen ...« Seine Betonung lag auf einer ganz alltäglichen Tätigkeit. Er machte den Augenblick an etwas fest, das jeder nachvollziehen konnte. Als er das getan hatte, folgte der Rest der Feststellung wie von selbst. »Aber ein riesiger Sprung für die Menschheit«, hätte predigthaft und anmaßend geklungen, wenn er nicht zuvor das alltagsgemäße Fundament dafür gelegt hätte.

Dieser Teil der Formel sollte nicht viel Zeit beanspruchen. Sie wissen ja, ursprünglich sollte das Format in zwei Minuten abzuhandeln sein. Wir müssen den Appell in Stufe zwei so klein wie möglich halten. Das sollte sich sowohl in der erforderten Zeit als auch in der Zahl der Wörter widerspiegeln, die Sie benutzen. Weniger ist mehr in Stufe zwei der magischen Formel.

Nun ist es Zeit für die dritte und letzte Stufe. Es hilft, sich diese als Spiegelbild von Stufe zwei vorzustellen, denn nun sagen Sie Ihren Zuhörern nicht, was sie tun sollen, sondern was sie bekommen werden. Zeigen Sie ihnen den riesigen Vorteil, den sie aus der geforderten einfachen Handlung ziehen werden. Ich spreche sehr bewusst von einem *Vorteil* im Singular. Wir sind nicht in einer Quizsendung, in der man den Leuten ein neues Auto *und* eine Waschmaschine *und* eine Reise nach Hawaii für zwei Personen verspricht. In einem beruflichen oder geschäftlichen Umfeld können die Menschen so etwas nicht nachvollziehen. Machen Sie deutlich, dass dem Publikum dieser eine Vorteil winkt, wenn es die Handlung, für die Sie geworben haben, vornimmt. Wenn die von Reeve unterstützte Gesetzesvorlage angenommen würde, könnten die Abgeordneten mit Anerkennung für eine gute Tat rechnen. Mehr brauchte man ihnen nicht zu sagen. Dass sich diese Anerkennung bei der nächsten Wahl in Form von Wählerstimmen für sie niederschlagen würde, verstand sich von selbst.

Fassen wir also zusammen, wie die magische Formel richtig angewendet wird. Mit dieser Methode können wir in kürzester Zeit eine Verbindung zu unserem Publikum herstellen, die Leute motivieren und inspirieren und sie dazu bringen, tätig zu werden. Die drei Schritte der Formel sollten Sie deutlich vor Augen haben: erstens die persönliche Geschichte mit einer positiven Wendung in Ihrem Leben. Diese Veränderung kann allmählich oder durch ein plötzliches Ereignis erfolgt sein. Darüber sollten Sie voller Leidenschaft und Energie berichten. Im Idealfall sollten Sie es fast noch einmal erleben und Ihr Publikum dabei mitnehmen. Diese persönliche Geschichte sollte von den drei Teilen auf jeden Fall die meiste Zeit in

Anspruch nehmen. Ihr Publikum sollte danach aufgemuntert sein, neugierig und voller Erwartung, wohin Sie es nun führen werden.

Der zweite Teil der Formel sollte zwar kürzer sein als Ihre persönliche Geschichte, aber ebenso eindringlich. Hier fordern Sie das Publikum auf, eine einzelne, konkrete, positive Maßnahme zu ergreifen, die sich auf natürliche Weise aus der eben gehörten persönlichen Geschichte ergibt. Falls Sie beispielsweise um Unterstützung für einen wohltätigen Zweck werben, bitten Sie darum, einen Scheck auszustellen, und das gleich dort und sofort, und dazu betonen Sie die erforderliche Tätigkeit an sich. Die Verbindung zwischen dieser Handlung und Ihrer Geschichte sollen die Hörer *selbst* ziehen. Und wenn Sie die Geschichte wirkungsvoll erzählt haben, dann werden die Leute das auch tun. Wenn nicht, dann lässt sich das jetzt nicht mehr gutmachen. Halten Sie Ihre Botschaft klar und einfach. Rufen Sie mit so wenig Worten wie möglich zu der Handlung auf, die Sie von Ihrem Publikum wünschen.

Der dritte Teil der Formel wird kaum länger dauern als der zweite, aber nun lassen Sie die Leute von der anderen Seite durchs Fernrohr schauen. Diese dritte Phase ist nur kurz, aber das Blickfeld ist sehr viel weiter. Nun schildern Sie dem Publikum den Vorteil, der ihm daraus entsteht, dass es in Aktion tritt. Im Idealfall sollten Sie sich nur auf einen Vorzug konzentrieren, aber dessen Bedeutung sollte so umfassend sein, dass die Leute sie erkennen. Wenn Sie in Stufe zwei beispielsweise einer Gruppe von Schülern die Teilnahme an einem Sommerseminar empfehlen, denn erklären Sie in Stufe drei, dass sich damit die Chance auf einen Studienplatz deutlich erhöht. Mehr brauchen Sie auch hier nicht zu sagen. Sie umreißen einfach in wenigen Worten den einen großen Vorteil und seine weitere Bedeutung.

Nutzen Sie diese Methode, üben Sie die Anwendung, und Sie werden erkennen, dass sie zu Recht die *magische Formel* genannt wird.

Die magische Formel hat als Redeformat schon Tausenden von Teilnehmern von Dale-Carnegie-Kursen beste Dienste geleistet. Mit ein klein wenig Übung wird sie Ihnen helfen, in kürzester Zeit zu einem erfolgreichen Redner zu werden. Die Formel und die anderen vorgestellten Werkzeuge müssen natürlich weiter an die jeweiligen Bedingungen angepasst werden, unter denen Ihr Vortrag stattfindet, und für eine erfolgreiche Durchführung könnten weitere Dinge erforderlich sein. Was das beinhaltet, darauf wollen wir zum Schluss dieses Kapitels einen kurzen Blick werfen.

Morgens vor Ihrem Auftritt, gegebenenfalls auch am Abend zuvor, gehen Sie Ihren Vortrag noch einmal durch. Benutzen Sie dazu einen Spiegel oder stellen Sie sich beim Üben vor, dass Sie vor dem Publikum stehen.

Nach Möglichkeit sollten Sie sich den Vortragsraum am Vormittag einmal ansehen. Achten Sie auf problematische Blickwinkel oder mögliche Störgeräusche. Wenn Sie sich früh genug und in aller Höflichkeit bei den Organisatoren melden, kann vieles im Vorfeld geklärt werden. Falls Sie audiovisuelle Hilfsmittel wie einen Projektor verwenden, sorgen Sie dafür, dass alles startbereit eingerichtet ist. Fragen Sie gleich, falls Sie zusätzliches Material brauchen. Falls Sie den Projektor während des Vortrags nicht selbst bedienen, finden Sie heraus, wer das für Sie übernimmt.

Die meisten Vortragenden benutzen heute einen Computer, und meistens treten dabei irgendwann Schwierigkeiten auf – häufig in einem unpassenden Moment. Daher muss hier einiges im Voraus bedacht werden. Ist das Betriebssystem mit Ihrer Präsentation kompatibel? Bleiben Schriften, Textmarkierungen und Farben dieselben? Besitzt der Computer eine Soundkarte? Funktioniert das Lautsprechersystem und ist es nicht zu laut? Sichern Sie Ihre Präsentation auf einem zweiten Laptop, den Sie ebenfalls zum Vortrag mitbringen. Oder schicken Sie Ihre Vortragsdatei per E-Mail an sich selbst – so können Sie im Notfall vor Ort darauf zugreifen.

In einem großen Saal müssen Sie wahrscheinlich ein Mikrofon benutzen. Machen Sie sich vor Eintreffen des Publikums damit vertraut. Stellen Sie sicher, dass andere notwendige Hilfsmittel wie eine Schreibtafel, Filzmarker, Tafelwischer und Zeigestock vorhanden sind. Ein Laserpointer sollte frische Batterien haben, weil diese nicht lange halten. Wenn Sie Flip-Charts benutzen, schreiben Sie höchstens sieben Zeilen auf jede Seite und nicht mehr als sieben Wörter in jede Zeile. Zu empfehlen sind leuchtende, auffällige Farben. Verwenden Sie neben Text auch Diagramme und Bilder.

Bestehen Sie darauf, vor dem Vortrag einige Minuten für sich zu haben; 15 bis 30 Minuten sind üblich. Gehen Sie während dieser Zeit noch einmal Ihr Material, Ihre Einleitung und Ihre Schlussbemerkung durch. Lassen Sie sich dabei nicht durch Zuhörer ablenken, die ein bisschen plaudern wollen.

Sie sollten während Ihres Vortrags nach Möglichkeit nicht hinter einem Pult oder Tisch stehen. Stellen Sie sich neben die Projektionsleinwand oder die Tafel, auf jeden Fall näher beim Publikum. Wenn Sie Handzettel ausgeben, lesen Sie nicht von diesen ab. Die Zuhörer wissen sonst nicht, ob sie mitlesen oder Ihnen beim Vorlesen zuhören sollen.

Sprechen Sie ins Publikum, nicht in Richtung von Bildschirm, Flip-Charts oder Overhead-Projektor. Stehen Sie nicht zwischen dem Publikum und ihrem optischen Hilfsmittel. Sprechen Sie laut und deutlich, sodass alle Sie verstehen können. Bewegen Sie sich nach Möglichkeit im Raum, während Sie sprechen. Dadurch erzeugen Sie einen Eindruck von körperlicher Nähe. Es wäre ideal, für die Rede einen alternativen Ansatz parat zu haben – für den Fall, dass der gewählte Ansatz nicht gut ankommt. Sie sollten mit Ihrem Material so vertraut sein, dass das Format von den Interessen und Bedenken des Publikums bestimmt wird, nicht von Ihrer vorgefertigten Gliederung.

Bedenken Sie sowohl die Tageszeit als auch die Ihnen zur Verfügung stehende Redezeit. Die meisten Redner bemerken, dass ein im Kopf geübter Vortrag in Wirklichkeit etwa 25 Prozent länger dauert. Die Verwendung von Flip-Charts und anderen Hilfsmitteln braucht ebenfalls zusätzliche Zeit. Früher zu enden, ist allemal besser, als zu überziehen.

Im nächsten Kapitel behandeln wir, wie man mit Fragen und Antworten umgeht, aber Kommentaren aus dem Publikum sollten Sie auf jeden Fall Beachtung schenken. Selbst wenn Sie anderer Meinung sind, wäre es besser, geäußerte Gedanken aufzugreifen, als ihnen zu widersprechen. Und so wie Sie vor dem Publikum am Veranstaltungsort eintreffen sollten, ist es guter Stil, diesen auch als Letzter zu verlassen.

Für einen erfolgreichen Vortrag sind eine gute logistische Planung und Ausführung entscheidend. Im nächsten Kapitel werden wir erfahren, dass es auch bei Vorträgen, bei denen alles glattgeht, Drucksituationen, Meinungsverschiedenheiten oder Streit mit Zuhörern geben kann. Wer damit selbstsicher und geduldig umgehen kann, hat einen wichtigen Test bestanden.

FALLSTUDIE:

Franklin Delano Roosevelt

Auszug aus Franklin D. Roosevelts erstem Kamingespräch:

Ich möchte mit den Leuten aus den Vereinigten Staaten ein paar Minuten über die Banken sprechen – mit den vergleichsweise wenigen, die die Mechanismen des Bankenwesens verstehen, aber ganz besonders mit der überwältigenden Mehrheit, die bei Banken Geld einzahlen und Schecks einlösen. Ich möchte Ihnen sagen, was in den vergangenen Tagen getan wurde, und warum, und was die nächsten Schritte sein werden. Mir ist klar, dass viele Erklärungen aus den Landesparlamenten und aus Washington, Gesetze, Bestimmungen des Finanzministeriums usw. in Finanz- und Juristenbegriffen formuliert wurden, die für den Durchschnittsbürger erklärt werden müssen. Ich bin das insbesondere schuldig, weil die Unannehmlichkeiten und Schwierigkeiten durch die vorübergehende Schließung der Banken, den Bank Holiday, allgemein mit Tapferkeit und in guter Stimmung hingenommen wurden. Ich weiß, wenn Sie verstehen, was wir in Washington unternommen haben, dann werde ich weiterhin Ihre Unterstützung in vollem Umfang haben, so wie ich während der vergangenen Woche Ihr Verständnis und Ihre Hilfe hatte.

Lassen Sie mich zuallererst die einfache Tatsache feststellen, dass, wenn Sie bei einer Bank Geld einzahlen, die Bank dieses Geld nicht in einen Safe einschließt. Sie investiert Ihr Geld auf vielfältige Weise in Kreditbürgschaften, Wertpapiere, Hypotheken und andere Arten von Krediten. In anderen Worten: Die Bank lässt Ihr Geld arbeiten, damit sich die Räder von Industrie und Landwirtschaft weiter drehen. Ein vergleichsweise kleiner Teil des Geldes, das Sie bei der Bank einzahlen, wird als Bargeld bereitgehalten – eine Menge, die zu normalen Zeiten für den Bargeldbedarf eines Durchschnittsbürgers völlig ausreicht. Das bedeutet, das ganze im Land vorhandene Bargeld ist nur ein kleiner Teil des gesamten Guthabens bei den Banken.

Aber was ist dann passiert während der letzten Tage im Februar und der ersten Tage im März? Weil das Vertrauen der Öffentlichkeit gestört war, wollte sich ein großer Teil unserer Bevölkerung das Bankguthaben in Form von Bargeld oder Gold auszahlen zu lassen – es gab einen so gewaltigen Ansturm, dass auch die gesündesten Banken nicht genügend Bargeld herbeischaffen konnten, um den Bedarf zu decken. Der Grund dafür war, dass es den Banken so urplötzlich gar nicht möglich war, vollkommen solide Vermögenswerte zu verkaufen und in Bargeld umzuwandeln – es sei denn, zu Panikpreisen weit unter ihrem tatsächlichen Wert.

So kam es, dass am Nachmittag des 3. März im ganzen Land kaum noch eine Bank geöffnet war. In fast allen Bundesstaaten hatten die Gouverneure über Bekanntmachungen verfügt, die Banken vorübergehend in Teilen oder in ihrer Gesamtheit zu schließen.

Zu diesem Zeitpunkt gab ich die Bekanntmachung zur Einführung des Bank Holiday heraus, und dies war der erste Schritt der Regierung für die Wiederherstellung unseres Finanz- und Wirtschaftssystems.

Roosevelt wurde in seine erste Amtszeit gewählt, als das Land unter einer schrecklichen Wirtschaftskrise litt. 13 Millionen Menschen waren arbeitslos und die Mehrheit der Banken war geschlossen. Roosevelt brauchte eine wirkungsvolle Methode, um mit dem Land zu kommunizieren, es zu ermutigen und seinem Volk wieder Auftrieb zu geben.

Am 12. März 1933 hielt Roosevelt sein erstes Kamingespräch, eine Radiosendung, in der er dem Land erklärte, wie es sich von der damaligen Bankenkrise wieder erholen konnte. Es war die erste von 31 denkwürdigen Radioansprachen. Roosevelt sprach stets mit beruhigender Stimme, behandelte eine Vielzahl von Themen und forderte die Amerikaner auf, ihm von ihren Schwierigkeiten zu erzählen.

Roosevelt war sich genau bewusst, wer seine Hörer waren, und er achtete sehr darauf, dass ihn auch gewöhnliche Amerikaner verstehen konnten.

Seine Sprache war einfach und er ging dabei so weit, dass er im Großen und Ganzen nur die 1000 gebräuchlichsten Wörter der englischen Sprache verwendete.

Roosevelt redete wie in einer ganz normalen Unterhaltung und baute Geschichten und Anekdoten ein, um die schwierigen Probleme des Landes zu verdeutlichen. Er redete seine Hörer mit »Sie« und »wir« an und schuf damit ein Gefühl der Vertrautheit zwischen der Öffentlichkeit und dem Präsidenten.

Das Weiße Haus wurde überschwemmt mit Briefen von Amerikanern, die von Roosevelts Kamingesprächen begeistert waren. Wenn sie den Präsidenten im Radio hörten, hatten viele das Gefühl, dass er bei ihnen zu Hause persönlich mit ihnen sprach.

Mit diesen sorgfältig vorbereiteten und vorgetragenen Radiosendungen sprach Roosevelt die Bevölkerung in einer Weise persönlich an, wie es kein anderer Präsident vor oder nach ihm getan hat.

Auszug aus Franklin D. Roosevelts erstem Kamingespräch:

Die Lage bei unseren Banken war schlimm. Beim Umgang mit den Ersparnissen der Leute hatten sich manche unserer Bankiers entweder unfähig gezeigt oder unehrlich verhalten. Sie hatten das ihnen anvertraute Geld für Spekulation oder unbedachte Kredite verwendet. Das galt natürlich nicht für die große Mehrheit unserer Banken, aber eben doch für so viele, dass es die Menschen zeitweise verunsicherte und in einen Zustand versetzte, dass sie nicht mehr unterscheiden konnten, sondern annahmen, dass das Verhalten von vergleichsweise wenigen auf alle anderen abgefärbt hatte. Es war Aufgabe der Regierung, dies wieder in Ordnung zu bringen, und das so schnell wie möglich – und diese Arbeit dauert noch an.

Ich kann Ihnen nicht versprechen, dass jede Bank wieder die Geschäfte aufnehmen wird, oder dass es keine persönlichen Verluste geben wird, aber es wird keine Verluste geben, die sich hätten vermeiden lassen; und es hätte mehr und größere Verluste gegeben, wenn wir die Sache hätten treiben lassen. Ich kann Ihnen aber die Rettung zumindest einiger schwer gebeutelter Banken versprechen. Wir werden nicht nur gesunde Banken wiedereröffnen, sondern durch

Umstrukturierung gesunde Banken neu erschaffen. Für mich war es großartig, etwas vom Vertrauen im ganzen Land zu spüren. Ich kann gar nicht genug danken für die treue Unterstützung der Menschen in ihrer Zustimmung zu den Entscheidungen, die unseren Kurs bestimmt haben, obwohl ihnen unser Vorgehen vielleicht nicht ganz klar war.

Denn bei der Neueinrichtung unseres Finanzsystems gibt es ein Merkmal, das bedeutender ist als die Währung und bedeutender als Gold, und das ist das Vertrauen der Menschen. Vertrauen und Mut sind entscheidend für den Erfolg bei der Durchführung unseres Plans. Sie müssen fest daran glauben; Sie dürfen sich nicht durch Gerüchte und Zweifel in Panik versetzen lassen. Wir wollen zusammenstehen, um die Angst zu vertreiben. Wir haben die Mechanismen zur Wiederherstellung unseres Finanzsystems bereitgestellt; nun ist es an Ihnen, es zu unterstützen und zum Funktionieren zu bringen.

Es ist Ihr Problem ebenso wie meines. Gemeinsam werden wir nicht scheitern.

Wer überzeugen will, sollte nicht auf das richtige Argument vertrauen, sondern auf das richtige Wort. Die Macht des Klanges war schon immer größer als die Macht der Vernunft.

JOSEPH CONRAD

Es kommt nicht darauf an, wie sehr man hinter dem eigenen Thema steht, sondern wie sehr man hinter dem eigenen Thema steht, nachdem man gesprochen hat.

TIM SALLADAY

Wenn man seine Botschaft nicht in einem Satz schreiben kann, kann man sie auch nicht in einer Stunde sagen.

DIANNA BOOHER

KAPITEL 11

Wie man mit Fragen umgeht und geschickt antwortet

Ganz egal, wie lang oder kurz Ihr Vortrag ist, am wichtigsten sind Anfang und Schluss – aber wodurch wird das Ende eigentlich festgelegt? Ihre Rede ist noch nicht vorbei, wenn Sie alles gesagt haben. Die meisten Vortragenden fordern an diesem Punkt das Publikum dazu auf, Fragen zu stellen, und diese Fragerunde wird häufig zum maßgeblichen und eindrücklichsten Teil der Rede.

Eine Fragerunde ist Gelegenheit und Herausforderung zugleich. Nun können Sie Ihre Botschaft genauer darlegen, Kernpunkte herausarbeiten und Widerstände offenlegen. Andererseits können manche Fragen schwierig zu beantworten sein, besonders wenn man nicht gut vorbereitet ist. Es ist gar nicht ungewöhnlich, dass eine einzelne Person mit ihren Fragen die Fragerunde dominiert oder das zumindest versucht. Manchmal ist das Publikum schüchtern oder einfach nicht zugänglich. Und gelegentlich sind die Zuschauer schlicht feindselig.

Die meisten Fragerunden folgen einem einfachen Muster. Auf Ihren Vortrag wird Applaus folgen. Dann können Sie sagen: »Wir haben jetzt x Minuten Zeit für Ihre Fragen. Wer möchte anfangen?« Mit einem erwartungsvollen Blick stimmen Sie das Publikum auf diesen nächsten Abschnitt ein. Sie sollten in jedem Fall ein Zeitlimit setzen. Eine konkrete Dauer ist besonders dann sinnvoll, wenn Sie Ihre Redezeit etwas überzogen haben. Dann können Sie sagen: »fünf Minuten« oder »zehn Minuten«. In der Regel ist es aber besser, das ein bisschen offen zu lassen. Kündigen Sie einfach an: »Wir haben jetzt noch ein paar Minuten Zeit für Fragen.« Unpassend, selbst wenn genügend Zeit vorhanden sein sollte, wäre: »Ich habe jetzt zwei Stunden Zeit für Ihre Fragen.« Damit wären weder Sie noch die Zuschauer glücklich.

Mit einem klaren Zeitlimit für die Fragerunde können Sie für kurze, gezielte Fragen sorgen, und auch bei den Antworten sollten Sie sich kurz fassen. Sie können sich für Einzelantworten aber auch mehr Zeit nehmen, besonders wenn Sie den betreffenden Punkt im Vortrag nicht näher ausführen konnten.

Während der Fragerunde wird das Publikum einschätzen, wie gut Sie sich auf ein Einzelgespräch einstellen können. Sie werden aber nicht immer vorhersagen können, was man Sie fragen wird. Wie also sollen Sie sich darauf vorbereiten?

Es ist auf jeden Fall ein guter Anfang, gut zuhören zu lernen. Ob Sie das wissen oder nicht – zuhören ist eine Fähigkeit genau wie reden. Das ist vielen Vortragenden nicht bewusst, und sie sind im Sprechen sehr viel geübter als im Wahrnehmen, was andere sagen. Man kann aber eine Frage nur dann gut beantworten, wenn man sie auch verstanden hat. Sehen Sie sich einmal die im Folgenden geschilderten Verständnisprobleme an. Es sind nur einige Beispiele für Probleme, die häufig auftreten, aber Sie können so einen Einblick gewinnen, worauf Sie gefasst sein müssen.

Nummer eins – den Fragesteller unterbrechen. Manche Redner sind allzu überzeugt von ihrem Wissen und können nicht nachvollziehen, bis zu welchem Punkt ein Fragesteller ihnen folgen konnte. Sie verlieren dann die Geduld und unterbrechen ihn. Dies ist in jedem Fall schlecht. Besser als das ist sogar, man hört sich die ganze Frage an und gibt dann eine schwache Antwort.

Es gibt allerdings eine Ausnahme. Manchmal kann es nötig sein, eine unpräzise und ausufernde Frage abzukürzen. Immerhin ist es Ihr Vortrag, und Sie haben nur begrenzt Zeit zur Verfügung. Sie müssen beim Unterbrechen aber unbedingt taktvoll vorgehen. Sagen Sie beispielsweise: »Also, Sie wollen wissen, ob ...?« So können Sie die Frage präzisieren und erhalten einen Einstiegspunkt für Ihre Antwort. Sie wissen ja, dass auch Ihre Fähigkeiten beim Austausch mit dem Publikum auf dem Prüfstand stehen. Es geht nicht nur darum, was Sie sagen, sondern auch darum, wie Sie mit der ganzen Situation umgehen.

Nummer zwei – den Fragesteller nicht ansehen. In der Fragerunde ist der Augenkontakt ebenso wichtig wie während des Vortrags. Wenn sich jemand meldet, dann sollten Sie auch Ihre ganze Aufmerksamkeit auf diese Frage richten. Mit dem Blickkontakt und Ihrer ungeteilten Aufmerksamkeit erweisen Sie der Person, die die Frage stellt, Respekt. Beides ist wichtig. Wenn Sie sicher sind, dass der Fragesteller geendet hat, halten Sie zum Überlegen inne. Es besteht kein Grund, sofort zu antworten. Gerade bei kritischen Fragen kann man sich zu einer schnellen Antwort gedrängt sehen. Lassen Sie sich lieber Zeit. Es geht nicht nur darum, höflich zu sein; eine kurze Denkpause kann auch Ihre Glaubwürdigkeit steigern. Wenn Sie Ihre Antwort gründlich erwägen, senden Sie damit die Botschaft, dass Sie die Person mit ihrer Frage ernst nehmen.

Blicken Sie nun die fragende Person an und wiederholen Sie die Frage – nicht im Wortlaut, sondern in einer kurzen Umschreibung. Dies ist besonders wichtig, denn gerade in großen Sälen haben möglicherweise nicht alle die Frage gut verstanden. Mit dem Wiederholen stellen Sie zudem sicher, dass Sie verstanden haben, was gefragt wurde.

Wenn Sie die Frage anschließend beantworten, lösen Sie den Blickkontakt zum Fragenden und sprechen Sie das Publikum insgesamt an. Noch sind alle Augen auf Sie gerichtet und alle sollten Ihre Antwort hören – nicht nur die Person, die die Frage gestellt hat. Bleiben Sie in einer Position, in der Sie von allen Personen im Publikum etwa gleich weit entfernt sind. Lassen Sie sich nicht dazu hinreißen, zu der Person hinzugehen oder sie direkt anzusprechen. Das übrige Publikum könnte sich sonst ausgeschlossen fühlen.

Das Problem beim Zuhören Nummer drei – die fragende Person hetzen, sodass sie das Gefühl bekommt, Ihre Zeit zu vergeuden. Wozu die Eile? Alle haben Ihnen nun für geraume Zeit ihre Aufmerksamkeit geschenkt. Nun ist es an Ihnen, für einen Augenblick zuzuhören. Gewöhnen Sie sich nicht so sehr ans Reden, dass sie zu nichts anderem mehr fähig sind. Und wenn Sie antworten, dann so kurz und präzise wie möglich. Halten Sie nicht noch einen Vortrag. Eine zu lange Antwort wird das Publikum langweilen, wenn nicht gar verärgern. Außerdem interessiert sich möglicherweise der Fragesteller als Einziger für Ihre Antwort.

Nummer vier – eine Frage einfach nicht beantworten. Im weiteren Verlauf dieses Kapitels werden wir erfahren, wie Sie in einer Fragerunde Ihre Kernbotschaft unabhängig davon vermitteln können, was Sie gefragt werden. Dazu braucht es allerdings Fingerspitzengefühl. Sie können nicht einfach eine Frage übergehen und stattdessen noch einmal Ihre Rede zusammenfassen.

Nummer fünf ist ebenso verbreitet wie ungeschickt. Die fragende Person hat eine Begebenheit oder eine Anekdote geschildert, und Sie ignorieren das und versuchen, das Gesagte mit einer eigenen Geschichte zu übertrumpfen. Das beginnt dann meistens mit: »Das erinnert mich an …«, oder: »Dazu muss ich Ihnen Folgendes erzählen …« Sollten Sie sich in einer Fragerunde bei diesen Floskeln ertappen, reißen Sie sich zusammen. Sie sind dabei, einen Fehler zu machen.

Nummer sechs – Suggestivfragen, Fangfragen und abschweifende Fragen. Zuhörer können Ihnen mit ihren Fragen bewusst oder unbewusst Fallen stellen, auf die Sie klug reagieren müssen, wenn Sie nicht in Schwierigkeiten kommen wollen. Mit Suggestivfragen beispielsweise werden Sie zu einer ganz bestimmten Antwort verleitet oder gedrängt, während andere Möglichkeiten außen vor bleiben. Sogenannte Entscheidungsfragen sind in dieser Hinsicht besonders gefährlich. Wenn man Sie fragt: »Glauben Sie, die Geschäftsführung hat Probleme?«, dann ist einer bestätigenden Antwort nur schwer aus dem Wege zu gehen. Noch extremer wäre die Formulierung: »Finden Sie nicht auch, die Probleme der Geschäftsführung sind schlimmer denn je?« Bei solchen Suggestivfragen ist es stets ratsam, nicht zuzustimmen und dies dann näher zu erklären. Sagen Sie Ja, dann bringen Sie sich in eine extreme Position, und alles Weitere, was Sie sagen, könnte unerheblich werden.

Beantworten Sie Suggestivfragen nicht direkt. Überlegen Sie gut und entschärfen Sie die Frage, bevor Sie antworten. Angenommen, jemand fragt: »Was machen Sie mit dem ganzen Geld, das Sie durch die Preissteigerungen einnehmen?« Sie können der fragenden Person den Wind aus den Segeln nehmen und beispielsweise antworten: »Ich kann verstehen, dass Sie mit den kürzlich vorgenommenen Erhöhungen nicht einverstanden sind. Ich glaube, was Sie wirklich fragen wollen, ist, warum diese Steigerung gerade jetzt und so plötzlich vorgenommen wurde.« Und dann beantworten Sie diese Frage anstelle der Suggestivfrage.

Zum Konflikt kommt es nur, wenn Sie sich verlocken lassen, auf eine Suggestivfrage zu antworten. Wenn der Fragesteller mit Ihrer Antwort nicht zufrieden ist, schlagen Sie vor, ihn nach der Fragerunde noch einmal persönlich zu sprechen. Gehen Sie dann rasch zur nächsten Frage über.

Wenn viele Fragen kommen, dann kann allerhand passieren. Manche Zuhörer geben vor, eine Frage zu stellen, und ergehen sich dann in einem längeren Kommentar oder setzen gar selbst zu einer Rede an. Wenn der Fragesteller dann immer weiter redet, möchten Sie vielleicht am liebsten gehen, zumindest in Gedanken. Und wenn Sie dann tatsächlich Gelegenheit zum Antworten bekommen, schießt die Person sofort mit der nächsten Frage zurück. Das kann zu einem regelrechten Verhör ausarten. Auf so etwas müssen Sie vorbereitet sein und wissen, wie man damit umgeht.

Ihnen selbst und den anderen Hörern zuliebe müssen Sie in diesem Fall hart bleiben. Vielleicht unterbrechen Sie mit dem Einwurf: »Wie lautet Ihre konkrete Frage?« Normalerweise genügt das, um die Dinge zu beschleunigen. Dann sollten Sie ganz kurz antworten, insbesondere, wenn der langatmige Kommentar feindselig war. Durch Ihre kurze Antwort grenzen Sie die dieser Person gewidmete Zeitspanne auf das Maß ein, das Sie auch anderen Fragestellern zugestehen. Lassen Sie sich nicht zu einer langen Antwort oder andererseits zu einer Zurückweisung hinreißen.

Wenn Sie die Folgefrage ebenfalls beantworten, dann ist das normalerweise kein Problem, aber rufen Sie dann jemand anderen auf, ohne weitere Erklärung und ohne sich zu entschuldigen. Tun Sie es einfach. Das Publikum wird das verstehen und wahrscheinlich dankbar dafür sein.

Eine negative Voreingenommenheit in der Frage kann bei Ihnen unbewusst eine ebenfalls negativ gefärbte Antwort auslösen. Beispielsweise fragt jemand: »Welche Probleme hatten Sie in letzter Zeit?« Darin wird unterstellt, dass Sie schon immer Probleme hatten, aber dass jetzt nur von

Problemen der letzten Zeit die Rede ist. Das Wort *Problem* kann Sie stark in die Defensive drängen.

Eine abschweifende Frage dagegen bringt eine andere Art von Versuchung mit sich, denn sie kann von Ihrem eigentlichen Sachgebiet wegführen. Vielleicht sprechen Sie dann über etwas, das Ihnen plötzlich interessant erscheint, aber nichts mit dem zu tun hat, was Ihr Publikum hören möchte. Dies kann Sie sowohl Zeit als auch die Aufmerksamkeit Ihrer Zuhörer kosten.

Ich glaube, es wird klar, wie man durch Suggestivfragen aufs Glatteis geführt werden kann. Aber problematisch können auch andere Fragen sein. Anstatt Sie dazu zu verleiten, zu viel oder etwas Unangebrachtes zu sagen, sind manche Fragen so banal, dass Sie gar nicht wissen, was Sie antworten sollen. Solche Fragen werden häufig von Hörern gestellt, die Hemmungen haben, sich zu Wort zu melden. Für den Fragenden ergibt die Frage einen Sinn, aber wichtiger für ihn ist das entsprechende Gefühl, in aller Öffentlichkeit laut eine Frage zu stellen. Die Frage selbst ist damit häufig trivial. In einem solchen Fall kann es helfen, wenn Sie näher nachfragen, etwa: »Was meinen Sie genau mit ...?« Eine präzisere Frage erhalten Sie häufig auch einfach, indem Sie die Frage noch einmal wiederholen. Das kann im Wortlaut geschehen, oder Sie können die Frage umformulieren, vielleicht mit der Betonung auf einen Teil, über den Sie gern mehr Informationen hätten.

Bisweilen geschieht es auch, dass überhaupt niemand eine Frage stellt. In den meisten Fällen liegt das einfach daran, dass sich die Zuhörer nicht trauen. Das passiert ironischerweise am häufigsten nach besonders überzeugenden Vorträgen. Da müssen Sie selbst ein bisschen Starthilfe geben. So könnten Sie sagen: »Es wird häufig gefragt, ob ...« Wenn Sie die hypothetische Frage beantwortet haben, sagen Sie: »Hat jemand noch eine Frage?« Keine Panik, wenn für einen Augenblick Stille herrscht. Ihre Hörer möchten dieses Schweigen ebenso gern überbrückt wissen wie Sie. Falls sich wieder niemand meldet, stellen Sie eine weitere Frage und beantworten diese. Zwei sind aber genug.

Wenn nichts mehr kommt, danken Sie für die Aufmerksamkeit, wiederholen Sie das Fazit Ihres Vortrags in einem Satz, und dann schalten Sie einfach das Mikrofon aus und verlassen die Bühne. Sie sind fertig. Wahrscheinlich wird es selten so kommen, aber es ist in jedem Fall gut, darauf vorbereitet zu sein. Normalerweise kommen sehr viel mehr Fragen, als in der verfügbaren Zeit beantwortet werden können – besonders, wenn jemand die Fragerunde in Gang gebracht hat.

Für den Umgang mit diesen und anderen Dingen, die in Fragerunden schiefgehen können, sollten Sie das Zuhören ebenso üben wie das Sprechen. Mit zunehmender Erfahrung werden Sie bei den Fragen bestimmte Muster erkennen, die es Ihnen erleichtern, auf problematische Fragen einzugehen.

Erfahrene Redner lassen sich durch nichts vom Thema abbringen. Das ist eine wichtige Fähigkeit. Bei der Vorbereitung Ihrer Rede sollten Sie in jedem Fall einige Kernsätze und wichtige Gedanken herausarbeiten, die Sie auf jeden Fall vermitteln wollen. Diese sollten in der Rede vorkommen, aber die Fragerunde ist eine perfekte Gelegenheit, den Leuten diese Quintessenz noch einmal mit auf den Weg zu geben. Mit etwas Übung werden Sie das elegant hinbekommen, und zwar unabhängig davon, was die Leute fragen. Das soll kein Ausweichmanöver sein, aber Sie dürfen jede Gelegenheit nutzen, um das zu sagen, was Sie sagen möchten.

Ganz gleich, was Sie darüber denken: Sie sollten die Fragen nicht bewerten. Sagen Sie nicht: »Gute Frage« oder »Das ist eine großartige Frage«, denn wenn der nächste Frager nicht in ähnlicher Weise gelobt wird, könnte es so aussehen, als ob sie etwas an der Frage missbilligen. Andere könnten vom Fragen abgeschreckt werden. Gegebenenfalls können Sie eine Frage einfach mit »Danke für Ihre Frage« anerkennen. Alle sollten sich und ihre Fragen gleichermaßen gewürdigt fühlen.

Es ist häufig eine gute Idee, eine Frage mit einer zusätzlichen, überraschenden Information zu beantworten, oder auf eine Weise, die Ihrem Vortrag einen neuen Dreh gibt. Sie geben damit nicht die erwartete Antwort, sondern ändern ein bisschen den Kurs. Seien Sie ganz offen. Brechen Sie mit der Gewohnheit. Sagen Sie offen Ihre Meinung, auch wenn das gar nicht erwartet wird. Seien Sie auf entwaffnende Weise ehrlich, auch wenn Ihre Antwort Widerspruch erregen könnte. Sie werden Ihrer Glaubwürdigkeit damit nicht schaden, solange Ihre Antwort durchdacht erscheint.

Manchmal kann es hilfreich sein, die Fragesteller mit Einzelheiten zu überschütten. Ein Meister dieser Taktik ist der frühere US-Präsident Bill Clinton. Bei den teilweise auch im Fernsehen übertragenen Fragerunden lief er immer zur Hochform auf. Dabei wusste er mit detaillierten Informationen zu beeindrucken, ob man nun seiner Meinung war oder nicht.

Wenn Sie eine bestimmte Frage nicht beantworten möchten, können Sie immer mit einer Gegenfrage antworten. Dies kann ein ehrlicher Versuch sein, mehr Informationen zu erhalten, oder ein taktischer Kniff, um Zeit zu gewinnen. Sollte der Wortwechsel sehr kontrovers geführt werden, darf Ihre Antwort auch kämpferisch ausfallen, aber Sie sollten die Kontrolle behalten. Sie können die gestellte Frage in Zweifel ziehen. Erwidern Sie, dass andere Fragen wichtiger sind oder zuerst gestellt werden sollten. Sie können sogar die Legitimation des Fragenden anzweifeln, wenn Sie das für gerechtfertigt und notwendig halten. Entgegnen Sie: »Was gibt Ihnen überhaupt die Berechtigung, das zu fragen?« Stellen Sie sofort eine völlig andere Frage und beantworten diese. Dies sind natürlich heftige Maßnahmen, aber als erfolgreicher Redner müssen Sie auf vielerlei Reaktionen auf Ihre Gedanken gefasst sein. Im souveränen Umgang mit Kontroversen erweist sich Ihr Wissen und Ihre Professionalität. Bleiben Sie dabei aber immer gelassen und lassen Sie keinen Ärger erkennen. Auch wenn Ihre Erwiderung in gedruckter Form wütend klingen würde, bleiben Sie gefasst und reden Sie mit ruhiger Stimme. Bleiben Sie ganz offen, wenn Sie eine Frage für irrelevant halten. Sie könnten entgegnen: »Diese Frage passt nicht in den Zusammenhang unserer Diskussion hier.« Sie dürfen keinesfalls die Beherrschung verlieren, auch wenn jemand versucht, Sie schlecht aussehen zu lassen. Jemand hat einmal gesagt: »Wer grinst, gewinnt.« Für Fragerunden gilt das ohne jede Einschränkung.

Wann immer Sie die Publikumsdiskussion eröffnen, kann Unerwartetes passieren. Darauf sollten Sie gefasst sein. Bauen Sie so gut wie möglich vor. Gehen Sie Ihr Thema durch und überlegen Sie, welche Fragen wohl aus dem Publikum kommen werden. Bereiten Sie eigene Fragen vor. Haben Sie keine Angst, mit »Das weiß ich nicht« zu antworten, und gehen Sie gleich weiter zur nächsten Frage. Sie können anfügen, dass Sie sich bei der betreffenden Person gern später mit einer Antwort melden werden.

Die Dale-Carnegie-Organisation war immer darum bemüht, sich die menschliche Natur gewissermaßen zunutze zu machen. Wir sind dauerhaft daran interessiert, andere Menschen von unserer Art des Denkens zu überzeugen. Das gilt bei mündlichen Vorträgen und mehr noch bei der Beantwortung von Fragen. In Fragerunden sollte man zunächst einmal versuchen zu verstehen, was die Fragenden meinen, und nach einer gemeinsamen Basis suchen. Antworten finden sich leicht, wenn man mit der fragenden Person auf einer Wellenlänge ist und echtes Interesse für das zeigt, was diese Person ausdrücken möchte. Dieses Interesse hinterlässt einen nachhaltigeren Eindruck als irgendwelche sprachlichen Patzer. Dennoch ist es vielen von uns wichtiger, unsere eigene Meinung loszuwerden, bevor wir an irgendetwas anderes denken können. Dies muss man aber überwinden, wenn man wirklich erfolgreich Reden halten will.

Begegnet man einem feindseligen Frager mit ungefiltertem Trotz, dann hat man ein Problem. Ist man erst einmal auf diese Spur geraten, dann verlangt das Selbstwertgefühl, dass man sich weiterhin treu bleibt. Später erkennt man vielleicht seinen Fehler, aber man kommt aus der Lage nicht mehr heraus. Deshalb darf man gar nicht erst hineingeraten. Bedenken Sie also auch, was Sie tun und sagen, anstatt nur auf das zu reagieren, was man Ihnen sagt.

Zu den größten Fehlern als Redner zählt, wenn man in einer Drucksituation die Fassung verliert, besonders wenn es in Ihrer Präsentation um wichtige Themen geht. Selbst wenn Sie äußerlich halbwegs ungerührt bleiben können, müssen Sie insbesondere unerschütterliches Vertrauen verkörpern, wenn es um Ihren Standpunkt, Ihre Fähigkeit, diesen zu vertreten, und um Sie selbst geht. Durch Übung und Vertrauen wird es Ihnen gelingen, auch Situationen mit schwierigen oder möglicherweise sogar peinlichen Fragen zu meistern.

Interessanterweise überträgt sich positives und selbstbewusstes Auftreten des Redners auch auf die Fragenden. Gefühle und Einstellungen sind ansteckend. Wenn Sie von Ihren Argumenten selbst nicht überzeugt sind, wie wollen Sie dann die Fragesteller überzeugen? Wir haben alle das Bedürfnis nach Sicherheit, und diese vermitteln Sie durch Ihr Selbstbewusstsein an Ihre Umwelt. Selbstbewusstsein ist also eine Botschaft an sich. Wenn ein Mensch ohne Selbstbewusstsein versucht, andere zu überzeugen, dann ist die Botschaft nicht eindeutig. Wenn Ihr Publikum Vertrauen in ihre Entscheidung haben soll, mit Ihnen übereinzustimmen, dann müssen alle Ihre Botschaften – verbal wie nonverbal – auf einer Linie sein.

Selbstbewusstsein fängt also bei Ihnen selbst an. Aber wie stellt man es nach außen dar? Erregbares und streitlustiges Verhalten deutet oft auf jemanden mit mangelndem Selbstvertrauen hin, der das zu kompensieren versucht. Sehr viel wirkungsvoller ist ein entschlossenes und energisches Auftreten, aber ebenso muss man die Herausforderung annehmen, offen zu zeigen, falls man an einem bestimmten Punkt unsicher ist. Manchmal ist »Das weiß ich nicht« die beste Antwort, gerade wenn diese Tatsache wirklich offensichtlich ist.

Wann immer Sie eine Frage beantworten – sei es eine gute oder eine schlechte –, schließen Sie mit der Erkundigung, ob Ihre Antwort zufriedenstellend war. Dies geschieht zum Dank, und der Fragesteller wird noch einmal gewürdigt; dem übrigen Publikum nimmt das die Scheu davor, selbst Fragen zu stellen, und Sie erhalten möglicherweise Gelegenheit, die Frage noch eingehender zu beantworten, falls der erste Versuch nicht ganz ins Schwarze getroffen hat. Hält der Fragesteller seine Frage entgegen Ihrer Überzeugung für nicht beantwortet, können Sie ihn bitten, die Frage noch einmal zu verdeutlichen, oder Sie schlagen vor, das Ganze später unter vier Augen zu klären. Noch einmal: Man darf nicht vergessen, dass viele Reden aus zwei Teilen bestehen: der formellen Präsentation und der anschließenden Fragerunde. Wenn Sie die hier angesprochenen Methoden anwenden, können Sie den Erfolg bei *beiden* Teilen sicherstellen.

Im vorigen Kapitel haben wir Probleme besprochen, die durch Nutzung technischer Hilfsmittel entstehen können. Einiges davon trifft auch auf die Fragerunde zu. Wenn Sie beispielsweise Dias oder Bilder von einem Computer projiziert haben, wählen Sie ein besonders eindrucksvolles oder aufschlussreiches aus, das Sie auf dem Bildschirm stehen lassen, während Sie Fragen beantworten. So werden den Zuschauern die wichtigsten Informationen im Gedächtnis bleiben. Auch lässt sich damit unter Umständen der Verlauf der Fragerunde ein wenig beeinflussen.

Dieses Bild sollten Sie gleich nach Ende Ihres Vortrags projizieren. Schalten Sie den Projektor oder Computer nicht ab, denn dann müssen Sie das Gerät wieder einschalten und warten, während es hochfährt. Einen blendend weißen oder schwarzen Bildschirm stehen zu lassen, ist zudem keine gute Idee – das ist bestenfalls langweilig, im schlimmsten Fall lenkt es ab.

Und noch ein abschließender Gedanke: Manche erfahrene Redner heben sich die Schlussfolgerung ihres Vortrags bis nach der Fragerunde auf. So hat man es selbst in der Hand, wann der Auftritt vor Publikum endet. Anstatt dass sich alle – man selbst eingeschlossen – fragen, wann die letzte Frage gestellt wird, bekommt das Publikum die Schlussbemerkung genau dann präsentiert, wenn man das selbst wünscht. Das lässt sich beispielsweise einleiten mit den Worten: »Bevor ich zu einigen abschließenden Bemerkungen komme, hat jemand vielleicht eine Frage?« Wenn die Fragerunde die von Ihnen gewünschte Dauer erreicht hat, gehen Sie für die Schlussfolgerung wieder zurück ans Podium. Auf diese Weise können Sie mit einem positiven, vorausschauenden Ton enden, und ihr Auftritt tröpfelt nicht aus mit den Worten: »Wenn es keine weiteren Fragen mehr gibt, dann sind wir fertig.«

Aber wir sind noch nicht fertig. Wir haben noch ein Kapitel!

Kapitel 11

Das Wertvollste an einer Rede sind die Pausen.

Sir Ralph Richardson

Um eine Person zu sein, muss man eine Geschichte zu erzählen haben.

Isak Dinesen

Sprechen Sie deutlich, wenn Sie denn sprechen; schnitzen Sie jedes Wort zurecht, bevor Sie es fallen lassen.

Oliver Wendell Holmes

KAPITEL 12

Wie man eine Präsentation abschließt

Als erfolgreicher Redner müssen Sie Ihrem Publikum zum Abschluss Ihrer Rede etwas Besonderes bieten. Die Wirkung einer Rede als Ganzes hängt davon ab, ob der Redner ihren Schluss mit Bedeutung versieht und ob sie mit Leidenschaft zu Ende gebracht wird. Dazu müssen die Zuhörer Informationen erhalten, die für ihr Leben nützlich sind. Wie können Sie das sicherstellen? Die Antwort finden Sie hier in Kapitel 12.

Den Anfang und das Ende einer Rede elegant zu gestalten, ist am schwierigsten zu bewerkstelligen. Während die Einleitung einen ersten guten Eindruck machen soll, hat der Schluss die Aufgabe, die Zuhörer mit einer nachhaltig positiven Empfindung zu entlassen. Zu Beginn muss bereits für die gesamte Dauer des Vortrags eine Verbindung zum Publikum geknüpft werden; das Ende dagegen soll nach Möglichkeit unvergesslich bleiben. Aber warum finden dann so viele Redner nur einen unbefriedigenden Schluss? »Nun, das ist eigentlich alles, was ich sagen wollte – das war's dann, denke ich.« Ein sinnvolles Ende ist das ganz bestimmt nicht. Da wäre es besser, einfach zu schweigen und sich wieder hinzusetzen.

Ein guter Schluss einer Rede ergibt sich nicht von selbst. Er muss sorgfältig geplant werden. Selbst die erfahrensten Redner – Männer und Frauen, die ihre Sprache tadellos beherrschen – sahen sich immer wieder mit der Notwendigkeit konfrontiert, ihre Schlussbemerkung niederzuschreiben. Sie haben sie nicht Wort für Wort auswendig gelernt, aber sie haben die

Botschaft immer wieder gelesen und verinnerlicht, sodass sie zu gegebener Zeit auf natürliche und überzeugende Weise abgerufen werden konnte.

Wenn Sie noch Neuling auf dem Gebiet der Vorträge sind, sollten Sie dies unbedingt genauso befolgen. Sie sollten wissen, welche Worte in Ihrer Schlussfolgerung vorkommen müssen und welche Wirkung diese haben. Dann üben Sie immer wieder aus dem Gedächtnis. Das braucht nicht zwingend im Wortlaut zu geschehen; drücken Sie dieselben Gedanken lieber in den Worten aus, die sich Ihnen gerade anbieten. Meistens ist es besser, die Zusammenfassung nicht abzulesen. Wenn Sie zur Sicherheit lieber doch auf Notizen zurückgreifen wollen, benutzen Sie nur Stichworte der Kernpunkte, die Sie noch einmal bekräftigen wollen. Und besonders, wenn Sie zum Handeln aufrufen wollen, ist es sinnvoll, das Publikum anzusehen – und nicht den Spickzettel.

Manche Redner gelangen nie wirklich ans Ende ihres Vortrags. Irgendwann in der Mitte fangen sie an, sich im Kreis zu bewegen. Schließlich brechen sie abrupt ab oder – das andere Extrem – fahren zu lange fort. Selbst in einen kurzen Vortrag von drei oder fünf Minuten Länge kann man so viel Stoff packen, dass die Zuhörer die wichtigen Punkte aus dem Blick verlieren. Unerfahrene Vortragende setzen möglicherweise voraus, dass dem Publikum alles ebenso glasklar ist wie ihnen selbst. Dabei hat sich der Redner vielleicht wochen- oder gar monatelang mit dem Thema beschäftigt. Dem Publikum dagegen ist das alles möglicherweise völlig neu. Es hört die Dinge zum ersten Mal und kann sich deshalb nur vage an Einzelheiten erinnern.

Deshalb zählt es zu den besonders schwerwiegenden Fehlern, zu lange zu reden. Dann spielt es nämlich gar keine Rolle, ob der Vortrag hervorragend war und das Publikum Dinge erfahren hat, die sein Leben verändern könnten. Wenn Sie zu lange sprechen, werden die Leute nur sagen: »Dieser Redner hat einfach kein Ende gefunden.« Verzichten Sie also darauf. Sagen Sie, was Sie zu sagen haben, und setzen Sie sich wieder hin. Aber bevor Sie das tun, liefern Sie dem Publikum ein wohldurchdachtes Schlussstatement.

Damit bei den Leuten das, was man zuletzt sagt, am besten haften bleibt, sollte man sich bei der Auswahl und beim Einstudieren der Schlusssätze allergrößte Mühe geben. Sorgen Sie dafür, dass der letzte Eindruck denkwürdig bleibt. Überlegen Sie, wie Sie Ihre Endbemerkung sowohl durch den Inhalt als auch durch Ihre Vortragsweise unvergesslich gestalten können. Dazu stehen in Ihrem Werkzeugkasten für erfolgreiche Redner nun eine ganze Reihe von Methoden zur Verfügung. So könnten Sie zum Beispiel mit einer Kombination aus spezieller Betonung, Pausen und passgenauen Wendungen für eine bleibende Erinnerung beim Publikum sorgen. Jack Welch, der in seiner Anfangszeit als CEO von General Electric beim Wirtschaftskurs des Unternehmens radikal umsteuern musste, beendete Betriebsversammlungen häufig mit dem Spruch: »Wir müssen uns verändern, bevor wir dazu gezwungen werden.« Die Botschaft war unmissverständlich und fand im Unternehmen im Lauf der Zeit immer mehr Anklang. Besser ließ sich Welchs Geschäftsphilosophie nicht zusammenfassen.

Ihre Schlussbemerkung kann motivierend sein, herausfordernd, nachdenklich, respektvoll oder lustig – sie sollte aber in jedem Fall *gut* sein, denn *dann* wird sie im Gedächtnis bleiben. Ein lustiger Schlusssatz hat mehrere Vorteile. Wenn das Publikum bei Ihrem Abgang lacht und applaudiert, wird ein äußerst vorteilhafter Eindruck von Ihnen zurückbleiben. Alles andere birgt das Risiko, dass Sie unter höflichem Applaus oder sogar in völliger Stille vom Podium gehen werden.

Niemand wünscht sich das. Schauen wir uns also an, wie sich Ihre Zusammenfassung optimieren lässt. Stellen Sie sich zunächst einige Fragen bezüglich Ihrer Rede. War sie beispielsweise einfach oder eher kompliziert angelegt? Wenn sie kurz und knackig war, dann ist eine Zusammenfassung wahrscheinlich gar nicht nötig. Waren die Gedankengänge aber komplex, dann ist eine Rekapitulation zum Schluss ebenso hilfreich, wie es der Ausblick auf die Redestruktur in der Einleitung war. Nehmen wir zum Beispiel diese Zusammenfassung aus einem Vortrag über spezielle College-Schnupperkurse in amerikanischen Highschools:

»Heute habe ich versucht, Ihnen zu zeigen, dass die Einrichtung von College-Schnupperkursen an unseren Highschools ausgeweitet und gefördert werden sollte. Zuerst habe ich erklärt, dass die besten Schulen heute praktisch durchweg solche Kurse anbieten. Zweitens konnte ich darstellen, dass sich Schnupperkurse unmittelbar auf den Erfolg bei der College-Zulassung auswirken. Und drittens konnte ich belegen, dass Schnupperkurse zu besseren Ergebnissen in Schulvergleichstests führen und damit das Bildungsniveau landesweit anheben.«

Bei manchen Reden mag eine solche Zusammenfassung zu mechanisch wirken. In solchen Fällen müssen Sie dann nicht im Wortlaut zitieren, sondern können den Inhalt in möglichst wenigen Worten zusammenfassen. Eine Zusammenfassung kann aber nur dann funktionieren, wenn sich die Information schon in den Köpfen der Zuhörer befindet. Die Wirkung der Schlussworte hängt also direkt mit der ganzen Rede zusammen. Mit anderen Worten: Das Fundament muss gelegt sein, bevor man auf der Spitze des Gebäudes die Flagge hissen kann.

Bisweilen wird in einer Rede nur ein einziger wichtiger Gedanke vorgebracht – das ist dann mehr Inspiration als Information. In diesem Fall braucht das Publikum als Auffrischung lediglich eine einfache und prägnante Neuformulierung dieses Kernpunkts. Dieser muss allerdings einprägsam sein.

Ob eine Schlussbemerkung nun inspirieren oder informieren soll – wirkungsvoll wird sie, wenn sie einen Abschluss bildet und Endgültigkeit und Kontrolle zeigt. Diesen Eindruck von Kontrolle kann man durch Phrasen vermitteln, die auf das Ende der Rede hindeuten. So sagt man vielleicht »Zusammenfassend lässt sich sagen ...« oder »Jetzt zum Ende dieser Rede ...« oder »Lassen Sie mich zum Schluss noch einmal wiederholen ...«. Ob und wie sehr Sie auf solche Formulierungen zurückgreifen, hängt von Ihrer Erfahrung und Ihrem Selbstvertrauen als Redner ab. Anfangs ist es sicher hilfreich, die bewährten Vortragsregeln zu befolgen. Im Lauf der Zeit kann man auch einmal davon abweichen, und wenn man die Kunst des Redens dann wirklich gemeistert hat, wird man seine Regeln wahrscheinlich selbst aufstellen.

Im Zusammenhang mit Dale Carnegies magischer Formel in Kapitel 10 haben wir erfahren, wie wichtig es ist, das Publikum zu einer ganz bestimmten und genau definierten Handlung zu motivieren. Auch wenn sich die magische Formel insbesondere für kurze Formate eignet, ist es so gut wie immer angebracht, offen um Unterstützung zu werben und an die Verantwortung der Zuhörer zu appellieren, um gemeinsam ein bestimmtes Ziel zu erreichen. Bleiben Sie lebhaft und überzeugend – und verweisen Sie auf die wichtigsten Punkte und Argumente aus Ihrer Rede.

Lesen Sie die folgende Schlussbemerkung aus einer Rede, in der US-Präsident Harry Truman den Kongress dazu aufruft, Hilfsgelder für andere Länder freizugeben: »Wir schlagen hier einen schwierigen Kurs ein. Ich würde auch gar nicht dazu raten, wenn die Alternative nicht noch schwieriger wäre. Wir müssen in die Freiheit und den Frieden auf der ganzen Welt investieren. Die Saat der totalitären Regime wird genährt durch Leid und Not. Sie verbreitet sich und sprießt aus der verdorbenen Erde von Armut und Streit. Sie wächst zu voller Größe, wenn die Hoffnung der Menschen auf ein besseres Leben gestorben ist. Wir müssen diese Hoffnung am Leben erhalten. Wenn wir in unserer Führungsrolle versagen, kann das den Frieden der Welt in Gefahr bringen. Auf jeden Fall aber bringen wir damit das Wohl dieser Nation in Gefahr. Ich vertraue darauf, dass sich der Kongress dieser Verantwortung stellen wird.«

Ganz ähnlich handlungsorientiert verkündete Robert Kennedy während seiner Kampagne für die Senatswahl im Staat New York: »Wofür wir Verantwortung übernehmen müssen, ist klar. Wir dürfen keine Ratschläge von Leuten annehmen, die Gesetze gegen Gewalt fordern, und gleichzeitig nichts gegen die Ratten in den Häusern der Menschen unternehmen wollen. Wir müssen eine Führung anbieten, die Missstände laut ausspricht, bevor sie auf den ständig drehenden Wind der öffentlichen Wut und Verwirrung lauscht. Eine Führung, die aktiv wird anstatt sich gekränkt zurückzuziehen, die auf Fakten baut statt auf Illusionen, auf Aufopferung und Anstrengung statt auf Genuss und Bequemlichkeit.«

Wenn Sie zu Beginn Ihrer Rede ein Zitat verwendet haben, dann können Sie den Kreis mit einem Rückverweis auf dieses Zitat schließen. Angenommen, Sie haben mit folgendem Ausspruch begonnen: »Ahnungslosigkeit ist meist selbst gewählte Ahnungslosigkeit. Wir wissen nicht, weil wir nicht wissen wollen.« In Ihrer Schlussbemerkung können Sie diesen Gedanken in die andere Richtung wenden und sagen: »Ahnungslosigkeit wird geheilt durch den Wunsch, zu wissen.«

Ein Sinnbild am Ende einer Rede sollte aufschlussreich und schlüssig zugleich sein. Es sollte den Hauptpunkt unserer Rede einschließen und in Ton und Wirkung schlüssig sein. Im folgenden Beispiel verwendete ein Redner in Einleitung und Schluss einer Rede über Ursachen und Wirkungen der Armut dasselbe Bild. Hier die Einleitung: »Sind Sie sich schon einmal wie dieser kleine holländische Junge vorgekommen, der den Finger in das Loch im Deich steckte, durch das bereits das Wasser sickerte? Sie haben gewartet und gewartet, aber es kam keine Hilfe. Das Loch wurde immer größer, das Wasser rauschte immer stärker und spülte Sie schließlich weg. Und während Sie gegen die Flut ankämpften, wurde Ihnen klar, dass die Flut in Ihnen selbst war. Sie ertranken und starben in Ihrem eigenen Leben. Nun ist es so, dass bis zu drei Viertel der Menschheit von dieser verheerenden Flut weggespült wird. Was das für eine Katastrophe ist? Es ist die Armut auf der ganzen Welt.«

Und hier der Schluss derselben Rede: »Gehen wir noch einmal zurück zu dem kleinen Holländer. Es war klug, dass er handelte, indem er den Finger in den Deich steckte und die Flut zu verhindern suchte. Im Fall der Armut muss jeder von uns sein wie dieser Junge – wir müssen tätig werden, um die katastrophalen Folgen der Armut unter Kontrolle zu bringen.«

Während der ganzen Rede hatte der Vortragende immer wieder auf die Auswirkungen der Armut in seiner eigenen Familie verwiesen. Mit dem Wiederaufgreifen der Geschichte aus der Einleitung schloss er aber nicht nur den Kreis, sondern lieferte auch noch einen Anreiz zum Handeln: »Warum sollte Sie das kümmern? Warum ist es wichtig? Die Leute, denen geholfen wird – das könnte jemand sein, den Sie kennen. Es könnten sogar Sie selbst sein. Meine Familie wurde nicht gerettet. Vielleicht aber Ihre, obwohl ich hoffe, dass das nie nötig sein wird.«

Wenn Sie die Hörer in Ihrer Schlussbemerkung zum Handeln auffordern, dann ist es ratsam, Ihre eigene Entschlossenheit zu zeigen. Eine Studentin schilderte am Ende ihrer Rede über die Angst vor dem Fliegen ihre persönliche Lösung: »Es bereitet mir immer noch Probleme, in ein Flugzeug zu steigen, aber ich bin davon überzeugt, dass es die Mühe wert ist. Ich finde, wir alle sollten das Risiko eingehen, das nötig ist, um irrationale Ängste zu überwinden. Nur so können wir in der heutigen Welt in vollem Umfang am Leben teilhaben. Ich habe mir für morgen früh ein Flugticket nach Miami besorgt. Vielleicht sehen wir uns ja dort.«

All diese Vorgehensweisen können auf ihre eigene Weise ihre Wirkung entfalten, vorausgesetzt, sie werden bewusst und planvoll eingesetzt. So sollten Sie beispielsweise genügend Zeit für einen soliden Abschluss der Rede einplanen. Wenn die Zeit knapp ist, kürzen Sie nicht am Ende, denn das ist für die Wahrnehmung Ihrer Zuschauer der wichtigste Teil. Untermauern Sie Ihren Auftritt genau wie in der Einleitung mit starker und selbstbewusster Mimik und Gestik. Blicken Sie ins Publikum. Seien Sie persönlich und energisch. Nehmen Sie sich Zeit für die Vorbereitung einer starken Schlussbemerkung und geben Sie, was das Ende Ihrer Rede betrifft, keinesfalls falsche Signale. Wenig verärgert das Publikum mehr, als wenn es denkt, der Vortrag sei vorüber, und dann spricht der Redner immer weiter. Begriffe wie *zusammenfassend* oder *zum Ende* dürfen daher tatsächlich nur in Ihrer Schlussbemerkung vorkommen. Sonst laufen Sie Gefahr, das Publikum zu verlieren.

Hier sind noch einige andere Fehler, die es zu vermeiden gilt. Verwenden Sie nicht die Wörter »Vielen Dank« als Ersatz für einen aussagekräftigen Schlusssatz. Martin Luther King oder John F. Kennedy, ja nicht einmal Bill Gates hätten eine Rede jemals mit *vielen Dank* beendet. Auch bei Abraham Lincoln oder Theodore Roosevelt ist die Vorstellung geradezu lächerlich. Überlegen Sie sich eine Bemerkung, die Ihre Kernaussage in so wenigen Worten wie möglich ausdrückt – etwas, das Ihre Hörerinnen und Hörer im Kopf behalten, und zwar nicht nur bis zum Parkplatz, sondern für lange Zeit. Enden Sie mit diesem Satz. Ihre Zuhörer *werden* Ihnen dafür dankbar sein; Sie brauchen sich also nicht extra zu bedanken.

Genauso wenig, wie Sie Ihre Rede nicht mit einer Entschuldigung beginnen sollten, sollten Sie sie auf diese Weise beenden. »Ich glaube, ich habe Sie jetzt lange genug vollgetextet.« Oder: »Ich weiß nicht, ob ich das jetzt verdeutlichen konnte, aber damit schließe ich.« Oder: »Ich hoffe, ich habe Sie nicht allzu sehr gelangweilt.« Es sind Hunderte solcher Entschuldigungsphrasen für das Ende eines Vortrags im Umlauf. Sie sind selbstironisch gemeint, in Wahrheit wollen die Redner damit aber zur Schau stellen, wie bescheiden sie sind. Außerdem wird damit versucht, möglichen Kritikern zuvorzukommen und ihnen den Wind aus den Segeln zu nehmen. Ein guter Redner hat so etwas nicht nötig, und wenn Sie in diesem Buch jetzt schon so weit fortgeschritten sind, befinden Sie sich auf dem besten Weg, ein solcher zu werden.

Passen Sie auf, dass Ihre Schlussbemerkung nicht zu lang wird. Bringen Sie keine neuen Gedanken in die Zusammenfassung ein. Sie könnten damit das Publikum verwirren und Ihre zentrale Botschaft verschleiern. Kurz gesagt: Bleiben Sie beim Thema. Sie wollen Ihren Vortrag rekapitulieren und zu Ende bringen, sonst nichts. Tun Sie das mit Stil und in einem Tonfall, der mit dem Inhalt Ihrer Rede im Einklang ist. So wäre es beispielsweise nicht fair, das Publikum in einem fort zum Lachen zu bringen und es am Ende mit einer düsteren Endzeitprognose vor den Kopf zu stoßen.

Wir haben bis hierher eine Reihe von Grundprinzipien für einen wirkungsvollen Schluss einer Rede kennengelernt und wollen nun kurz betrachten, wie sich diese wirkungsvoll anordnen lassen.

Ihre Schlussbemerkung beginnt damit, dass Sie andeuten, das Gesagte noch einmal zusammenzufassen. Dies geschieht üblicherweise mit einer Wendung wie: »Um noch einmal zusammenzufassen, hier die wichtigsten Punkte, die Sie sich merken sollten ...« Halten Sie diese Zusammenfassung so knapp wie möglich. Dem Publikum ist es natürlich wichtig, das Wesentliche Ihrer Präsentation aufzunehmen, aber das muss in einem vernünftigen Zeitrahmen geschehen.

Nach der Zusammenfassung wollen viele Redner vom geschäftsmäßigen Ton wegkommen und nun die höheren Motive des Publikums ansprechen. Besonders gut eignen sich dafür ein Zitat oder ein Verweis auf eine allseits angesehene oder vorbildliche Person. Am besten, es fällt ein Name, der dem Publikum bekannt ist. Diese Person kann dann mit der bestehenden Aufgabe in Verbindung gebracht werden. Dafür passen Wendungen wie: »Im besten Interesse unseres Unternehmens ...« oder »Im Interesse unserer Nation und der ganzen Welt ...« Vielleicht fällt Ihnen noch etwas Originelleres ein, aber noch einmal: Für eine wirkungsvolle Schlussbemerkung ist die Zeit ein entscheidender Faktor. Möglicherweise bleibt Ihnen einfach nicht genügend Raum zum Experimentieren. Wenn Sie allerdings spüren, dass Sie das Publikum wirklich auf Ihrer Seite haben, können Sie anstatt einer geläufigen Floskel auch eine kurze bewegende Anekdote einstreuen.

Schließlich wollen Sie Ihre Zuhörerinnen und Zuhörer zum Handeln auffordern. Dieser letzte Aufruf ergibt sich aus Ihren im Vortrag entwickelten Gedanken. Zudem müssen Sie den Leuten einen *Grund* zum Handeln liefern. Ihr Appell sollte deutlich und klar abgegrenzt sein. Das Publikum darf nicht im Zweifel darüber gelassen werden, was Sie von ihm fordern. Der Grund, in Aktion zu treten, sollte auf Sachverhalten beruhen, die den Leuten wichtig sind. Vermeiden Sie Sätze wie: »Ich möchte, dass Sie ...« Wenn es in Ihrem Vortrag beispielsweise um Möglichkeiten zur Steigerung der Produktivität ging, dann machen Sie deutlich, dass Ihr Aufruf einen guten Weg hin zu diesem Ziel darstellt. Und zeigen Sie auf jeden Fall auf, dass die geforderte Handlung im Interesse Ihrer Zuhörer ist.

Die Leute müssen verstehen, was Sie von ihnen erwarten und was sie von sich selbst erwarten sollten. Hierfür gibt es wohl kaum ein besseres Beispiel als die zentrale Botschaft aus John F. Kennedys bereits in einem vorigen Kapitel erwähnten Antrittsrede als US-Präsident: »Fragt nicht, was euer Land für euch tun kann – fragt, was ihr für euer Land tun könnt.« Nicht jeder ist so redegewandt wie Kennedy, aber sein Zitat darf hier für jeden als Messlatte dienen. Ziel ist, den Ball auf überzeugende und eindringliche Weise ins Feld der Zuhörer zu spielen. Wenn Sie dabei auch noch poetisch sein können – umso besser.

Ein derartiger Appell lässt sich sehr gut mit Ton- oder Bildmaterial untermauern. Die erste Wahl wäre dabei vielleicht ein projiziertes Bild, das klug in Ihren Vortrag einklinkt. Das könnte eine Abbildung des fertiggestellten Projektes sein, ein Gruppenbild Ihres Teams oder ein Textzitat von jemandem, den das Publikum schätzt. Alternativ könnten Sie auch einen symbolischen Gegenstand an das Publikum verteilen – eine Anstecknadel beispielsweise. Das kann natürlich für Ablenkung und Unruhe sorgen, aber andererseits wird es die Leute noch lange an das erinnern, was sie gehört haben.

Zuletzt wiederholen Sie noch einmal in möglichst wenigen Worten den wichtigsten Nutzen Ihres Appells. »Wir werden dieses Ziel erreichen.« »Ihr Einkommen wird deutlich steigen.« »Sie werden Ihre Möglichkeiten voll ausschöpfen.« Beziehen Sie dabei nach Möglichkeit die persönliche Ebene mit ein und inspirieren Sie. Erwähnen Sie die Namen von Menschen, die diesen Nutzen bestätigen können. »Wie man an Susan und Barry sieht, macht es sich in der Lohntüte wirklich bemerkbar, wenn man die Verkaufsziele erfüllt.« Man braucht sich dabei aber keinen Knoten ins Hirn zu denken. Die grundlegenden Bedürfnisse der Menschen sind vergleichsweise einfach gestrickt, und von anderen bewundert zu werden steht dabei ganz vorn. Wenn Sie dem Publikum dies in Aussicht stellen, bieten Sie etwas, das möglicherweise unbewusst ein tiefes Bedürfnis darstellt. Und Sie rücken die Erfüllung in Reichweite. Hier muss dieses Angebot also klar präsentiert und die Leute müssen auf den richtigen Weg gebracht werden. Wenn Sie das getan haben, dann ist die Schlussfolgerung Ihres Vortrags geschafft.

Wir sind nun auf den letzten Seiten von *Besser Sprechen – überzeugend auftreten* angekommen. Gehen wir noch einmal kurz durch die Kapitel des Buches.

In Kapitel 1 haben wir die wichtigsten Prinzipien für erfolgreiches Reden vorgestellt, darunter, dass wir uns mit unserem Thema vertraut machen sollten, dass wir die Präsentation sorgfältig planen und üben sollten. Es reicht nicht, Ihr Material nur zu beherrschen; Sie müssen es darüber hinaus wirklich *verinnerlicht* haben.

In Kapitel 2 lag der Schwerpunkt einerseits auf der Bedeutung, »sich selbst zu kennen«, und andererseits auf der Fähigkeit des Redners, Barrieren zwischen sich und dem Publikum beiseitezuräumen. »Eine erfolgreiche Kommunikation mit den Zuhörern hängt davon ab, wie gut ein Sprecher seine Rede dem Publikum anpassen kann – und wie gut er das Publikum in seine Rede miteinbezieht.«

In Kapitel 3 haben wir gelernt, dass dem Lampenfieber häufig nicht die Angst vor dem Versagen zugrunde liegt, sondern die Angst, nicht perfekt zu sein. Indem man diese unrealistische Erwartung ablegt, kann man auch die Angst vor dem Reden vor Menschen ablegen.

In Kapitel 4 ging es um den Einfluss von Humor und darum, dass dieses wertvolle Werkzeug auch Menschen zu ihrem Vorteil nutzen können, die sich gar nicht für lustig halten. Durch nichts anderes lässt sich das Publikum so leicht und wirkungsvoll auf seine Seite ziehen. Wird Humor allerdings falsch eingesetzt, kann das auch ins Auge gehen. Wir haben gelernt, was lustig ist und was nicht, ebenso wie die wichtige Tatsache, dass nichts lustiger ist als man selbst.

Die Macht der Selbstoffenbarung war das Thema von Kapitel 5. Wer von sich selbst erzählt – insbesondere Geschichten, die zu Herzen gehen –, erringt damit nicht nur die Aufmerksamkeit des Publikums, sondern auch seine Zuneigung und sein Vertrauen.

In Kapitel 6 ging es darum, wie das Publikum zum Handeln motiviert werden kann: Was ist erforderlich, um die Zuhörer dazu zu bringen, mehr zu tun, als nur zuzuhören? Wir haben gesehen, wie wichtig es ist, dass der Sprecher wirklich aufrichtig ist. Das beste Geschenk, das wir unseren Zuhörern machen können, ist absolute Ehrlichkeit. Doch um dieses Geschenk anderen anbieten zu können, müssen wir erst einmal komplett ehrlich zu uns selbst sein.

In Kapitel 7 haben wir gelernt, wie man wirkungsvoll in einen Vortrag einsteigt und gleich in der ersten Minute das Publikum für sich gewinnt. Auch haben wir erkannt, dass eine gut genutzte Minute eine erstaunliche Zeitspanne sein kann. Redner können schon während der ersten zehn Sekunden einen unauslöschlichen Eindruck hinterlassen – also sollte es in jedem Fall ein guter Eindruck sein.

Kapitel 8 und 9 handelten von der Macht der Überzeugung. Was bringt Menschen dazu, ihre Zweifel und Hemmungen beiseite zu schieben und in Aktion zu treten, nachdem sie zu einem anderen Menschen eine Beziehung aufgebaut haben? Die Antwort darauf ist genau das, was das Reden vor Menschen ausmacht. Die Aufgabe ist nicht einfach, aber sie ist zu schaffen, wenn man sich diese beiden Kapitel zu Herzen nimmt.

In Kapitel 10 stellten wir die einzigartige und vielleicht wirkungsvollste Methode aus Dale Carnegies Erkenntnissen zur Persönlichkeitsentwicklung vor. Mit der in diesem Kapitel beschriebenen magischen Formel lassen sich Menschen auch dann zum Handeln bewegen, wenn nur wenig Zeit zur Verfügung steht. Natürlich ist uns bewusst, dass das Attribut *magisch* nicht leichthin verliehen werden sollte, aber was wir in diesem Kapitel gelernt haben, ist wirklich eine magische Formel für erfolgreiches Reden.

In Kapitel 11 schließlich erfuhren wir, dass eine Fragerunde am Ende eines Vortrags den Redner gleichzeitig vor Herausforderungen stellt, aber auch Möglichkeiten bietet. Entscheidend ist, Haltung und Ausgeglichenheit zu bewahren, respektvoll zu bleiben und den Fallstricken zu entgehen, die selbst wohlmeinende Fragesteller dem Redner manchmal legen. Dies führte zum letzten Kapitel, in dem die entscheidende Schlussbemerkung einer Rede im Mittelpunkt stand.

Abschließend wollen wir noch ein paar Worte über den Erfolg im Allgemeinen verlieren. Dies wird nicht nur Ihrer Karriere als Redner zugutekommen, sondern Ihrem Leben insgesamt.

Geschichten über Menschen, die trotz widriger Umstände außergewöhnliche Erfolge verzeichnen, erregen immer wieder unsere Aufmerksamkeit. Diese Menschen begeistern als leuchtende Beispiele, aber bei genauerem Hinsehen steckt noch mehr dahinter. Der Junge mit den schlimmen Brandwunden an den Beinen, dem man sagte, er könne nie wieder richtig laufen, wird zum gefeierten Leichtathleten. Die infolge einer Krankheit als Baby blind und taub gewordene Frau wird zu einer der größten Inspirationsquellen des Jahrhunderts. Und in einer Zeit nie dagewesener Flüchtlingsbewegungen hören wir von Menschen, die mit praktisch nichts anfangen und es doch in überraschend kurzer Zeit zu großem Erfolg bringen. Und dann sind da die zahlreichen Geschichten von Männern und Frauen mit schrecklichen Hemmungen, vor Menschen zu sprechen, aus denen gefeierte Rednerinnen und Redner wurden. Vielen von ihnen half das Dale Carnegie Training dabei, diesen rigorosen Wandel zu erreichen.

Was ist anders an diesen Menschen – Menschen mit gewaltigen Benachteiligungen, die vielleicht nicht die richtige Sprache beherrschen, nicht die richtigen Menschen kennen oder kein Geld haben? Was bringt den Jungen mit den verbrannten Beinen dazu, Meistersprinter zu werden, und wie konnte die blinde und taube Helen Keller zu einem Vorbild für eine ganze Generation von Menschen werden? Die Antwort auf diese Frage wird uns, wenn wir sie wirklich verstehen, alles ermöglichen, was wir uns wünschen – und dabei ist die Antwort verblüffend einfach.

Die Menschen, die wir eben erwähnten, besaßen etwas, das der Durchschnittsmensch nicht hat. Sie hatten ein Ziel. Sie hatten das brennende Verlangen, entgegen aller Hindernisse und Schwierigkeiten zum Erfolg zu kommen. Sie wussten genau, was sie wollten. Sie dachten an jedem einzelnen Tag ihres Lebens daran. Es war das, was sie morgens aus dem Bett trieb, und es war das Letzte, an das sie vor dem Einschlafen dachten. Sie hatten eine genaue Vorstellung von dem, was sie erreichen wollten, und diese Vorstellung trug sie über alle Hindernisse.

Diese Vorstellung, dieser Traum, dieses Ziel ist für niemanden sichtbar, außer für die Person, die es in sich birgt, und wahrscheinlich ist es verantwortlich für alle Fortschritte und Leistungen der Menschheit. Es ist der Beweggrund für praktisch alles, was wir um uns wahrnehmen. Alles Erstrebenswerte, was Frauen und Männer erreichen, ist ein wahr gewordener Traum, ein erreichtes Ziel. Es stimmt, wenn man sagt, dass der Geist erreichen kann, was er ersinnt und woran er glaubt.

Da ist das herrliche Gebäude, wo zuvor nur ödes Brachland oder ein Schandfleck war. Eine Brücke, die die Bucht überspannt. Die Landung auf dem Mond. Und auch das kleine Lebensmittelgeschäft mitten in Manhattan. Es ist das schöne Wohnhaus an einer baumbestandenen Straße und der junge Mensch, dem die Abschlussurkunde überreicht wird. Es ist das außergewöhnliche sportliche Potenzial und die herausragende Position in der Finanzwelt. Es ist ein Einkommen oder eine Investition in bestimmter Höhe. Was der Geist ersinnen und glauben kann, das kann er auch erreichen.

Earl Nightingale brachte das besser auf den Punkt als jeder andere: »Wir werden das, worüber wir nachdenken.« Wenn uns ein erstrebenswertes Ziel gepackt hat, dann erreichen wir es auch. Genau deshalb heißt es: »Pass auf, was du dir wünschst – es könnte in Erfüllung gehen.«

Wir Menschen in der westlichen Welt haben großes Glück. Wir können so ziemlich alles haben, was wir wollen. Das Problem ist nur, wir wissen manchmal nicht, was wir wollen. Oder wir wollen eine Menge belangloser Dinge. Wir wollen ein neues Auto; wir bekommen es. Wir wollen einen neuen Kühlschrank; wir bekommen ihn. Wir wollen ein neues Haus; und auch das bekommen wir. Das System lässt uns nicht im Stich, aber wir begreifen offenbar nicht, dass es ein System ist. Und wir begreifen auch nicht, dass es, wenn es bei einem Kühlschrank oder einem Auto funktioniert, auch bei allem anderen funktioniert, das wir uns so sehr wünschen.

Ziele sind die Grundlage für jeden Erfolg. Eine ausgezeichnete Definition von Erfolg besagt: »Erfolg ist, wenn man ein angemessenes Ziel mithilfe kleiner Schritte verwirklicht« – in manchen Fällen bedeutet Erfolg auch »ein angemessenes Ideal zu verfolgen«. Das heißt, jeder ist erfolgreich, der sich auf dem Weg zur Erfüllung eines Ziels befindet.

Erfolg ist also nicht bedingt durch das Erreichen eines Ziels, obwohl das landläufig so gesehen wird. Es ist der Weg zu diesem Ziel. Wir sind erfolgreich, solange wir auf etwas hinarbeiten, das wir in unserem Leben erreichen wollen. Hier findet der Mensch zu seiner wahren Stärke. Das ist, was Cervantes meinte, als er schrieb: »Die Straße ist besser als das Wirtshaus.« Wir laufen zur Hochform auf, wenn wir klettern, denken, planen oder arbeiten – wenn wir uns auf dem Weg zu etwas befinden, das wir verwirklichen wollen.

Ein junger Mensch, der auf seinen Schulabschluss hinarbeitet, ist ebenso erfolgreich wie jeder andere Mensch. Und auch wer eine bestimmte Position in seiner Firma anstrebt, ist erfolgreich. Der Redner, der sich zum ersten Mal einem Publikum stellt, hat schon allein damit einen großen Erfolg erzielt. Wenn wir ein Ziel haben, das es uns wert erscheint und das uns schon beim bloßen Gedanken daran mit Freude erfüllt, dann werden wir es auch erreichen. Wenn wir uns ihm nähern und sehen, dass es bald erreicht ist, dann können wir anfangen, darüber nachzudenken, welches Ziel wir als Nächstes erreichen wollen. Ein Buchautor kommt häufig nach der Hälfte eines Buchs auf eine Idee für das folgende Werk, macht sich Notizen und überlegt sich schon einen Titel, während er noch das letzte Buch fertigstellt. Genau so sollte es sein.

Schätzungsweise 5 Prozent der Bevölkerung bringen es zu außergewöhnlichem Erfolg. Dem Rest scheint der Durchschnitt zu genügen. Die meisten Menschen scheinen einfach so zu treiben und Gelegenheiten zu ergreifen, wie sie sich bieten, und manchmal hoffen sie vielleicht, dass sich die Lage bessert.

Der große schottische Essayist Thomas Carlyle verglich Menschen häufig mit Schiffen. Nach dieser Metapher gleicht die Mehrzahl der Männer und Frauen ruderlosen Schiffen, die wechselnden Winden und Strömungen schutzlos ausgesetzt sind. Hilflos treiben sie dahin und hoffen dabei, dass das Schicksal sie eines Tages in einen reichen und geschäftigen Hafen treiben wird, obwohl es auf tausend Meilen Felsküste nur eine einzige schmale Hafeneinfahrt gibt. Die Chancen stehen also tausend zu eins gegen sie. Ihr Leben ist wie eine Lotterie. Hin und wieder zieht jemand das große Los, aber die Wahrscheinlichkeit dafür ist verschwindend gering.

Die 5 Prozent allerdings, die Zeit und Mühen in Kauf genommen haben, um es in ihrem Leben ans Steuerrad zu schaffen, die sich ein herausforderndes Ziel gesetzt und alles dafür getan haben, dieses zu erreichen, fahren weit und in gerader Linie über die tiefen Ozeane des Lebens, erreichen einen Hafen nach dem anderen und erreichen in ein paar Jahren mehr als die Übrigen in einem ganzen Leben.

Wenn Sie ein Schiff in einem Hafen besuchen und den Kapitän nach seinem nächsten Zielhafen fragen, dann wird er Ihnen in einem einzigen Satz antworten. Er kann diesen Hafen, sein Ziel, während 99 Prozent der Reise nicht sehen, aber er weiß, dass es da ist. Und wenn sich nicht eine äußerst unwahrscheinliche Katastrophe ereignet, wird er es auch erreichen. Wenn jemand Sie nach Ihrem nächsten Zielhafen fragt, Ihrem nächsten Lebensziel, könnten Sie dieser Person etwas antworten? Haben Sie eine klare Vorstellung von diesem Ziel? Haben Sie es aufgeschrieben? Das ist eine gute Idee. Wir müssen es uns immer wieder in Erinnerung rufen und bekräftigen. Ein Bild von Ihrem Ziel, an den Badezimmerspiegel geklemmt, kann sehr wirkungsvoll sein. Tausende von erfolgreichen Menschen tragen ihre Ziele aufgeschrieben auf ein Stück Papier in ihrer Geldbörse oder Handtasche mit sich herum.

Wenn Sie Leute fragen, wonach sie streben, werden Sie wahrscheinlich vage Allgemeinplätze zu hören bekommen wie: »Oh, Gesundheit. Oder Glück. Oder viel Geld.« Aber das reicht nicht. Eine gute Gesundheit sollte ein universelles Ziel sein. Wir alle wünschen uns das und tun unser Bestes, um es zu erreichen und uns zu erhalten. Glück ist ein Nebenprodukt von etwas anderem. Und viel Geld ist auch viel zu unbestimmt. Vielleicht funktioniert dieser Wunsch, aber es ist besser, sich auf eine bestimmte Geldsumme festzulegen. Je genauer das Ziel festgeschrieben ist, desto wirklicher wird es für uns, und damit auch umso erreichbar.

Ganz gleich, in welchem Bereich – Erfolg wird immer durch die *Richtung* bestimmt, in die wir uns bewegen. Kinder sind am Heiligabend vor der Bescherung glücklicher als am nächsten Morgen. Ihre Geschenke können noch so großartig sein – Weihnachten ist für sie vorbei. Sie haben Freude an ihren Geschenken, sind aber oft mürrisch und reizbar. Auf dem Weg zum Abendessen außer Haus sind wir glücklicher als später auf dem Nachhauseweg, auf dem Weg in den Urlaub sind wir glücklicher als auf der Heimreise. Und auf dem Weg zu unseren Zielen sind wir glücklicher als später, wenn wir sie erreicht haben.

Das Leben bevorzugt niemanden. Aber eines ist sicher: Wenn Sie nur chaotisch im Kreis denken, dann wird sich dieses Chaos in Ihrem Leben widerspiegeln. Sind Ihre Gedanken aber geordnet und klar, und haben Sie sich ein Ziel gesetzt, das Ihnen etwas bedeutet, dann werden Sie es auch erreichen. Und zwar ein Ziel nach dem anderen. Das ist wichtig. Hier machen die meisten Leute unbewusst den entscheidenden Fehler. Sie konzentrieren sich nicht lange genug auf ein einzelnes Ziel, bevor sie auf die nächste Spur wechseln, und dann auf die nächste mit dem Ergebnis, dass sie nichts erreichen. Nichts als Verwirrung und Ausflüchte.

Wenn Sie aber jeden Morgen, jeden Abend und tagsüber so oft wie möglich an Ihr aufregendes Ziel denken, ein gefeierter Redner zu werden, dann bringt Sie schon allein das Ihrem Ziel näher. Wenn Sie Ihre Gedanken auf das Sprechen vor Menschen fokussieren, dann ist das so, als würde man einen wild durch die Landschaft mäandrierenden Fluss bändigen und in einen geraden und glatten Kanal bannen. Nun hat er Kraft, Richtung, Wirtschaftlichkeit und Geschwindigkeit.

Machen Sie sich also Ihr Ziel zu eigen und werden Sie zu einem meisterhaften Redner. Bestehen Sie darauf. Fordern Sie es von sich. Verbinden Sie sich mit diesem Ziel jeden Morgen und jeden Abend und am Tag so oft wie möglich, immer wieder aufs Neue. Auf diese Weise wird dieses Ziel in Ihr Unterbewusstsein eingehen, und Sie beginnen, sich so zu sehen, als hätten Sie Ihr Ziel schon erreicht. Tun Sie das ohne Ausnahme jeden Tag, und schneller als gedacht wird es Ihnen zur Gewohnheit werden. Eine Gewohnheit, die Sie von einem Erfolg zum nächsten tragen wird, Ihr ganzes Leben lang. Denn das ist das Geheimnis des Erfolgs, der Schlüssel, der Ihnen die Tür zu allem öffnet, das Sie jemals haben oder sein werden.

Nun am Ende dieses Buches hoffe ich, dass Sie der Behauptung beipflichten werden, die wir am Beginn aufgestellt haben: dass *Besser Sprechen – überzeugend auftreten* das umfassendste und praxisorientierteste Buch über die Kunst und Wissenschaft des öffentlichen Sprechens ist. Wir hoffen, Sie erreichen mithilfe dieses Buchs alle Ihre Ziele.

FALLSTUDIE:

Sportlersprache

In Sportfilmen kamen schon immer Motivationsansprachen vor, aufmunternde Worte, die anspornen sollten. Eine lange und illustre Reihe von Filmstars hat diese Reden gehalten – Paul Newman in *Schlappschuss,* Gene Hackman in *Freiwurf,* Denzel Washington in *Gegen jede Regel,* Al Pacino in *An jedem verdammten Sonntag,* um nur ein paar zu nennen. Die Reden sind allesamt großartig, aber hier folgen einige Beispiele von echten Menschen im Sport, mit ihren echten Worten.

Knute Rockne

Den meisten Ruhm erlangte der legendäre Football-Trainer der Notre Dame Fighting Irish, Knute Rockne, möglicherweise mit seiner »Gewinnt das Spiel für den Gipper«-Rede.

Rockne sagte immer, George Gipp sei für ihn der vielseitigste Footballspieler, den er je trainiert hat. Im Alter von nur 45 Jahren zog sich Gipp eine Streptokokken-Halsentzündung zu. Als Rockne ihn auf dem Sterbebett besuchte, waren Gipps letzte Worte an ihn: »Irgendwann, Rock, wenn das Team sich mal schwertut, wenn es nicht läuft und die Breaks die Jungs fertigmachen, sag ihnen, sie sollen mit allem reingehen, was sie haben, und das Spiel für den Gipper gewinnen. Ich weiß zwar nicht, wo ich dann bin, aber ich werde es erfahren und mich darüber freuen.«

Rockne vergaß die Worte seines sterbenden Freundes nie, und acht Jahre später hatten seine Fighting Irish gegen ihren Erzrivalen Army ein wirklich schweres Spiel vor sich. Mit zwei verlorenen Spielen von sechs hatte Notre Dame bislang kein gutes Jahr gehabt, und viele dachten, bei Rockne sei als Trainer nun der Lack ab. Vor dem Spiel versammelte Rockne seine Männer in der Kabine um sich und wartete, bis es völlig still war. Dann hielt er eine Motivationsrede, die in die Geschichte eingehen sollte, und das nicht nur in der Welt des Football.

Rockne sagte: »Am Tag bevor er starb, sagte George Gipp zu mir, wenn die Situation einmal wirklich hoffnungslos ist, sagst du dem Notre-Dame-Team, sie sollen da rausgehen und den Gegner für mich besiegen. Heute ist dieser Tag, und ihr seid dieses Team.«

Der Line Coach Ed Healey erzählte später: »Da gab es keinen im Raum, der nicht weinte. Als Rockne zu Ende gesprochen hatte, herrschte für einen Augenblick Stille, und dann rannten die Spieler plötzlich aus dem Umkleideraum und rissen die Tür dabei fast aus den Angeln. Manche Leute sagen, jede Mannschaft – und da gab es einige –, zu denen Rockne sagte ›Ihr seid dieses Team!‹, reagierte ganz genauso!«

Lou Gehrig

Der First Baseman Lou Gehrig von den New York Yankees war einer der größten Baseballspieler aller Zeiten. Man nannte ihn Iron Horse, das eiserne Pferd, weil er in 2130 aufeinanderfolgenden Spielen auf dem Platz stand, ein bemerkenswerter Rekord. Diese Serie endete, als sich Gehrig im Alter von 36 Jahren eine seltsame und fürchterliche Erkrankung zuzog. Lange hieß diese Krankheit die Lou-Gehrig-Krankheit, heute nennt man sie ALS, Amyotrophe Lateralsklerose. Am 4. Juli 1939 wurde Gehrig im Yankee-Stadion mit einer besonderen Feier geehrt. Als er sich an die Menge wandte, versank er nicht in Selbstmitleid, sondern sprach stattdessen darüber, was er für ein Glückspilz war. »Fans, in den letzten zwei Wochen konntet ihr sehen, wie schlecht es mir gerade geht. Und doch halte ich mich hier und heute für den glücklichsten Menschen auf Erden. 17 Jahre lang bin ich auf dem Spielfeld gestanden und habe von euch Fans nichts als Güte und Ermutigung erhalten ... Deshalb sage ich zum Schluss, dass ich vielleicht eine schwere Zeit hatte, aber dass da eine ganze Menge ist, für das sich zu leben lohnt!«

Vince Lombardi

Der legendäre Footballtrainer Vince Lombardi hielt seinem Team, den Green Bay Packers, vor dem Superbowl-Finale 1968 die folgende Ansprache. Die Packer siegten, und es sollte Lombardis letzte Rede vor diesem Team bleiben.

»Gewinnen ist nicht etwas, das man manchmal tut. Es ist etwas, das man immer tut. Man gewinnt nicht ab und zu. Man macht seine Sache nicht ab und zu mal ordentlich. Man macht sie immer ordentlich.«

Das berühmteste Vince Lombardi zugesprochene Zitat allerdings – »Gewinnen ist nicht alles. Es ist das Einzige.« – hat er so nie gesagt. Wahrscheinlich liegt diesem Zitat aber die kurze Ansprache, die Sie eben gelesen haben, zugrunde. Der Spruch war zumindest bald so sehr in aller Munde, dass Vince Lombardi es schließlich aufgab, immer wieder zu erklären, dass es eigentlich gar nicht seine Worte waren.

Herb Brooks

Einen zusammengewürfelten Haufen von College-Eishockeyspielern, der gegen die hoch favorisierten Russen die Goldmedaille erringen sollte, motivierte Trainer Herb Brooks vor dem olympischen Finale von Lake Placid mit folgenden Worten: »Großartige Augenblicke entstehen aus großartigen Gelegenheiten. Und genau eine solche habt ihr heute Abend, Jungs. Das habt ihr euch heute Abend verdient. Dieses eine Spiel. Wenn wir zehnmal gegen sie spielen, gewinnen sie vielleicht neun-mal. Aber nicht dieses Spiel. Nicht heute. Heute gehen wir mit ihnen Schlittschuhlaufen. Heute bleiben wir ihnen auf den Fersen. Und wir kochen sie ab, denn das haben wir drauf! Heute Abend sind wir das großartigste Hockey-Team der Welt.«

Tim Tebow

Der gefeierte College Football Quarterback Tim Tebow fand folgende Worte, nachdem seine Florida Gators ein Spiel gegen Mississippi verloren hatten: »Für die Fans und alle anderen, es tut mir leid ... Für den Rest dieser Saison werdet ihr niemanden im Spiel so hart arbeiten sehen wie mich. Ihr werdet niemanden sein Team so hart antreiben sehen, wie ich alle für den Rest der Saison antreiben werde. Ihr werdet kein Team härter spielen sehen, als wir das für den Rest der Saison tun werden. Gott segne euch.«

Joe Buck

Der beliebte Baseballkommentator Joe Buck kämpfte gegen seine Krebserkrankung, als er bei einem seiner letzten öffentlichen Auftritte diese Rede hielt, und zwar an dem Tag, als der Spielbetrieb nach dem Terroranschlag vom 11. September auf das World Trade Center wieder aufgenommen wurde. »Ich weiß nicht, wie ihr darüber denkt, aber für mich ist die Frage schon beantwortet. Sollten wir hier sein? Ja! Dieses Land wurde vor mehr als 200 Jahren im Namen Gottes gegründet, und wir waren seither das Bollwerk der Freiheit, das Licht, das der freien Welt erstrahlt ... Wir haben diesen Kampf nicht angefangen, aber wir werden ihn beenden. Und wenn wir in ihn eintreten, dann werden wir mit aller Entschlossenheit schützen, was wir für das Richtige halten ... Wie einst schon unsere Väter werden wir diesen ungewollten Krieg gewinnen, und unsere Kinder werden die Zukunft genießen, die wir ihnen bereiten.«

Jim Valvano

Anlässlich der ersten ESPY-Preisverleihung, einem Event, bei dem die Sportler des Jahres gekürt werden, hielt der Basketballtrainer der North Carolina State University, bei dem zuvor Knochenkrebs festgestellt worden war, diese ergreifende Rede: »Da gibt es drei Dinge, die wir jeden Tag tun sollten ... Nummer eins ist Lachen. Wir sollten jeden Tag lachen. Nummer zwei ist Denken. Man sollte sich ein bisschen Zeit zum Nachdenken nehmen. Und Nummer drei ist, man sollte sich von seinen Gefühlen zu Tränen rühren lassen, sei es vor Glück oder vor Freude. Überlegt euch mal: Wenn wir lachen, denken und weinen, dann ist das ein erfüllter Tag. Es ist ein verdammt toller Tag. Wenn wir das sieben Tage die Woche tun, dann wird das etwas ganz Besonderes. Der Krebs kann mir alle Bewegungsmöglichkeiten nehmen. Was er mir aber nicht nehmen kann, das sind mein Verstand, mein Herz und meine Seele. Und diese drei Dinge werden auf ewig fortbestehen. Ich danke euch, und Gott segne euch alle.«

Fallstudie:

Sprich leise, sprich langsam, und sprich nicht zu viel.

John Wayne

Das Reden aus dem Stegreif sollte geübt und gefördert werden.

Abraham Lincoln

Vielleicht vergessen die Leute, was Sie gesagt haben, aber sie werden nie vergessen, welche Gefühle Sie bei ihnen geweckt haben.

Carl W. Buechner

Nachwort

Es ist eine gute Idee, dieses Buch (und wahrscheinlich jedes andere) mehr als einmal zu lesen. Es liegt einfach in der menschlichen Natur, dass einem wichtige Prinzipien beim ersten Lesen oft entgehen. Wenn Ihnen die Zeit fehlt, das ganze Buch noch einmal durchzugehen, wird Ihnen die folgende Zusammenfassung die wichtigsten Punkte von *Besser Sprechen – überzeugend auftreten* nahebringen.

Entscheidend ist vor allem, dass Sie nur über Themen reden, bei denen Sie sich wahrhaftig zu Hause fühlen. Eine Person, die wirklich davon überzeugt ist, was sie sagt, hat automatisch einen riesigen Vorteil gegenüber der überwiegenden Mehrheit der Redner. Glaubt man aber nur einen Teil davon wirklich, dann muss man diesen Teil auf alle Fälle so stark wie möglich betonen. Sollten Sie jemals gebeten werden, ein Prinzip oder Produkt zu vertreten, das Sie ernsthaft anzweifeln, dann wird es Ihrer Karriere als Redner auf lange Sicht zugutekommen, wenn Sie dieser Verpflichtung aus dem Wege gehen. Die Unaufrichtigkeit könnte sonst zur Gewohnheit werden, und das wäre ganz gewiss selbstzerstörerisch.

Übermitteln Sie Ihre Gefühle in vollem Umfang, bleiben Sie dabei in Ihrer Argumentation aber trotzdem schlüssig und wohlstrukturiert. Wenn dies nicht gelingt, dann mag Ihr Vortrag zwar augenblicklich fesseln, aber auf dem Weg zum Auto werden Ihre Hörer schon das meiste vergessen haben. Sie werden nur noch wissen, *wie* sie es gesagt haben, und das könnte im Nachhinein gar nicht mehr so fesselnd erscheinen. Das Material, das Sie als Redner präsentieren, sollte aus den gleichen Bestandteilen aufgebaut sein wie eine mögliche schriftliche Veröffentlichung. Von einer Einleitung, in der Sie sich und Ihre Hauptaussage vorstellen, schreiten Sie in logischer Weise weiter zum Hauptteil Ihrer Rede, in dem Sie mithilfe von

Anekdoten und ähnlichem unterstützenden Material eine Verbindung zu Ihren Hörern aufbauen. Sie schließen mit einer Zusammenfassung, die Ihre Kernaussage noch einmal zusammenfasst und nicht nur an das Verständnis des Publikums appelliert, sondern auch zu konkretem Handeln auffordert.

Bedenken Sie immer und immer wieder, dass wirkungsvolles Reden auf mehr beruht als nur auf dem, was Sie sagen. Kein Publikum der Welt findet es gut, wenn Sie sich während Ihres Vortrags hinsetzen oder mit gesenktem Kopf still dastehen und von einem vorgefertigten Manuskript ablesen. Wie Sie aussehen und sich bewegen (oder nicht bewegen), kann über Erfolg oder Misserfolg Ihres Auftritts entscheiden. Ihre Körpersprache ist wichtig. Die Art und Weise, wie Sie stehen, gehen und sich mit passender Gestik und Mimik bewegen, ist ein wertvolles Werkzeug für den öffentlichen Vortrag, das seit römischen Zeiten bekannt ist. Machen Sie sich mit audiovisuellen und anderen Hilfsmitteln vertraut, falls diese zum Thema passen und Ihren Vortrag aufwerten. Präsentationssoftware wie PowerPoint sollten Sie vor der Anwendung auf der Bühne wirklich gut beherrschen. Achten Sie jedoch darauf, dass Sie sich von diesen technischen Neuerungen nicht abhängig machen. Technischer Einsatz darf nicht auf Kosten grundlegender Fertigkeiten gehen, die Sie für das Reden vor Publikum beherrschen sollten. Überfordern Sie Ihr Publikum nicht mit allzu vielen Animationen, Hörbeispielen oder grellen Farben, denn das könnte von Ihnen und Ihrem Thema ablenken.

Greifen Sie bei Bedarf auf Ihre Notizen zurück, aber lesen Sie nicht längere Zeit daraus ab. Sprechen Sie deutlich und weder zu laut noch zu leise. Wenn Sie ein Mikrofon benutzen, testen Sie es vor Beginn des Vortrags und machen Sie sich mit dem Gebrauch vertraut. Sie sollten tatsächlich alles testen: den Diaprojektor, den Computer mit PowerPoint, Aufnahmegeräte und alles andere, das während Ihres Auftritts für unliebsame Überraschungen sorgen könnte. Sie können sicher sein: Im Laufe Ihrer Redekarriere werden Sie technische Überraschungen erleben.

Falls tatsächlich etwas schiefgeht, bleiben Sie ruhig. Lösen Sie das Problem entweder selbst, oder lassen Sie sich vom Personal helfen, bevor Sie fortfahren. Für eine Entschuldigung oder nervöse Witze gibt es keinen

Grund. Es ist ein klarer Beweis Ihrer Professionalität, wenn Sie derlei Klippen geschickt umschiffen. Bewahren Sie Haltung, auch wenn Sie sich vielleicht am liebsten verkriechen würden. Immerhin können Sie später auf dieses »schlimmstmögliche Malheur« in der beruhigenden Gewissheit zurückblicken, dass Sie es gemeistert haben.

Halten Sie den Blickkontakt zu Ihrem Publikum aufrecht – sehen Sie immer eine Person nach der anderen an. Halten Sie sich hierbei an die Dreisekundenregel: Sehen Sie einer Person drei Sekunden lang in die Augen und wechseln Sie dann zu jemand anderem. Dann und wann lassen Sie zwar den Blick auch übers ganze Publikum schweifen. Auf diese Weise können Sie mit vielen Hörerinnen und Hörern Blickkontakt haben; alle fühlen sich einbezogen, sowohl persönlich als auch in der Gesamtheit.

Nutzen Sie die Wirkung von Stille genauso, wie Sie auch Sprache benutzen. Schrecken Sie nicht davor zurück, bei Ihrem Vortrag hin und wieder zu pausieren. So geben Sie sich und Ihren Zuhörern Zeit, über das Gehörte nachzudenken. Wenn Sie durch Ihren Vortrag hasten, bleiben das Publikum und Sie selbst am Ende atemlos und geistig überfordert zurück.

Nutzen Sie Humor, wenn er in der betreffenden Vortragssituation angebracht ist, aber übertreiben Sie nicht. Halten Sie das Interesse des Publikums während der ganzen Rede aufrecht. Sie wissen – bei einem interessanten Vortrag vergeht die Zeit wie im Fluge; eine langweilige Rede dagegen dauert immer zu lang, selbst wenn die Vortragsdauer gleich sein sollte.

Falls Sie Handzettel verteilen, tun Sie das zum passenden Zeitpunkt. Wenn sich die Handouts direkt auf den Inhalt Ihrer Rede beziehen, dann kündigen Sie vorher an, dass Sie eine Kurzfassung Ihrer Rede ausgeben werden. So braucht sich niemand Notizen zu machen und es fällt den Hörern leichter, Ihnen und dem, was Sie sagen, zu folgen.

Behalten Sie im Auge, wann Sie zum Ende kommen müssen – das könnte früher sein, als Ihnen lieb ist. Beim Üben zu Hause können Sie mit der Stoppuhr die Länge nicht nur des ganzen Vortrags, sondern auch seiner einzelnen Teile überprüfen und gegebenenfalls korrigieren. Zum Schluss fassen Sie Ihre wichtigsten Punkte noch einmal so zusammen, wie Sie es auch in einer schriftlichen Ausarbeitung tun würden. Beenden Sie den

Vortrag mit einer interessanten Bemerkung oder einer passenden Pointe. Entlassen Sie Ihre Zuhörer mit einem guten Eindruck und dem Gefühl, dass etwas zum Abschluss gebracht worden ist. Reiten Sie Ihre Schlussbemerkung nicht zu Tode. Verabschieden Sie sich von Ihrem Publikum und setzen Sie sich.

Wenn sich eine Fragerunde anschließt, hören Sie sich die Fragen aufmerksam an, antworten Sie und passen Sie gegebenenfalls Ihre Formulierungen an, falls Ihre Argumente nicht wie gewünscht bei den Zuhörern angekommen sind. Sie wissen – die Kommunikation ist der Schlüssel zu einer erfolgreichen Präsentation. Entscheidend ist nicht, was Sie sagen, sondern welche Bedeutung das Publikum dem Gesagten entnimmt. Selbst wenn Sie glauben, die Leute hätten Ihre Rede missverstanden, müssen Sie die Verantwortung für dieses Missverständnis übernehmen.

Verwenden Sie nicht zu viel Zeit auf einzelne Fragen. Wenn Sie das Gefühl haben, dass die Zeit abläuft, dann bereiten Sie das Publikum darauf vor und sagen: »Wir haben noch Zeit für eine oder zwei Fragen.« Wenn Sie diese beantwortet haben, bedanken Sie sich nur noch kurz beim Publikum. Es ist vorbei. Sie haben es geschafft.

Und seien Sie immer auf das Unerwartete vorbereitet!

Über den Autor

Dale Carnegie kam 1888 in Missouri zur Welt. Im Jahr 1936 veröffentlichte er sein mittlerweile berühmtes Buch *Wie man Freunde gewinnt. Die Kunst, beliebt und einflussreich zu werden* – ein Meilenstein, der seine Ansichten in den USA mit einem Mal verbreitete. Während der 1950er-Jahre entstand Dale Carnegie Training® in der heutigen Form. Dale Carnegie selbst verstarb kurz danach im Jahr 1955, und seine Grundprinzipien werden als sein Vermächtnis seither weiterverbreitet.

Heute unterstützt Dale Carnegie Training mittelständische und große Unternehmen und Organisationen bei der Schulung ihrer Mitarbeitenden. Der Schwerpunkt liegt dabei auf der Verbesserung von Fähigkeiten bei Führungsqualitäten, Verkäufen, Engagement von Teammitgliedern, Kundenservice, Vorträgen, Prozessverbesserung und anderer Managementfähigkeiten, um damit messbare wirtschaftliche Fortschritte zu erzielen. Dale Carnegie Training wurde vom *Wall Street Journal* kürzlich unter den 25 erfolgreichsten Franchises gelistet und bietet landesweit in den USA sowie weltweit in mehr als 80 Ländern Programme in mehr als 25 Sprachen an. Dale Carnegie zählt 400 der Fortune-500-Unternehmen zu seinen Kunden. Etwa sieben Millionen Menschen haben Dale Carnegie Training inzwischen kennengelernt. Mehr Informationen finden Sie unter www.dalecarnegie.com.

Freu dich des Lebens

Dale Carnegie

Das Leben ist das, was wir aus ihm machen – das war das Credo von Dale Carnegie, der mit »Wie man Freunde gewinnt« und »Sorge dich nicht, lebe!« unvergleichliche Meisterwerke schuf, die das Leben von Millionen Menschen zum Besseren verändert haben. Statt unsere Zeit und Energie darauf zu verschwenden, uns Sorgen zu machen, sollten wir unsere Kraft darauf richten, eine geistige Haltung zu entwickeln, die uns Glück und Frieden gibt.
Carnegie entwickelte dafür sieben Möglichkeiten, wie uns der Aufbau einer solchen Haltung gelingen kann. In Kombination mit 14 Grundregeln für den Umgang mit unseren Mitmenschen entwickelte Carnegie so seine Erfolgsformel, um ein glückliches und sorgloses Leben zu führen.

208 Seiten | Softcover | 18,00 € (D) | 18,60 € (A) | ISBN 978-3-95972-560-6

Der Erfolg ist in dir

Dale Carnegie

Immer neue Technologien und gesellschaftliche Umbrüche verändern unsere Lebens- und Arbeitswelt. Diese werden dadurch komplizierter und undurchschaubarer – daran müssen wir uns anpassen. Doch wie führt man ein ausgeglichenes, zufriedenes und erfolgreiches Leben – sowohl im Beruf als auch im Privaten? Dale Carnegies millionenfach erprobte und angewandte Grundsätze helfen dabei, sich selbst in einer sich verändernden Welt zu behaupten, Probleme zu lösen und die Revolution in den zwischenmenschlichen Beziehungen zu bewältigen. Seine Erfolgsprinzipien erfordern keine Vorkenntnisse, sondern nur die Bereitschaft, sie zu verinnerlichen und zu praktizieren. Denn Erfolg hängt nicht von äußeren Faktoren ab, sondern er ist in uns selbst zu finden.

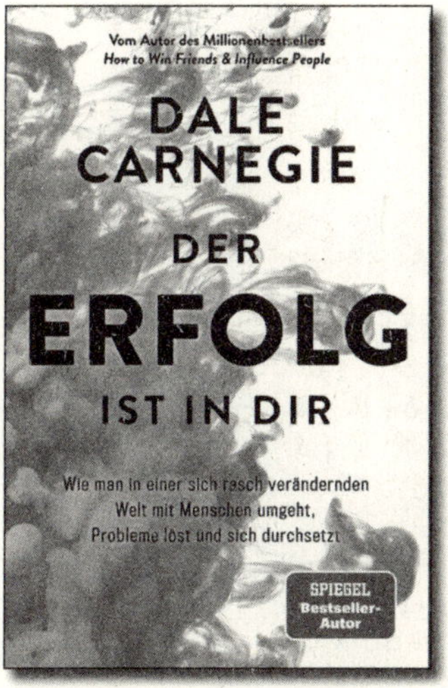

240 Seiten | Softcover | 18,00 € (D) | 18,60 € (A) | ISBN 978-3-95972-561-3

Take Command – Übernehmen Sie die Verantwortung

Dale Carnegie

Ein erfolgreiches Leben beginnt bei uns selbst – doch wie können wir die Kraft unserer Denkweise nutzen, um mit Stress und Ängsten umzugehen, negative Emotionen in den Griff zu bekommen und Widerstandsfähigkeit aufzubauen?
»Take Command« bietet leistungsstarke Werkzeuge und bewährte Methoden, die Ihnen helfen, ein bewusstes Leben zu führen, indem Sie Ihre Gedanken, Gefühle, Beziehungen und Ihre Zukunft zielgerichtet angehen. Anhand von realen Erfahrungsberichten und basierend auf Expertenforschung und Interviews mit mehr als 100 leistungsstarken Führungskräften, gibt Ihnen dieses Buch die Strategien an die Hand, die Sie brauchen, um Ihr volles Potenzial zu entfalten und das Leben zu gestalten, das Sie sich wünschen.

352 Seiten | Softcover | 18,00 € (D) | 18,60 € (A) | ISBN 978-3-95972-584-2

Wie man im digitalen Zeitalter Freund gewinnt und Menschen beeinflusst

Dale Carnegie

Dale Carnegies bewährte Ratschläge haben Millionen Menschen zu Erfolg in ihrem Geschäfts- und Privatleben verholfen. In diesem Buch werden die Erkenntnisse und Lehren aus Carnegies bekanntestem Werk »Wie man Freunde gewinnt« auf unser digitales Zeitalter übertragen. In der heutigen schnelllebigen Zeit hat sich auch die Art und Weise unserer Kommunikation unglaublich verändert. Dieses Buch zeigt, wie sich mit Diplomatie und Taktgefühl kommunizieren oder ein solides Netzwerk aufbauen lässt, wie man Menschen dazu bringt, einen zu mögen, und wie man seine Botschaften klar vermittelt, um eine effektivere Führungskraft zu sein.

256 Seiten | Softcover | 18,00 € (D) | 18,60 € (A) | ISBN 978-3-95972-585-9